抱 朴

抱朴

方北辰 ◎ 著

劉備

『常败』英雄的帝王路

上海古籍出版社

图书在版编目（CIP）数据

刘备："常败"英雄的帝王路 / 方北辰著 . —上
海：上海古籍出版社，2024.5
（方北辰说三国）
ISBN 978－7－5732－1135－4

Ⅰ.①刘…　Ⅱ.①方…　Ⅲ.①刘备（161-223）−传
记　Ⅳ.①K827=326

中国国家版本馆CIP数据核字（2024）第078990号

方北辰说三国

刘备："常败"英雄的帝王路

方北辰　著

上海古籍出版社出版发行

（上海市闵行区号景路 159 弄 1-5 号 A 座 5F　邮政编码 201101）

（1）网址：www. guji. com. cn
（2）E-mail：guji1 @ guji. com. cn
（3）易文网网址：www. ewen. co

浙江临安曙光印务有限公司印刷

开本 787×1092　1/32　印张 12.125　插页 7　字数 202,000
2024 年 5 月第 1 版　2024 年 5 月第 1 次印刷
ISBN 978－7－5732－1135－4

K·3584　定价：58.00 元

如有质量问题，请与承印公司联系

自　序

　　古语说得好，开卷有益。而开卷读三国，纵观历史风云变幻，品味英雄奋斗人生，从而开阔眼界，洞察人性，增长智慧，提升能力，确实可以获益良多。

　　刘备字玄德，蜀汉皇朝的开国皇帝，曹操眼中唯一能与自己并肩媲美的"天下英雄"。他本是一个从小失去父亲，依靠母亲编制草席、自己贩卖草鞋艰难度日的农村可怜孩子，却从小就怀抱着乘坐天子礼仪专车的白日美梦。

　　他堪称白手起家的创业典范，也不愧是励志青年的完美样本，非常值得后世发奋打拼事业、有心改变自己命运者好好效法；因为在三国的开国皇帝之中，他是最没有父兄遗传老本可以坐吃的一位，而他的成功秘诀，关键就在于超越常人想象的"坚韧"品质。他还称得上是不断反省自己、认真总结失败经验的优秀楷模，值得后世一旦遭受挫折时就怨天尤人者对照反思。通过认真反省，他才发觉自己确实缺乏高瞻远瞩的战略设计能力，于是放下身段，三顾草庐，恭恭敬敬请来比自己年轻二十岁，却具有超人眼光和非凡智慧的忠诚辅佐，这就是具有"卧龙"美誉的诸葛孔明。从此之后，刘备就走上了不断取得成功的创业之路。

他早年不爱读书，酷爱的是骑马养狗，完全就是一个问题少年。后来进入社会，才发觉知识真的就是力量，于是洗心革面，痛下决心，赶紧"补课"，认真读书，而且重点攻读有用之书，一直到老都孜孜不倦。经过大约五十年的艰苦努力，多少次寄人篱下，多少次妻离子散，他的创业雄心依然不减，屡起屡败，但又屡败屡起，终于打拼出一个华丽的蜀汉皇朝，在史册上留下浓墨重彩的一页。就在他刚登上人生顶峰之际，却又出人预料地急剧向下坠落，在史册上又留下愁云惨雾的另一页。

本书描绘了刘备人生的登峰造极时期，也记录了他惨淡经营的艰难历程。总之，这是一部"常败"英雄艰苦奋斗的帝王梦。

　　除刘备之外，这一套系列作品还包括吕布、袁绍、曹丕、孙权、陆逊与司马懿的人物评传。每部评传的净字数，大多不超过 15 万字，属于便携式的"口袋书"。本系列作品的基本定位，是具有坚实学术基础的大众化、通俗性读物。它不像史书《三国志》的文言表述那样艰深难懂，也不像小说《三国演义》那样多有虚构移植，失去历史的原真。我精心选取史学典籍的可靠素材，放手运用文学审美的生动笔法，二者有机结合，力求达到生动有趣、简明流畅、雅俗共赏、老少咸宜的既定水准。

　　作品针对的读者对象非常广泛，不仅适合众多热爱中华悠久历史文化的读者，而且特别适合身处现今激烈竞争社会，非常想从三国英雄创业竞争中吸取有益借鉴的打拼群体和年轻一代。

　　全书内容的创意设计，突出特色有三：

　　一是注意入选对象的代表性。将近百年的三国历史，分为酝酿阶段与正式阶段。上述评传中的吕布、袁绍，是汉末割据群雄中的领头人物，属于三国酝酿阶段的代表；而曹丕、刘备、孙权，分别是曹魏、蜀汉、孙吴三个鼎立皇朝的开朝皇帝，属于三国正式阶段的代表；至于陆逊、司马懿，不仅本身都是出将入相的文武全才,而且两人的儿子即司马师、司马昭、陆抗,都是决定三个鼎立皇朝最终命运的关键性人物,所以属于三国中后期的代表。在他们的创业过程中,又与多位著名英豪发生了密切关系。把这批代表和英豪集中在一起,充分描绘他们各自在三国舞台上的亮丽表演,并给予中肯的精彩点评,所以全书堪称是三国英豪的表演大会。

二是注意入选对象的重要性。上述7位传主,都是各个阶段的主导性人物,风云际会,龙虎相争,他们对三国时期历史的走向和格局产生了巨大的影响。他们的经历又彼此关联,相互衔接,完整呈现出三国历史发展的主要脉络和重要图景,所以全书又堪称是三国历史的趣味读本。

三是注意文化与历史的有机结合。首先,在评传的正文中,随时注意结合历史事实,探求背后隐藏的文化玄机。比如介绍三国君主最初所选定的年号,即曹丕的"黄初",孙权的"黄武"和"黄龙",刘备的"章武"时,就对前面两者为何都带有"黄"字,而后面的刘备却不带"黄"字的奥妙,运用汉代流行的"五德终始"思想文化理念,做出了清晰而可信的解读。其次,又对需要专门介绍的文化知识,集中撰写了《三国知识窗》的7个专篇,即轶闻篇、风俗篇、文化篇、政体篇、概况篇、军事篇、人物篇,分别放在每册评传的附录当中，从而给读者提供更加丰富、系统、真实、有趣的三国文化知识。读者结合正文去读知识窗，反过来又再读正文，必定会有更多的新收获。

总之，这套作品属于一个有机的多维度整体：既是三国英豪的表演大会，也是三国历史的趣味读本，还是三国文化的知识窗口。具有如此创意设计的系列性读物，相信会得到广大三国历史文化爱好者的欢迎。

我在大学从事三国学术研究，并持续将学术成果进行大众化的普及，至今已超过 40 年。因为深知学术普及的重要，所以坚持不懈；又深知学术普及的不易，所以锐意求新。谢谢诸位关注这套作品，让我们讲好三国的故事，并且将之传播到世界。

百年三国风云史，尽在静心展卷中！

方北辰

公元 2023 年 5 月于成都濯锦江畔双桐荫馆

目录

第一章

苦儿春梦

　　步出现今四川省成都市的南门，经过横跨锦江、著称千载的万里桥，西行约二里许，即到了一处著名古迹之所在。只见红墙之内，幽竹密密，古柏森森，显露出一种在闹市之中罕见的静谧气象。在那匝地浓荫之中，巍然耸立着一座帝王陵冢，高约 12 米，周围约 180 米。这座陵冢虽不如汉唐和明清帝陵之宏大雄伟，却也形势不凡，令人心生几分敬畏。陵前之寝殿两侧，有名家书写的楹联一副，系八分书体，联文云：

一抔（音 pōu）土，尚巍然！问他铜雀荒台，
何处寻漳河疑冢？

三足鼎，今安在？剩此石麟古道，令人想汉
代官仪。

联文贬抑曹操，尊崇蜀汉。细心的游人，看了联文已可猜知
幕主的身份了。从寝殿旁侧的小门进入陵园，举目一望，一
通高大的墓碑，掩映在萋萋芳草之中，碑上赫然大书七字：
汉昭烈皇帝之陵。

这位"汉昭烈皇帝"不是别人，就是大名鼎鼎的蜀汉开
国皇帝刘备。这座静谧肃穆的墓园，则是刘备与其皇后甘氏、
吴氏的合葬墓冢，史书称之为"惠陵"。

欲知刘备如何从东汉末年的割据群雄中崛起，以草莽匹
夫开创蜀汉皇朝的辉煌基业，南面称尊，又如何抱恨而死，
长眠于玉垒浮云之下和锦江春色之中，且听本书一一从头
说起。

距今一千八百余年的东汉桓帝年间，天下分为司隶、豫、
冀、兖、徐、青、荆、扬、益、凉、并、交、幽这十三个州
部。幽州之下，又有涿、广阳、代、上谷、渔阳、右北平、
辽西、辽东、玄菟、乐浪、辽东属国等共十一个郡。那幽州

涿郡的属下，有一个涿县，乃是郡治所在的首县，其故地即在今河北省的涿州市。

当时涿县城东南约二十里，有一偏僻穷困的小村落，后世称为大树楼桑村。这里作为刘备故里，现今依然吸引各地游客前来游赏。汉桓帝延熹四年（161 年）的一个晚上，一阵婴儿的啼哭声从村里传出来。次日清晨，有户刘姓人家喜得儿子的消息便全村皆知了。这个新生的婴儿，就是后来的蜀汉开国皇帝刘备。

本村风俗淳厚，乡亲们纷纷来到刘家道喜，免不了一番欢声笑语。可是，贺客散尽之后，刘家却笼罩上一片忧愁的气氛。

添丁进口，本来是大喜之事，可是，眼下的刘家却高兴不起来。是新生儿的身体有问题吗？不是，小家伙正常得很，一双肉嘟嘟的大耳朵特别可爱。那又是为什么呢？一个字，穷。说到这里，你会有疑问了，不是说刘备是皇帝的叔父吗？那可是真资格的皇亲国戚呀，难道还会愁吃又愁喝吗？

其实，说汉献帝亲自把刘备认作自己的叔父一辈，纯粹是罗贯中《三国演义》为了美化刘备的"高大上"形象，玩出的戏法。书中第二十回描绘说，刘备与汉献帝见面时，汉献帝令人查阅皇家宗族的族谱，发现刘备果真是刘氏皇族的后裔，从西汉景帝本人算起，一代一代传下来，传到第十九代就是刘备；这样一排辈分，汉献帝发现刘备比自己还要高出一辈，属于本家的叔父，便与刘备重新以叔侄的关系行礼如仪。于是，刘备就正儿八经地当起"刘皇叔"来了。

说刘备是西汉景帝刘启的后裔，这倒确实不假。关于刘备的先世，陈寿《三国志·先主传》就有如下的确凿记载："汉景帝子中山靖王刘胜之后也。"说是西汉景帝刘启的儿子中，有一个被封为中山靖王的刘胜，而刘备就是刘胜的后代。但是，根据这段史料，只能判定刘备是西汉皇族亲王刘胜的后代，至于他究竟是刘胜的多少代子孙，史书中都没有明确的交代，后世的人们也就无从考查和得知了。

那么《三国演义》中说刘备是西汉景帝的十九代孙，而且其各代先世，个个皆有名字，人人得以封侯，这样一个堂堂皇家提供的族谱，难道会是假的吗？

笔者的回答是，确实是假的，而且假得有点离谱，为什么呢？

首先，这个族谱，完全没有可靠的史料根据，属于文学性的虚构。

　　更为重要的是，汉献帝刘协本人，倒真的是有一个由确凿史料提供的族谱。把刘协这个族谱，拿来与上面刘备那个族谱进行比对，立马就会显现出刘备族谱的真相来。南朝刘宋范晔撰写的《后汉书》，是流传至今最重要的纪传体正史之一，书中记载了东汉一朝的历史。其中的《献帝纪》说，献帝刘协，是灵帝刘宏的次子；灵帝刘宏，《灵帝纪》说是章帝刘炟的玄孙，即第五代孙；章帝刘炟，《章帝纪》说是明帝刘庄的第五子；明帝刘庄，《明帝纪》说是光武帝刘秀的第四子；而光武帝刘秀，《光武帝纪》说是西汉高祖刘邦的第九代孙，也就是西汉景帝的第七代孙。按照当时的规矩，计算后代的辈数是从起始祖先本人算起，如此一来，献帝刘协的先世，就可以得到如下的清楚而确凿的族谱：

　　第一代：西汉景帝刘启→第二代：长沙王刘发→第三代：春陵侯刘买→第四代：郁林郡太守刘外→第五代：钜鹿郡都尉刘回→第六代：南顿县令刘钦→第七代：东汉光武帝刘秀→第八代：明帝刘庄→第九代：章帝刘炟→第十代：河间王刘开→第十一代：解渎亭侯刘淑→第十二代：解渎亭侯刘苌→第十三代：灵帝刘宏→第十四代：献帝刘协

　　结论很明确，汉献帝刘协乃是西汉景帝刘启的十四代孙。这样一个可靠的族谱，与《三国演义》中那个虚构的刘备族谱一对比，号称西汉景帝第十九代孙的刘备，反而要比汉献帝刘协低了四辈之多！献帝叫他一声"皇叔"，完全是搞乱了辈分，而是应当叫他为"皇玄孙"才正确。由此可见，《三国演义》中的刘备族谱，完全属于虚构而非真实，这才会造成如此荒唐的结果来。总之，刘备的"皇叔"身份是假的。

刘备的先世，虽然确确实实是西汉景帝儿子刘胜的后代，但是从汉景帝到刘备出生，时间已经过去300年之久，中间发生的沧桑变化，那就太大了。汉景帝刘启的十四个儿子中，这个叫作刘胜的儿子，生前封在冀州中山郡（治所在今河北省定州市），死后得到一个"靖"字的谥号，所以称为中山靖王。他的墓葬就在现河北省保定市满城区，20世纪被发现。他穿的那件光彩夺目的金缕玉衣，也从墓葬中发掘出来，现今陈列在博物馆中供游客观赏。刘胜是酒鬼，也是色鬼，儿子多达120多个。其中有一个叫刘贞，封为涿县的陆城亭侯。当时的侯爵，按封地的大小，有县侯、乡侯、亭侯之分。刘贞的封爵属于亭侯，封地本来就小，还加上运气不好，碰上汉武帝动手削弱诸侯的势力，把侯爵的封号丢掉了。从此，刘贞和他的子孙，都变成了平头百姓，在涿县定居下来。也就是说，仅仅才传到汉景帝的第三代刘贞，刘贞就变成了掉光羽毛的凤凰，连鸡都不如了。

又再过了许多辈，到了刘备这一代，除了一个完全没有含金量的皇族"刘"字姓氏标签外，别的什么也没有。刘备的爷爷刘雄、老爸刘弘，倒是在官场混过一阵子，然而官都不大。刘雄当到县令，刘弘是地方政府的小办事员，而且都还是过去的事。眼下全家的生计，全靠刘备的母亲贩卖一些鞋子，编织一些草席，换一点微薄的收入来勉强维持。此时此刻，一个小婴儿又加进来凑热闹，而且还严重影响了母亲干活，你说这刘家还高兴得起来吗？

发愁归发愁，孩子的名字总还要起的。刘弘有些文化，为儿子确定的大名是一个"备"字，也就是具备的意思。要儿子具备什么东西呢？就是为他取的表字"玄德"。"玄德"的意思，是潜在的品德，内在的品德。刘备的爷爷刘雄，曾经因为品德出众，有幸被涿郡的太守举荐为孝廉，从此进入官场，最后做到县令。显然，刘家夫妇非常希望儿子今后也能够像他爷爷那样，从培养品德入手，然后进入仕途，为家门增添光彩。

为何刘备有了名，又还有字，不是多此一举吗？其实，这不是多事，而是一种文化上的表现。在中国古代，出生要取名，是为了彼此相区别；但是取字的目的完全不同，那是为了男性在成年之后进入社交场合时,能够充分展示礼仪修养。怎样展示呢?大体的规矩是:称呼对方,要称字,以示尊重;称呼自己,则要称名,以示谦卑。比如后来徐庶向刘备推荐诸葛亮,就称之为"诸葛孔明",这是尊重;而诸葛亮向后主刘禅上奏《出师表》,就用"臣亮言"三个字开头,这是谦卑。

儿子有了好名字,刘家妈妈也似乎有了指望,从此起早贪黑,更加勤快地贩鞋子、编席子,虽然十分辛苦,却辛苦而快乐着。

光阴荏苒,转眼将近十五年过去,刘备成长为一位英俊少年。这时,刘弘已经去世,刘备与母亲相依为命,勤俭度日。每逢母亲劳作之时,刘备总要在一旁帮忙。到了上集市出售鞋子和席子之日,他又要争着搬运货品。刘妈妈见儿子如此懂事,自然大感欣慰。

这一日,刘备随母亲到涿县城中的集市去卖鞋,恰好碰上涿郡太守出城巡视下属各县,他便站在道旁观看热闹。东汉时期,按照九品分等的官制尚未产生,官员的等级,按月俸粮食的多少,分为大将军及三公、中二千石、二千石、比二千石、千石、比千石、六百石、比六百石、四百石、比四百石、三百石、比三百石、二百石、比二百石、百石、斗食、佐史十七个等级。而郡太守属于刚刚进入前三的二千石这一级，地位颇高。太守出巡，按规矩是由带剑的骑吏四人，手执棨戟为先导；其后则紧随近百人的仪仗队和鼓乐队；再后，是以三辆兵车为首的警卫队伍，警卫队官员全副武装，挺立于兵车之上，身后的骑兵服饰鲜明，器械精新；警卫队伍的后面，便是郡太守的座车了。座车由两匹驾辕的服马，外加一匹处于服马右侧的骖马牵引。座车两侧车轮之上的挡泥板，漆成引人注目的朱红色。车顶上方，高悬着一只皂黑色的大车盖。车盖之下那位安然端坐的角色，即是一郡之中的最高行政长官——太守了。太守座车之后，又有两辆随从车辆，以及若干警卫骑兵。这一行车马长龙，威威风风，浩浩荡荡，花了将近半个时辰方才过完，把站在路旁看热闹的山村少年刘备，看得目瞪口呆，半天回不过神来。

围观的人群散去之后，刘备带着一种复杂的心情，随母亲走向集市。一路上，兴奋未已的人们仍然在不停议论。有的说，郡太守座车上加了黑色车盖，显得特别神气。马上就有那以见多识广自傲的人反驳道，郡太守的皂黑色车盖算什么！京城洛阳皇上乘坐的金根车，车盖是用黄色丝罗外加翠绿色的鸟羽毛做成，名字叫作"羽葆盖"，吊挂在车的上方，流光溢彩，那才是最最神气的装饰哩！一旁的刘备，听在耳里,记在心里。这一天,他真的是大开了眼界。

数日之后,刘备与十来个同村少年在家门口嬉戏。这刘家门前竹篱笆的东南角,有一棵百年大桑树。树大合抱,高度五丈有余,数里之外遥望,其枝叶宛如贵人座车的车盖一般。玩得正在兴头上的刘备,不知是要表明自己的志向,还是要向同伴炫耀他的见多识广,突然指着大桑树高叫道:"我长大了,一定要坐有这样高大的羽葆盖车!"

这一伙农村少年,最多不过知道骑骑竹马,爬爬牛背,哪里知道"羽葆盖车"是什么玩意儿!他们正要请这位见多识广的伙伴解释一番,却不料从刘备家门内跑出一个大人,匆匆忙忙把正要开口的刘备拉进了家门。

刘备抬头一看,原来是叔父刘子敬。这刘子敬早年曾随兄长,也就是刘备的父亲刘弘,走南闯北,真正算是见过一些世面。刚才他到刘备家看望寡嫂,正在谈话间,忽然听到侄儿高叫将来要坐羽葆盖车,不禁大吃一惊。须知这羽葆盖车乃皇上御用之物,平民百姓要乘此车无异于谋反,属于大逆不道之罪,按照刑律应当诛杀三族。所谓的"三族"是哪三族?在当时是指罪犯的父母、妻室儿女和同胞的兄弟姐妹,等于是全家杀绝一个不留!当下刘子敬急忙起身,几步跑出门去,一把将这得意洋洋的侄儿拉进家门,低声严厉申斥道:

"你不准再张口乱说，不然我们姓刘的都要被抓去砍头！"

算是这个大耳朵娃娃有福气，到了鬼门关口，又被叔父拉了回来。而这件事也白纸黑字，被正史《三国志》记录在案。同样的年龄同样的梦，曹操没有做过，孙权也没有做过。因此，刘备算是他们当中最早做皇帝大梦的人了。

对于这件事，有学者认为是后来蜀汉皇朝的人士，为了神化其君主刘备，故意编造出来拍马屁的虚假故事。但是笔者的看法不同，理由有二。

首先，编造这种故事来拍马屁，从而捞取政治上的好处，只有在蜀汉政权存在的前提下，才能够实现。然而陈寿完成他的《三国志》，已经是公元280年西晋皇朝统一天下之后的事了。这时，刘备早已经死了至少57年，蜀汉皇朝也灭亡了至少17年。此时的陈寿，再用编造的故事去给刘备拍马屁，又有什么实质上的好处呢？换言之，他根本没有"作案"的动机嘛。

更要紧的是，陈寿原本就是蜀汉的臣僚，蜀汉灭亡后，被西晋皇朝宽大处理，安排到专门编撰史书的机构中，担任不重要的文职。他的处境不好，受到北方高门权贵的轻视和排挤。如果他再用编造的故事去给刘备脸上贴金，那就正好为政敌创造机会，可以对他进行上纲上线，说他依然心怀故国，以此表示对晋朝的不满了。丢官事小，辛辛苦苦撰写的《三国志》被销毁事大，陈寿会做这种傻事吗？显然不可能。所以我的结论是，这件事并非故意编造出来的。

刘备看见叔父一向和蔼的脸上充满怒容，就知道事情很严重，只好低头站立，默然无语。刘子敬素来喜欢这个侄儿，不愿意让他再这样与村中顽童厮混下去，招惹事端。于是对刘备的母亲说："嫂嫂，备儿今年将满十五岁，他天资聪明，恐怕还是要想法送他去读书才好。"

刘备的母亲也正有此意，立即应允，并且托付刘子敬去物色一位好老师。

两汉时期的官办学校，以京城长安、洛阳两处太学为盛。至于地方郡县两级官府兴办的学校，则尚未构成完善的教育系统。因此，模仿孔子进行私人的传经授业，就成为地方教育的一种主要形式。如果当地无人设帐招徒，要想求学就很困难，除非远走他方。也是事有凑巧，刘子敬起心送侄儿求学之际，恰好有一位先生在涿县开馆招生，而且这位先生还是名满天下的大学问家，他就是涿郡涿县的卢植。

卢植，字子干，其人身高八尺二寸。当时的一尺，约合今二十四公分，八尺二寸就几乎是两米的高度了。这位巨人声音洪亮，志趣高远。他年少时师从东汉的经学泰斗扶风马融，尽得马融的真传。这马融乃是东汉皇室的外戚，家境富有。史书说他在讲学授业之际，常常要叫一班舞女在讲堂之下歌舞助兴，以此锻炼学生们不受外界干扰的定力。卢植从师听讲数年，从未转头注视过舞女一次，这种专心学业之精神，连他的老师马融也很惊讶。学成之后，卢植开始进入仕途，官至九江郡（治所在今安徽省凤阳县西南）的太守。其后因病，他弃官回到涿县老家疗养，同时设馆授徒。消息传开，涿县人纷纷把子弟送到卢植这位名师的门下。

刘子敬打听到这个好消息，立即来告诉寡嫂。刘备的母亲开始也很高兴，但转念一想，拜师谢师要钱，儿子寄宿老师家，衣食书籍也需要钱，而自己家徒四壁，这钱又如何筹措呢？她又愁又急，不知如何是好。

也是天无绝人之路。刘备无钱求学的消息在村内传开之后，即有一个同宗的亲戚名叫刘元起，慨然表示愿意资助一切。原来，这刘元起不仅家境宽裕，而且性格豪爽。他早就看出，在同宗的后辈少年之中，只有刘备最为聪颖，将来或许会成大器。因此，他一口答应资助刘备，同时又决定把自己的儿子刘德然，也一起送去求学。于是，涿县城中的卢家学馆之内，不久就增加了两名姓刘的新学生。

那时候，发蒙的少年开始读书，大体要经过三个教育阶段。第一阶段是识字，课本大都采用李斯《仓颉篇》、司马相如《凡将篇》、史游《急就篇》等识字的课本。第二阶段则开始学习内容较为浅显的儒家经典著作，主要是《论语》和《孝经》。第三阶段才学习《周易》《诗经》《春秋》《尚书》《礼》等儒家五经的内容。

刘备入学之后，先过识字关，每日捧着识字课本，哇啦哇啦念个不停，倒也认真刻苦。可是，待到识字关一过，开始学习《论语》，他的学习热情就日益减退下来。每天背诵着"子曰：学而时习之，不亦说乎"之类的圣人遗训，竟然觉得味同嚼蜡。原来，他这时交上了一位无心读书的密友。

这个密友，复姓公孙，名瓒，字伯珪，辽西郡令支县（今河北省迁安市西）人氏。公孙瓒其人外貌英俊，声音洪亮。他在辽西郡（治所在今辽宁省义县西）的郡太守府中任书记官时，受到太守的青睐，遂招他为女婿，并且派他到卢植门下求学深造。然而公孙瓒却不是一个专心读书之人。他见东汉末年社会动荡，世事日非，不愿意做一个皓首穷经的迂腐书生，而想交结英豪，做一番惊天动地的宏大事业。刘备入学不久，公孙瓒即看出这位学弟志趣不凡，值得与之深交，遂有意接近刘备。刘备通过交谈，对这位暗藏远志的学兄也产生了倾慕之心。于是，二人不久就成为金兰之友，寝则同榻，食则共案，其情谊犹如同胞的兄弟一般。自从结识了公孙瓒，刘备才认清了自己当初打算当一个硕学通儒的志向，是何等迂阔可笑。在此干戈扰攘之时，满口"子曰""诗云"的书生，真可谓百无一用，大不能救百姓于水火，小不能免家庭于贫穷。当然，书还是要读的，但是读书的目的是要通古今之变，为将来做一番大事业进行思想上的准备。主意既定，他在读书时便只注意要义深旨，在字句背诵等方面就不再多下功夫了。

　　自从走出偏僻闭塞的小乡村，刘备眼前出现了全新的外部世界。结识新朋友，接收新信息，也才得知现实社会发生了多么巨大的变化。此时的在位天子，是东汉皇朝最为糟糕的汉灵帝。有多糟糕？只说两点：他把专权的宦官头头，即中常侍张让、赵忠，当作干爹、干妈，经常说"张常侍是我公，赵常侍是我母"。他又公开卖官，上至朝廷的顶级高官，下至中低级官职，明码标价，一律都卖。为了促销，品德好的，资历老的，还可打五折、三折；贫穷的还可赊账，到任就职把老百姓搜刮够之后再补交，但钱款要加倍。面对政局黑暗，腐败蔓延，灾荒不断，民怨沸腾，社会很可能发生巨大变动的残酷社会现实，刘备认识到，继续走爷爷的老路，当一个饱学的文弱书生，已经非常不合时宜。那么该做什么样的人，才能适应当前的社会现实呢？

对了，榜样远在天边，近在眼前，就是恩师卢先生啊！说文的，儒家经典融会贯通，那是一个了不得；说武的，能够指挥兵马，驰骋疆场，迅速平定九江郡发生的大叛乱，更是一个不得了。能文能武，文武全才，什么样的场合都能从容应对，不就是自己最好的榜样吗？文武两手都要抓，尤其是武的一手，还必须加紧"补课"。主意打定之后，一到课余的时间，刘同学就不再用来认真啃书本了。用来干什么？用现今的话来说，就是搞军训。《三国志·先主传》上有记载："先主不甚乐读书，喜狗马、音乐、美衣服。好交结豪侠，年少争附之。"

对于早年刘备的这段描述很短，但很全面，总结起来是"一个不太喜欢，四个喜欢"。一个不太喜欢，是不太喜欢读书，厌学。四个喜欢，一是喜欢骑马遛狗，也就是打猎；二是喜欢流行音乐；三是喜欢漂亮衣服；四是喜欢交往社会上那些举止放纵、崇尚侠义的年轻人，而且年轻人还争着追随他，把他看作是龙头大哥。

为何要广交社会青少年，充当他们的大哥呢？那是为了培养自己组织和指挥军队的本事。为何要骑马打猎呢？那是为了锻炼自己驰骋疆场的武功。至于喜欢流行音乐和漂亮衣服，那是为了吸引更多的年轻人来到自己身边，不然的话，怎么能够顺利拉起一支队伍，从而充当他们的指挥官？

总之，新的外部世界，新的师生朋友，新的社会信息，把刘备的大脑彻底清了一遍。志向变了，所作所为也就变了。一个单纯的乡村少年，变成了一个有心成为文武双全、能够应对社会剧变的非凡人物。所以在卢家学馆求学的经历，堪称是刘备人生成长历程中的第一个关键点。

如是一年有余。一日，朝廷下了诏书，又任命卢植出任南方庐江郡（治所在今安徽省庐江县西南）的太守。卢植此时病体已经康复，遂解散学馆，束装启程。师生依依惜别之际，少不了有一番祝愿与叮咛。送走恩师，公孙瓒与刘备在涿县城中又停留了多日。两人伙同一批豪侠少年，白日里纵马驰骋于郊野，晚上煮酒高论于馆舍，好不快活惬意！两月之后，辽西郡太守来信，召唤公孙瓒回郡任职。一场痛饮，数行热泪，刘备与义兄在长亭外的古道上又分了手。

师友远去，刘备带着怅然若失的心情回到楼桑村。不久，刘备的母亲因病不治，瞑目长逝，这一来他就完全陷入孤独之中。好不容易熬到居丧期满，刘备立即又开始呼朋结友。

由于他见多识广，家中又无父母约束，所以当地豪侠少年都愿意到他家聚会，他自然也就成为这班少年的首领人物。楼桑村的人，看到刘备整日里率领一批毛头小伙子，东游西荡，狂赌豪饮，无不大摇其头，不知道从前还是本本分分的后生，为何就变成了这样一个不务正业的浪子。说来也怪，村中之人不赏识刘备，却有外乡人看得起他。

这一日，一伙贩卖马匹的商人来到楼桑村暂住，准备在此收购幽州的良马，转至南边的冀州去出售。这伙商人来自冀州的中山郡（治所在今河北省定州市），领头的两人名叫张世平和苏双。张、苏二人家境富足，财逾千金，更兼性格豪放，喜欢交结各路英雄。他们到楼桑村不久，即注意到刘备这个豪侠少年的头领。几次接触之后，张、苏二人认定刘备将来会是一个大有作为的人物，便赠送了一笔可观的金钱给刘备。钱能聚人，刘备有了金钱作后盾，更加努力结纳各路英豪。

此时的他，已经长成堂堂成年男子汉。他的外表和个性，《三国志·先主传》也有简练生动的记录："身长七尺五寸，垂手下膝，顾自见其耳；少语言，善下人，喜怒不形于色。"

外表是什么样？三个字："高、长、大。"高是身材高，当时的七尺五寸，相当于现今的 1 米 8；长是手臂长，站直了手臂垂下来会超过膝盖；大是耳朵大，拉下耳垂时，自己的眼睛都能看得到。

性格又怎么样？也是三个字："少、善、深"。少是少言寡语，善是善于尊重别人，深是内心深沉，喜怒不露于形色。

"高、长、大"再加上"少、善、深"，这就是做好准备，即将开始自己 40 年漫长创业生涯的刘备刘玄德。这正是：

何人乱世生春梦？竟是乡村苦少年。

要想知道刘备如何迈出他创业生涯的开篇第一步，他这第一步又如何遭受到严重的挫折，请看下文分解。

第二章

创业开篇

说到三国，其正式阶段是从公元 220 年曹丕代汉称帝开始，到公元 280 年西晋灭吴统一天下而结束，刚好整六十年。但是，在正式阶段之前，还有一个酝酿阶段，是从公元 184 年黄巾大起事开始。这时，东汉皇朝的中央陷入"脑死亡状态"，地方上的统治开始分崩离析，大大小小的割据者粉墨登场，群雄割据时代开始。如果加上酝酿阶段，三国历史持续的时间，实际上为九十六年。

刘备创业生涯的开篇第一章，就从上述酝酿阶段的起点开始。那一年 24 岁的他，又是怎样开始的呢？结果又是如何呢？

汉灵帝中平元年（184 年）二月的一个深夜，有人匆匆奔入京城洛阳的皇宫，向睡眼惺忪的天子报告了一条惊人的消息：黄巾军从全国三十六方同时起事了！灵帝急忙下令召集朝臣入宫，商量对策。

这"黄巾军"究竟是何方神圣，竟然使得堂堂天子如此畏之惧之呢？

原来，在东汉后期的桓、灵二帝时期，宫廷中的宦官结党专政。此辈虽然阳气全无，然而横征暴敛、搜刮民脂民膏，却凶残得如狼似虎。加之皇帝昏庸荒淫，各级官员贪污腐败，全国整个政治局势一团漆黑，哀鸿遍野，民不聊生。当此之时，冀州的钜鹿郡（治所在今河北省柏乡县东），有张角、张宝、张梁三兄弟，以推行"太平道"为名，秘密组织信教民众。十余年间，教徒达数十万人之众，遍及青、徐、幽、冀、荆、扬、兖、豫八个州，并且宣言"苍天已死，黄天当立"，准备取东汉政权而代之。张氏兄弟的徒众有三十六方，每方有一万余人，皆以黄巾裹头，故名为"黄巾军"。中平元年初春，张角传令各方教徒，在三月五日同时举兵起事，不料事前有人向朝廷告密，张角只好提前在二月举兵。一时间，黄河上下，长江南北，到处都可听见"苍天已死，黄天当立"的怒吼声，到处都可看到头裹黄巾的军队纵横驰骋。面临如此重大的社会巨变，东汉皇帝哪里还能睡得着觉呢！

经过紧急商议，东汉朝廷决定动员一切力量讨伐黄巾。首先，派遣名将卢植、皇甫嵩、朱儁，率领精锐的正规军，作为进攻的主力。其次，又号召地方上各州各郡忠于朝廷的草莽豪杰，各自组织武装力量，协助朝廷的正规军作战。

民间人士自己组织大规模的武装力量，这在平常的安定时期，乃是朝廷严厉禁止的不轨行为。而今朝廷惶恐无计，只好求助于"野"。却不料禁令一开，就给刘备这一批随时准备聚众崛起的草莽豪杰，提供了绝好的表演机会。

朝廷下令"州郡各举义兵"的诏书一传到涿郡，刘备心中大喜，立即把义弟关羽和张飞请来，商议具体的行动计划。

关羽，字云长，本字长生，河东郡解县（今山西省临猗县西南）人氏。其人性格豪爽慷慨，更兼武艺超群，确实是一条好汉！他因路见不平，拔刀杀死解县一个众人痛恨的恶霸。为了避免官府捉拿，遂东越太行山，流亡到了幽州。后来听说涿郡涿县有一位刘备，重义气，爱英雄，他便前去投奔。结果二人一见如故，结为刎颈之交。

至于张飞，表字益德，与刘备是涿郡的大同乡。此处要提醒读者诸君注意，他真正的表字是"益德"，这在《三国志·张飞传》等正规史书上有清楚记载。古人的名和字，总会有含义上的某种联系。所谓"益德"，就是不断增加品德。而增加品德就可以腾飞，正好与"飞"的大名相对应，这是东汉以来儒家思想占据统治地位的一种文化反映。但是，后来罗贯中的《三国演义》却以为，要想腾飞，总得有羽翼即翅膀才行嘛，再说"翼"字又与关羽的"羽"字含义相同，非常般配，竟然就自作主张，直接将张飞的表字改成"翼德"了，从此谬说就流传天下。可以说，这完全是想当然的乱改，而且严重损害了张飞的"姓名权"。

张飞的性情虽然暴烈异常，人却耿直率真。出于对刘备的仰慕，他情愿抛弃安定的家庭生活，前来追随刘备。而刘备和关羽，也很看重张飞。于是，三人结为异姓兄弟。刘备年长为兄，关羽次之，张飞则为小弟。从此，三人合居通财，形影不离，史书上的形容是"寝则同床，恩若兄弟"。那一种亲热，那一份情谊，即使是同胞兄弟也会自叹弗如。

在当时，不是同姓家族的平辈男性之间，如果结为金兰好友，关系特别深厚，那么就可以直接以兄、弟相称，并不需要先有什么焚香结拜的仪式，比如孙吴的鲁肃与吕蒙即是如此。《三国志·吕蒙传》裴松之注引《江表传》记载,孙吴的将领吕蒙,经过孙权的谆谆教导,千方百计挤出时间来发奋读书,而且专门阅读实用性很强的史书、兵书等,于是见识大为开阔,谋略大有长进。此后大将鲁肃再度与他见面,交谈之后对他的飞速进步非常惊讶,抚拍着吕蒙的后背,说了一段很著名的话来:"吾谓大弟但有武略耳。至于今者,学识英博,非复吴下阿蒙!"吕蒙回答他时,也称鲁肃为"大兄"和"兄"。

与此相似,刘备、关羽、张飞三人的情况也是如此。至于《三国演义》第一回之中大写特写的桃园结义,三人焚香盟誓、结拜为兄弟的故事,正规的史书中并无任何记载,我们就不去提说了。

三人密商的结果,认为风云际会,正在此时,决定立即正式打出"义军"的旗号,召集人众;同时变卖家产,购置武器军资,尽快拉起一支武装来。一时间,楼桑村中人呼马叫,旗帜飘扬,好不热闹。刘备身着戎装,来回指挥。关羽和张飞,则带刀佩剑跟随左右,十分威风。

半个月后,二十四岁的刘备,以"涿县义军首领"的名义,率领一支数百人的队伍,赶到涿郡的郡太守府署报到,从此开始了他四十年的漫长创业生涯。

那时候，黄巾军的主要兵力，聚集在涿郡以南约四百里的总部钜鹿郡，属于冀州的地界。黄巾军在此举事之后，张角自号"天公将军"，张宝自号"地公将军"，张梁自号"人公将军"，从者云集，声势浩大。东汉朝廷急令钜鹿郡所在的冀州发兵围剿，同时又令邻近的幽、并、青、兖四州，一起出兵增援。刘备的队伍一到涿郡，就接到命令，要他随幽州的援军主力星夜南下，直奔冀州。

进入冀州的地界，刘备才得知朝廷委派主持冀州围剿军务的主将，竟然就是自己昔日的恩师卢植。这卢植才兼文武，黄巾起事的消息一传到洛阳，朝廷公卿就联合保举他为总指挥官。于是，汉灵帝任命卢植为北中郎将，率领一批精锐的中央直属军团，前往冀州进攻黄巾军的总部。冀州和邻近州郡的地方军队，则与之配合作战，均受卢植的直接指挥。卢植到达冀州，凭借人数和装备上的优势，连战连胜，接下来准备在钜鹿郡东部的广宗县（今河北省威县）一带，对张角所率领的黄巾军施行战略大包围。刘备得知这一切，心情好不激动。他对关羽、张飞二人说道："此来若不能建立尺寸之功，有何面目见吾恩师于疆场啊！"关、张二人也十分兴奋，齐声回答："愿随兄长驰驱，不计生死！"

《周易·系辞》有云："二人同心，其利断金。"如今这三人同心,其能量更不可低估。加之刘备手下多为不怕死的亡命之徒,直把冲锋陷阵看成是春郊打猎一般自在。所以几场战事下来,刘备的队伍连建军功,频受褒奖。卢植得知门生在麾下效力甚多,也很高兴,决心在冀州战事结束之后,大力保举刘备一番。

谁知世事多变。当年的六月间,卢植刚刚把张角围在广宗这座孤城之内,昏庸的汉灵帝就派了一个宦官来巡视前线。这宦官姓左,名丰,其人贪婪无比。他一到卢植军中,就百般暗示,要卢中郎将给点"好处"。卢植生性痛恨祸害朝廷的宦官小丑,自思也是堂堂八尺男儿、各路联军的总指挥官,岂能"低眉折腰事权宦"?便给左丰来一个置若罔闻。左丰碰了一鼻子灰,大为恼怒,回到洛阳就在皇帝面前进献谗言,说是广宗城好破得很,只不过因为卢中郎将消极懈怠,所以至今没有打下来。昏聩无能的汉灵帝一听大怒,立即下令撤除卢植的职务,押上囚车送到洛阳,等候发落。卢植一走不打紧,在仕途上尚未正式入流的刘备,要想一下子弄个得意的官儿来当当,希望似乎就渺茫得很了。

刘备还算运气不错。这年八月,汉灵帝改派名将皇甫嵩主持冀州前线的军务。十一月,冀州黄巾军被彻底平定。皇甫嵩平素对卢植极为敬重,所以在论功行赏之时,对卢植的门生刘备，多少有所关照。结果，刘备被正式任命为冀州安熹县（今河北省定州市东南）的县尉，算是大半年来戎马征战的奖赏。

刘备终于正式开始当官了，然而这只是一个小官。

东汉时期，全国的行政区划有十三个州，上百个郡，上千个县，在册人口最多时将近五千万。按照当时的官制，管辖有居民万户以上者为大县，万户以下者为小县；大县的行政首脑称为县令，下面设置县丞一人、县尉二人，作为辅佐；小县的行政首脑则称为县长，下面设置县丞、县尉各一人，作为辅佐。县丞之职责在文，主管文书及仓库账簿。而县尉之职责在武，主管维持治安，捕拿盗贼，犹如现今的县级公安局长一般。这安熹乃是一个小县，县尉的官阶不过是二百石而已，连后世所谓的"七品县令芝麻官"也算不上。官位低、俸禄少不说，更遇上这个县的百姓贫穷，人口稀少，刘备带着关羽和张飞巡街走乡，最多抓到几个偷鸡摸狗的小偷而已，一身的上乘武艺竟然毫无施展之地，真是闲极无聊。好在刘备眼光长远，能够时时安慰两位义弟，要不然依了张飞的脾气，早就脱下官服"走他娘的"了。

就是这样一个比"七品县令芝麻官"还低的县尉，刘备也没有能安安稳稳当多久。为什么呢？

原来，刘备出任安熹县尉不到一年，东汉朝廷下了一道诏书，命令各州郡的行政长官，要对那些因军功而进入地方行政机构的官员，进行一次彻底的清理，不称职者要立即淘汰。东汉时期在郡太守属下，设有专门监督考察本郡各县官员的机构，其负责官员叫作"督邮"。而这次清理淘汰县级官员的使命，自然而然就落到各郡政府中的督邮身上。

刘备得知消息，心里不禁有几分发虚。自己是参加进攻冀州黄巾才得以进入官场的，正是这次清理的对象。打从担任安熹县尉以来，自己又从未到上级郡太守的衙门去走动孝敬，上面对自己的政绩已经有吹毛求疵的征兆，看来很可能要被划归遣散者一类。县尉这官职虽不起眼，总归是我兄弟三人一刀一剑搏杀得来的，哪能随随便便抛弃呢！再说了，一旦弃官回转老家，日后是不是又要从头做起呢？想来想去，觉得还是暂时设法混过这一关为上策。于是，他挤出俸禄，备办了一份还算丰厚的礼品，静候本郡督邮的到来。

这一日的傍晚，刘备率队巡乡回城。刚到县尉府衙，就有一个下人报告他，说是本郡的督邮已经到县，下榻于传舍之中。当时所谓的"传舍"，也就是今日的官办招待所。刘备一听，匆匆吃过晚饭，令关羽、张飞带上礼物，径向传舍去拜见那位能够左右自己仕途的督邮大人。

到了传舍，见到守卫在门口的督邮侍从，刘备上前施礼后，恭恭敬敬呈上自己的名谒。所谓"名谒"，就是现今的名片。说到这里你会有疑问了，那时候会有名片这种玩意儿吗？不仅有，而且现今还在安徽省马鞍山市孙吴大将朱然的墓葬中，发现了多枚三国名片的完好实物，收藏在墓葬博物馆中进行展示。名片用平整木片做成，素面无装饰，使用墨笔，以带有楷书意味的隶书来书写。分为两种，即名刺和名谒。两者长度相同，均为当时的一尺，即现今的24厘米。但是名刺窄而薄，名谒宽而厚。另外，名刺的措辞谦恭、简单，不写官职、封爵，用在拜访尊长的私人场合。名谒的措辞相当正式，官职、爵位一一列举清楚，则用在官方的正式场合。

刘备前来拜见上司，应当使用名谒。按照出土名谒的格式，名谒的上方正中，是一个"谒"字，下面直行书写的措辞，应该是"安熹县尉涿郡刘备再拜"了。那名侍从随即把刘备的名谒送了进去。不一会，侍从出来，傲然对刘备说道："刘县尉请回罢，我家老爷身体不适，恕不能聆听指教！"

刘备吃了闭门羹，不禁有些怅然。他想，或许本郡督邮远来疲乏，确实不能见客，那就明日再说好了。不料张飞耳朵很灵，听到传舍内堂，隐隐传出一阵笑语声，应当是有人在向督邮大人殷勤劝酒，不禁大怒。他正要发作，却被刘备一把拉住，三人径回县尉的府衙去了。

原来，刘备也听到了传舍内堂的笑语声。他顿时明白，这位督邮大人是故意不见自己；而故意不见，说明自己必受淘汰无疑。想到自己兄弟的出生入死，想到自己好不容易备办下的厚礼，刘备心中陡然一股杀气升腾。但是，一看到传舍的警卫人员不少，而自己兄弟三人都是徒手而未带武器，他又冷静下来。回到自己府衙后，他和关、张二人密议至夜深，认为既然横竖都要丢官，倒不如索性大闹一场。

次日清晨，刘备先令两个心腹随从，携带全部金银积蓄，在县南三十里处等候。然后与关羽、张飞手持武器，跨上骏马，点起所属的一百多名治安武装士兵，直奔传舍而来。那督邮大人宿酒未醒，正拥着一名女伎高卧床榻。其部下数十名卫兵亦多在梦乡，只有数人在传舍门前警戒。刘备一行来到大门前飞身下马，只听得刘备高声叫道："我受郡太守密令，逮捕本郡督邮！"

说时迟，那时快，关羽和张飞领着兵丁一拥而入，将那督邮老爷赤条条地从床榻之上提出门来。张飞顺手拾起一根裤带，把那可怜虫的双手反缚之后，横着丢上马背。刘备见已得手，遂对门前围观的人群说道："督邮行为不轨，罪在不赦。今奉太守严命，将其缚送回郡。诸位无事，请各还家！"

　　说毕，他吩咐手下兵丁看守住督邮随身带来的卫队，不准他们扰乱百姓。然后，令关羽和张飞押送督邮前行，自己在后照应。一阵得得的马蹄声响起，四人转眼就消失在扬尘之中。

　　不到一个时辰，刘备已在县南三十里处，与等候在此的两名心腹随从会合。此地是安熹县的南界。滔滔泒水由西向东流去，渡过泒水，就进入汉昌县（今河北省无极县北）县境。刘备一行滚鞍下马，把光身督邮提下马背，拖到岸边的柳树旁，和树身绑在一起。接着，刘备又从怀中取出安熹县尉的印绶，随手挂在督邮的颈上。然后，悠然说道："督邮大人不是要收缴我的官印吗？如今原物奉还，请笑纳。"

　　浑身发抖的督邮哪里还笑得起来，只能不住流泪求饶。此时，张飞走上前去，挥动马鞭就是一顿猛抽。一边抽，一边数数："一，二，三，四……"张飞一气抽了百余鞭，直抽得督邮老爷呼天喊地。张飞的马鞭刚一停，关羽唰啦一声，又抽出腰间宝剑，对刘备说道："兄长，给这位大人一个痛快如何？"

　　督邮顿时吓得魂飞魄散，哀告不已。关羽哈哈一笑，却又还剑入鞘。刘备见天色向午，把手一挥，一起飞身上马，涉过泒水向南奔去，只留下那个督邮在岸边大放悲声。

刚才说到了刘备的官印。那么当时这印究竟有多大呢？

那时的官印，是由朝廷中央专门机构统一按规定制作来发放的，横截面是见方一寸，即现今的 2.4 厘米，习称为"方寸印"。现今考古发现的大量三国官印实物，尺寸也基本如此。官印的材质，以及系在印纽上绶带的颜色，也各有不同。顶级高官是金印紫绶；次高级官员是银印青绶；中级官员是铜印墨绶；低级官员如刘备的县尉，是铜印黄绶。官员办公时，将印绶佩带在身上，即可随时取用。即便是皇帝的玉玺，尺寸也是一寸见方，故有"方寸玺"之称。然而现今影视画面上的三国官印，放在桌上几乎有小孩头颅那么大，就是在想当然了。

刘备等渡过盈盈泒水，马不停蹄，兼程南下，一直越出冀州南界，最后亡命于豫州东部的梁国、沛国之间（治所分别在今河南省商丘市、安徽省淮北市）。这里不仅远离冀州，而且与徐、兖二州相邻，易于犯事者藏身。还有一点就是，梁国、沛国一带又是西汉高祖刘邦的龙潜之地，这位已经弄不清楚辈数的老祖宗，或许会给刘备一些庇佑吧。刘备创业生涯的开篇第一章，就这样以遭受挫折而很快结束了。

果不其然，刘备在此安然躲过了冀州官府的通缉。不久，刘备的故人毌丘毅（毌丘是复姓，毌读作"贯"），受朝廷之命前往扬州的丹杨郡招兵，途经豫州时，正好与刘备相遇，刘备等人便随其南下江东。行至徐州之下邳（今江苏省邳州市），有强人企图抢劫毌丘毅招兵用的大笔金钱，被刘备、关羽和张飞力战杀退。事后，毌丘毅为了表示感谢，保举刘备担任青州下密县（今山东省昌邑县东）的县丞，不久又升任青州高唐县（今山东省高唐县东北）的县令。然而刘备总觉得县级官儿当来当去没有什么滋味，就想到帝王之都即京城洛阳去见见大世面，寻找发展的新机会。于是，他等自己的积蓄稍为丰满，就再度弃官，与关羽、张飞前往洛阳去也。现今把从外地到首都北京去寻找新机会的人们，统称为"北漂"。其实，到全国的首都去闯荡一番，寻找新的发展机会，并非是当下才出现的新生事物，历史上是早已有之。比如刘备兄弟三人，就是东汉末年的"北漂"一族。这正是：

开篇受挫寻新路，且看刘郎变北漂。

要知道刘备到了洛阳又会碰到何人，又有何新的打拼和挫折，请看下文分解。

第三章

结识曹操

中平六年（189 年），大约在春季，29 岁的刘备来到京城洛阳。他在这里发生的种种故事，请听一一道来。

首先要说明的是，东汉时期的都城洛阳，在正式名称上是读音相同的"雒阳"，而不是"洛阳"，刘备一行来到时就正是如此。为何不是三点水的"洛"，而用"隹"字偏旁的"雒"呢？其中的奥秘，是与当时一种流行的文化理念密切相关，这就是"五德终始"。

所谓"五德"，德者，性质也，即木、火、土、金、水这五行的特性。古人认为，木、火、土、金、水是构成物质世界的五种基本元素。五行的特性各不相同，彼此具有相生或者相克的两种关系。以相生关系而言，木材燃烧生成火焰，火焰生成灰烬即属泥土，土层中矿石生成金属，金属融化生成水样的液态（另一种说法是水汽在冰冷的金属上凝成水珠），而水则滋润树木生长，这样就形成了相生的循环。这种五行之说，后来又与政治发生密切的结合，逐渐形成"五德终始"的理论，并且在汉代，对现实的政治和文化产生了深广的影响。

按照东汉班固《汉书》中引录的《世经》所言，这种理论是把中国古代的王朝，按照时间先后排好顺序之后，再用循环相生的关系，将"五德"也就是五行，与之进行对应性的匹配。第一位是伏羲氏，与之相对应的是木德。每经过五个君主和王朝，形成一个循环，然后周而复始。第三个循环，是从周朝开始，对应木德。但是请注意，接下来却抛开了秦始皇的秦朝，而是直接轮到了刘邦的汉朝，对应的是火德。抛开秦朝的理由，是认为此前的秦国，曾经是周朝下属的诸侯国，即使后来完成统一，也不能算是承受天命而创建的崭新王朝，所以不能列入正规的序列当中。光武帝刘秀建立的东汉，属于汉朝的中兴重建，并非革新天命之举，所以依然属于火德不变。

木、火、土、金、水五行，分别又有五种颜色，即青、赤、黄、白、黑，所以与王朝相对应的，还有五色当中的某一色。而对应的颜色，就是该王朝象征正统和吉祥的标志性颜色。汉朝既然对应火德，所以标志性颜色就是赤色。由于赤色是汉家正统的标志色，当时的人们又常用"赤心"一词，来形容对汉朝的忠诚之心。比如，董昭替曹操给杨奉写信说："吾与将军闻名慕义，便推赤心。"这见于《三国志·董昭传》。孙权给曹丕写信说："权之赤心，不敢有他。"这见于《三国志·吴主传》裴注引《魏略》。所谓的"赤心"，就是现今所说的一颗红心。

不难看出，这实际上是一种为新兴王朝，特别是为东汉朝廷，精心制造"奉天承运"的道义根据，从而将其政权神圣化的理论，在今天看来颇有荒诞的色彩。然而在东汉和三国，以及三国之后的较长时间内，这却是正儿八经的指导性政治文化理论，并且运用到各种具体的方面。

比如，三国时期的年号确定就是如此。三国当中各自确定的第一个年号，曹丕称帝时是"黄初"，孙权称王时是"黄武"，称帝时是"黄龙"，为什么都带一个"黄"字？唯独刘备称帝，取了一个"章武"，为什么又不带"黄"字？原因也很简单：曹丕和孙权，都认为自己是改朝换代的新兴正统王朝。旧的汉朝属火，对应的是红色；火生土，新王朝属土，对应的是黄色，所以第一个年号都带"黄"字，否则的话，就不能显示自己是正统所归而承受天命了。刘备则不同，他是兴复汉室，并非改朝换代，所以不用"黄"字，便取了一个"章武"的年号。"章武"者，彰显武功从而兴复汉室的祖业也。还有，蜀汉灭亡那一年，曹魏军队大举进攻，面对生死关头，后主刘禅公布了最后一个年号，叫作"炎兴"。这是为什么？你看"炎"字怎么写？两个"火"字上下重叠，火上又加火，既是汉朝的象征，又还表示国运会再度旺盛。再加上一个"兴"字，就表示汉朝会重新振兴了。

洛阳是一座具有悠久历史文化的城市。最早出现于西周的周成王时期，由执政的周公所建筑。因为位于洛水北岸，所以最初叫作"洛邑"。战国时改名为"洛阳"。到了汉代，又使用了"雒阳"的称呼，在司马迁《史记》和班固《汉书·地理志》中都是如此。一直到了魏文帝曹丕代汉称帝的黄初元年（220 年）十二月，名字才又改回了"洛阳"，从此沿用至今。那么汉代为何要把"洛阳"变成了"雒阳"？曹丕又为何要把"雒阳"改回为"洛阳"呢？陈寿《三国志·文帝纪》裴松之注引的《魏略》，有如下的一段趣味性解释：

> 诏以汉火行也；火忌水，故"洛"去"水"
> 而加"隹"。魏于行次为土；土，水之牡也，水得
> 土而乃流，土得水而柔，故除"隹"加"水"，变
> "雒"为"洛"。

意思是说，魏文帝下诏认为：此前的汉朝在五行的顺序上属于"火"；而火是忌讳水的，所以去掉了"洛"字的"水"字偏旁，换成了"隹"字的偏旁变成"雒"。现今我们取代汉朝的大魏皇朝，在五行的顺序上属于"土"，而土是水的最佳配对，水要得到土的配合才能形成水流，土也要得到水的配合才能变得柔软，因此决定去掉"雒"字的"隹"字偏旁，重新加上"水"字偏旁，把"雒"字变回"洛"字。

由此可见，刘备来到这座都城的东汉末年，其正式的名称依然还是"雒阳"。但是，考虑到现今版本的史书，比如陈寿《三国志》，全书都是使用更加通行的"洛阳"，而非"雒阳"，为了不给广大读者造成困惑，所以本书也都统一采用"洛阳"。本系列的其他各书也是如此。

汉魏到西晋的洛阳城，位于黄河中游南岸的宽广平原之上，北面是东西走向的北邙山，南面是黄河的支流洛水，还有著名的险要关隘如函谷关、轘辕关、太谷关等拱卫在周围，

展现出帝王之都的宏大气象。东汉班固、张衡的文学名篇《东都赋》《东京赋》，对于洛阳的宏伟和繁盛，都有长篇的细致描绘，被南朝昭明太子萧统的《昭明文选》特别放在了全书开头的重要位置之上加以展现。

据班固《汉书·地理志》的明确记载，洛阳城居民的在册户数，在西汉时就已达到五万八千多户，按照洛阳所在的河南郡户数与人口比例，洛阳的人口数量应当在 32 万人以上。到了东汉，洛阳升级为都城之后，人口应当更多。

从 20 世纪 50 年代起，考古工作者曾对汉魏西晋时期的洛阳故城遗址进行了长时间的发掘和研究。据《中国大百科全书·文物博物馆分册》中"汉魏洛阳故城"条目的介绍，故城遗址在今河南省洛阳市东面 15 公里，著名的白马寺以东。城墙是南北走向的长方形，周长约 14 公里，南北长约 3 895 米至 4 290 米，东西宽约 3 700 米，与当时文献中南北长九里多，东西宽六里多，有十二道城门的记载大体符合。城内东西走向、南北走向的主要街道各有 4 条，街道宽度在 40 米到 50 米之间，相当之宽阔。

皇宫处于城区内的中部偏北，分为北宫和南宫两大部分。北宫主要是供皇家娱乐游赏的区域，南宫主要是皇帝及其嫔妃的寝宫区域。宫城南面的大街之上，布满了中央各个重要部门的官署。至于皇宫之外的偏僻小街小巷,则是官员和平民的居住区了。

这刘、关、张三人,均是初次来到都城,真正是姓刘的"刘姥姥"进了皇城的"大观园",少不了要四处游览一番。但是,一番游览下来,刘备的眼福倒是越来越饱,但是心情却越来越糟了。这是为什么呢?有两个原因。

一是自己在京城完全没有人脉,缺乏寻找新机会的门路,找不到任何的突破口。北漂,北漂,漂到这儿是来找前途的,不是来自助游的。二是关于京城的社会政治,刘备的所见所闻都极其负面,令人无比沮丧。度过了黄巾军沉重打击的这道难关,宦官的邪恶势力更加嚣张,在位天子汉灵帝也更加荒淫,京城中充满一种大风暴即将到来之前的诡异气氛。他本以为,京城的发展机会更多更大,来了却看到如此这般的情景,出路何在?前途何在?他心中很是迷茫。

这一日,天朗气清,三人策马出洛阳城北门,准备登临北芒山。洛阳城北距黄河约三十里,其间有一道不甚高峻的山脉横卧在平原上,东西逶迤约有百余里,这就是著名的北芒山了。北芒山的树木葱茏,北可眺望黄河,南可俯瞰洛阳,是当时京师人士喜游之地。公卿大臣死后,也大多卜葬于此。

　　三人缓步登上山巅，向北望去，但见黄河之水，蜿蜒如带，不见首尾。向南俯瞰，则见帝京雄峙，高阁层楼，匝地摩天。刘备啧啧赞叹之余，不禁陷入沉思。他想，当初光武皇帝在此开国定都，国势何其兴盛！而今帝室衰微，朝政纷乱，只恐怕这大好皇都，免不了要遭受一场大劫难了！思量至此，他脱口长叹两声："可惜！可惜！"

　　关羽和张飞不解兄长何以连呼"可惜！"，正欲询问，不防身后竟然又传来朗朗叹息之声："可惜！可惜！"

　　三人急忙回首，只见身后站立一人，三十来岁，衣着朴素，身材不高，然而目光炯炯，显得十分精神。他面带微笑，望着被他打扰了的三位游客。

　　刘备对此人很感兴趣，对之微笑施礼，问道："敢问先生可惜何物？"

　　那人随即还礼，以问作答："敢问先生你又可惜何物？"

　　"鄙人可惜那值得可惜之物。"刘备回答。

　　"鄙人可惜先生所可惜之物。"那人也回答。

　　当下双方哈哈大笑，重新施礼，彼此介绍一番。此人是谁？就是日后名闻天下的"乱世英雄"曹操了。

　　曹操，字孟德，乃豫州沛国谯县（今安徽省亳州市）人氏。其父曹嵩，为宦官曹腾之养子。曹操为人机警异常，且好权术。二十岁时进入仕途，十余年间升至济南国相。当时的制度，某郡如果被安排为皇室亲王的封地，那么就改称为"国"，原来的郡太守也随之改称"国相"。所以曹操的济南国相，实际上就是济南郡太守。济南国下辖十余县，官员大多违法乱纪。曹操到任后，严加整顿，政绩斐然。但是，他在任职期间，对当朝权贵多有触犯，为了避免受祸，曹操辞去负有实际责任的地方行政职务，来到京城洛阳担任议郎。这议郎一职是个闲官，名义上属于皇宫卫队系统，实际上并无具体任务。曹操经常托病回老家读书打猎。在京城时，也多是交结朋友，游赏山水。他并不是甘于闲散的人物，只不过是在静观待变，等候崛起的时机而已。在眼下，他刚刚又被委以禁卫军典军校尉的职务，然而面对危机四伏的政局，他没有心思端坐在衙门里办公，依旧四处登高望远，游山玩水，排解心忧。今天他登临北芒山，见到刘备一行三人仪形俊伟，相貌不凡，即有几分注意。及至刘备"可惜"之叹一出，他已洞悉其心，并且深有同感，遂决定与之结识。于是，便演出了以上这一幕。刘备和年长六岁的曹操，从此结下了长达三十多年恩怨情仇交织的因缘。

下午，刘备兄弟三人与曹操结伴下山。当晚曹操在家中设宴款待三位新结识的朋友。席间，曹操这才知道刘备还是汉室的后裔，便介绍了京城政局的大势和内幕情况，又谈到自己的志向和打算，使得初入洛阳的刘备受益不浅。刘备也抒发了自己胸中的郁闷。两位具有长才远志的人物，都有相见恨晚的感觉。

刘、曹北芒结识后不久，东汉政局急剧恶化。早在这之前，已经有凉州金城郡的地方大军阀边章、韩遂，举兵发动大规模叛乱，杀死朝廷委任的州刺史和郡太守，拥兵十余万，虎视关中，天下震动。紧接在刘、曹北芒结识之后，荒淫过度的汉灵帝突然一命归西，时年仅仅三十四岁。十四岁的皇子刘辩继位，是为少帝。少帝之母何太后是一争强好胜之人，随即临朝听政。这时，何太后之兄何进，官任朝廷的大将军。他在一批士大夫的支持之下，准备彻底铲除专权乱政的宦官势力。然而何进的计划却得不到妹妹的支持，何进就想出一个馊主意，即密召并州牧董卓率领精兵入京，以求强行发动政变。可惜事机不密，董卓尚未入京，何大将军先已被宦官们杀死。随后，何进的支持者袁绍等又举兵发动反攻，诛杀宦官二千多人，连一些未长胡须的无关男性，也误死于刀剑之下。

不久，野心勃勃的董卓率兵进入洛阳。他一到，就把皇帝刘辩废为弘农王，改立刘辩九岁的弟弟刘协为帝，即献帝，以树立自己的威风。同时，他又自任相国，专断朝政。董卓的兵士则在洛阳大肆烧杀抢掠，京城社会秩序混乱不堪，不可收拾。

汉献帝初平元年（190年）春正月，函谷关（今河南省新安县东）以东的州郡豪杰英雄，纷纷起兵讨伐董卓。至此，东汉中期以来政坛上外戚与宦官两大势力的权力争夺正式结束，代之出现的则是一场各路军阀逐鹿中原的群雄大战。

董卓的骄兵悍将刚刚进入洛阳之时，刘备即感到大难将要来临，京城已不是久留之地。但是又往何处去呢？回涿郡老家吗？如今自己年近三十，仍然一事无成，难道又回到楼桑村，去和那帮浪荡少年为伍，飞鹰走马混一辈子吗？就在他徘徊无计之时，曹操却来邀约他了。

比起刘备来，曹操这时的日子更加不好过。在"冠盖满京华"的皇皇帝都，刘备只不过是一介无名之辈，引不起当权人物的注意。尽管他为何去何从而苦恼，行动却有充分的自由。而曹操则不然。其父曹嵩，是新卸任的太尉。东汉的太尉，与司徒、司空合称"三公"，是最为崇显的第一等官职，故而曹操是不折不扣的公卿子弟。加之他本人新近升任禁卫军的将领，是政坛少壮派的翘楚。因此，企图在洛阳长期盘踞的董卓，便以高官厚禄收买曹操，要其充当自己的爪牙。但是曹操料定董卓必将成为千夫所指的独夫民贼，败亡不远，不愿与之合作，便暗中打主意逃出洛阳，回老家聚集势力，讨伐董卓。他深知刘备是一个待时而动的豪杰，而且愤恨董卓欺凌汉室，残害黎民。便伺机以言语试探刘备，邀其同回自己的家乡举事。彷徨无计的刘备，觉得这也是一条出路，遂慨然应允。

不久，刘备与关羽、张飞三人，与改名换姓后的曹操，东出洛阳，直奔距离曹操家乡不远的兖州陈留郡（治所在今河南省开封市）。到达之后，曹操筹措到一笔巨额经费，立即大力招聚人众。在曹操的帮助之下，刘备也渐渐拉起一支小队伍来。到了关东州郡纷纷起兵讨伐董卓之际，刘备就凭借这点资本，加入了倒董的大合唱。

那时候，借起兵声讨董卓为名，实际上是想大捞一把私人好处的实力人物，真是何其多也。后来，魏文帝曹丕在他的《典论·自叙》中，曾经这样描述当时的纷乱情景说：

> 家家思乱，人人自危。于是大兴义兵，名豪大侠，富室强族，飘扬云会，万里相赴。

其中，拥众数万的，即有后将军袁术、勃海郡太守袁绍等十余位。有兵五千的曹操，其实力都只能算是弱的，那么麾下不过数百人的刘备，就更加不起眼了。再说当时他又还没有实任职务，过去担任过的官职最多才是小小县令，拿不上台面，所以史书上列举当时结盟讨伐董卓的群雄名单时，大多都没有提到刘备。

然而讨董的联军首领却各怀鬼胎，难以形成强大合力，所以声势虽大，却不堪一击。荥阳（今河南省荥阳市）一战，曹操投入的数千人马，孤立无援，犹如以卵击石，被董卓的大将徐荣杀得全军覆没，曹操带伤脱逃。至于力量本来就很小的刘备，运气更不佳，他甚至还没有能和董卓的军队像模像样地打上一仗，就被行军途中偶然碰上的黄巾余众一阵冲杀，搞成了光杆司令，遭遇到他创业以来的第二次挫折。

刘备、关羽和张飞三人劫后余生，再度陷入茫然不知所归的困境。洛阳当然不能再回去了。曹操本人都自顾不暇，岂能照顾别人？至于其他兴兵讨伐董卓的军事首领，此时他们已经开始发生内讧，再说刘备与他们素无交谊，也不便去投奔。三人想来想去，也只有回涿郡再作打算。于是，他们催马向北，越过黄河，回转了幽州。

也是天无绝人之路，刘备三人刚进入幽州地带，就听到一个好消息：刘备的师兄公孙瓒，正以奋武将军的官衔，率军驻守幽州的北部边境，兵马精强，物资充足，声势旺盛。"山重水复疑无路，柳暗花明又一村"，刘备立时觉得转机来了。

原来在当初，公孙瓒与刘备洒泪分手之后，自回辽西。那辽西郡太守赏识他的忠心，便举荐他为孝廉。所谓"孝廉"，乃是两汉时期朝廷选拔人才的主要科目，其具体办法，是由各个郡国的太守或者国相，每年按照二十万人口举荐一人的比例来举荐。被举荐出来的孝廉，都要送到京城洛阳，集中考试之后，安排低等的官职，通常是在宫廷禁卫军中充任侍从官员。而这类侍从官员，总称为"郎官"，实际上是朝廷储备人才的地方，中央和地方的中级官吏，大多是从郎官中选拔。因此，被举荐孝廉成为郎官，乃是热心仕途者向往不已的金光大道。

公孙瓒被举荐为孝廉后，到洛阳担任了一段时间的郎官。不久，就出任幽州的辽东属国长史，负责辽东属国（治所在今辽宁省义县）的军事防务。其后因屡建军功，先后升任骑都尉、中郎将，最后又升任奋武将军，封为蓟县侯。这时，他拥有精锐骑兵和步兵上万人，屯聚在右北平郡（治所在今河北省唐山市丰润区），是幽州境内势力最为强大的军事首领。

于是，刘备经过涿郡时，连楼桑村老家也没有回去看看，就急匆匆向东北方向的右北平郡驰去。这正是：

再度彷徨无绝路，刘郎北上奔公孙。

要想知道刘备在公孙瓒麾下又有何作为，又如何差一点遭到了刺客的暗算而丢掉性命，请看下文分解。

第四章

效力公孙

　　在右北平郡的首府土垠县（今河北省唐山市丰润区）的城中，刘备与分别十余年之久的师兄公孙瓒重逢了。

　　公孙瓒在他那富丽堂皇的官邸，设下丰盛的酒宴，为远来的刘备一行接风。席间，师兄弟二人畅叙契阔，追怀往事，同窗之情溢于言表。酒酣耳热，公孙瓒发问道："如今董卓擅权，朝政日非。关东诸军皆以讨董为名，其实无不想割据自大。值此神州幅裂，天下多事之秋，贤弟人中俊杰，不知有何打算？"

一提到自己的前程，刘备不禁感慨万千。他长叹一声，缓缓答道："说来惭愧，小弟自中平元年兴兵讨伐黄巾以来，悠悠八载，一无成就。如今人单势弱，报国无门。尊兄直如大树参天，小弟正欲荫庇其下啊！"

公孙瓒一听，刘备有意到自己麾下效力，不禁大喜过望。这不单是因为他很记念旧情，希望与师弟时相过从，而且还因为他此时此刻，正和冀州的军事强人袁绍激烈竞争，急需得力而可靠的帮手。所以他立即回答道："贤弟不必忧虑，来日方长。你我同门，情逾手足，自当彼此扶持，祸福与共。今欲委屈贤弟为别部司马，不知能俯允否？"

按照当时制度，将军府署内的下属官员，以司马之地位为最高，职责是综理军府众事，参议行动计划，是将军的副手。如果因为军事需要，单独率领一支军队在外地驻守，则称之为"别部司马"。总之，作为奋武将军的公孙瓒，别部司马是他能够拿得出手的最高官职了。刘备心中一热，差一点掉下泪来，忙说道："尊兄厚爱，小弟敢不奉命！"

接着，关羽和张飞也说了一番表示谢意的话语，宾主尽欢而散。

次日，公孙瓒送来正式的委任公文，同时拨给刘备步骑千人，以及一应的武器、粮草和其他物资。刘备领兵立营于土垠城池的西边，每日与关羽、张飞忙着操练人马，随时准备执行公孙瓒下达的行动命令。

旌旗猎猎，战马嘶鸣。刘备看着眼前的一千健儿，心情异常振奋。他举兵创业八年以来，麾下从来没有统领过上千人的队伍。乱世之中，实力决定一切。有了这支兵力，就不愁打不开一个新局面。不过，精兵还需良将来管带。在眼下，八百步兵分由关羽、张飞两位义弟统领，各率四百人，算是兵将配备齐整。唯独余下的二百骑兵，尚无合适之将领来训练指挥，只好暂时由自己兼管着。而自己还须照顾全局，所以为骑兵寻觅一员良将成为当务之急。也是刘备时来运转，就在他为此发愁之际，竟然有一位日后以忠诚果敢而留名青史的将领来归了。这位将军不是别人，就是大名鼎鼎的赵云。

赵云，字子龙，冀州常山国真定县（今河北省正定县）人氏。前面说了，古人的名与字，总有一定的意义联系。这赵云之名字，是由《周易·乾卦》中"云从龙"的文句得来。此人身长八尺，约合今 1.92 米，姿颜雄伟，为人稳重，武艺超群，端的是一位英雄。当时，关东讨伐董卓的联军首领袁绍，拥兵自重，据有冀州，自称冀州牧。冀州下辖九个郡、国，大都归顺了袁绍，唯有西陲的常山国（治所在今河北省元氏县）不然。常山国的行政长官即国相，不仅不服从袁绍的节制，而且还派了一队兵马去支持袁绍的死对头公孙瓒。被选中带领这支队伍前往幽州者，正是赵云。

赵云到达幽州，公孙瓒喜不自胜，大摆酒宴款待。作为陪客的刘备，在酒宴上便结识了赵云。此后，交往愈多，相互之间的情谊亦愈加深厚。赵云佩服刘备的胸襟气度，刘备器重赵云的人品武艺，彼此深相结托，大有相见恨晚之感。

时间来到初平二年（191 年）十月，公孙瓒率精兵两万，击破黄巾余众于冀州勃海郡（治所在今河北省南皮县），俘虏七万余人，车甲财物不计其数，实力大增。于是，他乘胜南下，大举进攻宿敌袁绍。袁绍统治下的冀州郡县，纷纷倒戈，响应公孙瓒。公孙瓒乐观异常，认为黄河下游的冀、兖、青三州之地，不日即将落到自己手中。他立即发布一项委任书，委任自己的部将严纲为冀州刺史，单经为兖州刺史，田楷为青州刺史，命令他们率军前往进驻三州。

那时，青州（主要地域在今山东省）这一块地盘，还由袁绍委任的青州刺史臧洪坐镇。这臧洪足智多谋，有"海内奇士"之誉。公孙瓒担心田楷斗不过臧洪，决定派师弟刘备协同田楷前去攻占青州。刘备正想从公孙瓒的卵翼之下走出去自闯天下，所以应命而动，马上作好出发的准备。

行前，刘备趁机向师兄提出一个要求：请派赵云为自己统带骑兵。公孙瓒此时兵多将广，加之师弟又是为自己去打青州，故而满口答应。于是，刘备麾下又平添了一员赳赳虎将。

这年年底，田楷与刘备率军进入青州。作为前部先锋的刘备军队，训练有素，士气高涨，更兼关羽、张飞和赵云三将有万夫不当之勇，所以攻城略地，势如破竹。臧洪抵挡不住，连忙向袁绍求援。可是袁绍此时正在冀州抵御公孙瓒本人的幽州铁骑军团，哪里顾得上东援青州？臧洪无奈，只得向西撤退。不久，青州成为公孙瓒的囊中之物。

公孙瓒之所以能够迅速取得青州，刘备实有大功焉。然而论功行赏之际，公孙瓒却只给刘备一个"试守平原令"的官职任命作为奖励。所谓"试守平原令"者，就是试用为平原县（今山东省平原县南）的县令也。前面已经说过，早在几年之前，刘备即已在距平原县不过七十里的高唐县做过正式县令了，如今反而要"试守"，他这位师兄不是有点挖苦人么！接到任命，刘备心中一冷，不过他毕竟具有英雄气度，所以并没有表现于形色。当初自己走投无路，前来投奔师兄，师兄不仅热情接待，而且还给予有力的支援，使自己迅速恢复元气，对自己的恩惠太大了。如今自己在青州的功勋，不过是对师兄恩情的报答而已，即便师兄不给任何奖赏，也不能斤斤计较才对，何况还有这样的奖赏呢？能不能冷静地反思自身，明智地对待得失，是人世间英雄豪杰与凡夫俗子的重要区别之一，而刘备就具备这样的可贵品质。于是，他平静如常，高高兴兴前往平原县赴任，同时一再叮嘱关、张两位义弟，绝对不能随便对外发泄牢骚。

大概公孙瓒本人也觉得此项奖赏欠妥，所以不久又下令，让刘备以别部司马的身份兼任平原相。所谓"平原相"，就是青州平原国（治所在今山东省平原县）的国相。

与此前刘备担任的平原县令相比，这平原国的国相，重要性就大得多了。从官阶上说，就比县令高两级。国相和太守，都属于"二千石"这一级，已经接近高官的级别；而县令属于"千石"这一级，两者中间还隔了"比二千石"这一级。所以从县令变为国相，是名副其实的越级提拔。但是，对于刘备而言，更加重要的，还在于管辖范围和人口的扩大，为什么呢？这平原国之下，管辖了平原、高唐、般、鬲、祝阿、乐陵、湿阴、安德、厌次共计九个县。在青州下属的六个郡国中，平原国的地域虽不是最广大者，然而人口数量上唯独它超过了一百万，算是独占鳌头。此前刘备试守的平原县，就是这平原国的首县和治所。刘备觉得，拥有九县上百万之众，倒也可以有一番作为了，于是他上马治军，下马治民，认认真真、兢兢业业地干了起来。数月之间，平原国的政务走上正轨，社会秩序渐渐安定。而刘备手下的军队，也迅速扩充到了五千之众。于是，刘备自行委任关羽、张飞为别部司马，各率步卒二千人众。又命赵云担任骑兵指挥官，统领五百铁骑兵。余下的五百健儿，则在麾下充当侍从卫队。每逢刘备升堂聚众议事，堂前卫队行列整齐，仪容端肃；堂上则有关羽、张飞立侍在刘备两侧，终日不倦；其余众务，统归赵云综理。当初楼桑村中的浪荡少年，而今算是打开一个崭新局面。

打开局面之后，刘备趁军事行动暂时还不多的间隙，抓紧时机治理民政，一来是想打下更为坚实的经济基础，以便应对将来有可能发生的挑战；二来则是想借此提高自己治理政务的能力，为将来长远的发展预作铺垫。

新任的刘长官如何治理民政呢？史书的记载是：

　　备外御寇难，内丰财施；士之下者，必与同席而坐，同簋而食，无所简择：众多归焉。

他的施政重点有两方面：首先，对外坚决抵御外来武装对境内民众的掠夺和侵扰，对内则发展生产以增加官方的财力和物力，以便及时对穷困民众进行救济。其次，对于本地有才能的人士，则广为接纳，热情对待，同吃同坐，一点没有官架子，展示出礼贤下士的风范，因而深得人心，很多人前来投奔他。不难看出，由于他早年长期艰苦生活在社会底层，对民众的疾苦深有体会，对草根人才难以得到官方的重视和提拔，同样也是印象深刻，因而才会选择这两项作为民政治理的重点来突破。而他的苦心经营，也确实收到了显著的成效。

但是，天下的事情总有两面性。刘备没有想到，自己如此亲民爱民，政绩显著，依然还有人要算计他，差一点使他一命呜呼。这个人是谁呢？

原来，这平原国内，有一个本地的强人叫作刘平。这刘平虽然与刘备同姓，然而史书上说他"素轻先主，耻为之下"，意思是他素来就轻视刘备，因此把现今自己在刘备之下当子民，视为一种奇耻大辱。既然素来就轻视，可见这刘平不仅早就知道刘备其人，而且对刘备还相当了解。如果对刘备早就有了相当的了解，因而产生极度的轻视，那么他轻视刘备的原因，最有可能就在两点：一是刘备的贫寒出身，二是刘备的草莽表现。一个当初靠卖鞋、卖席子混饭吃的穷小子，一个当初骑马遛狗不务正业的社会小混混头目，一个目无法纪鞭打上司督邮遭到官方追捕的逃犯，现今摇身一变，假装正神，从北边的苦寒幽州，跑到富庶的青州平原国来当父母官，来进行礼贤下士的虚伪表演了。在这种人手下当子民，难道不是奇耻大辱吗？

耻辱怎么洗刷？这刘平想来想去，竟然想到一个极端的手段。他物色刺客，前去收取刘备的小命。你刘备不是假装礼贤下士么，我就让刺客假装成前来投奔你的贤士，当你与刺客同吃同坐的时候，刺杀你的机会就到了。

这一天，刘备门前来了一位文质彬彬的访客。刘备立即与之见面，一番简短谈话后，觉得此人谈吐不凡，不是凡庸之辈，于是盛情款待，倾心交谈。要知道，古代当刺客的，并非个个都是谋财害命的歹徒，往往还是具有坚定信仰的正派人物。比如说《史记·刺客列传》中，包括荆轲在内的五位刺客，就是如此。那刘平聘请的刺客，也是一个非凡之辈。他从刘备的言谈举止当中，看出这位刘长官，并不像刘平所言，是卑劣不堪的社会垃圾，反而倒是一位真心在平原国保境安民而且胸襟才情难得一见的英雄。于是乎惺惺惜惺惺，断然如实向刘备说出自己的身份和来意，然后长揖作别，飘然远走高飞。但是，刘备虽然没有丢掉性命，不久之后却丢掉了他苦心经营的平原国。这正是：

真心治理平原国，刺客来临得脱身。

要想知道刘备为何会与当时的大名士孔融发生关系，他又为何因此而丢掉了平原国，请看下文分解。

第五章
解救孔融

　　话说刘备在青州的平原国做出显著政绩，站稳了自己的脚跟。他又开始注意去做另外一件大事。就是谋求在更大的范围和更高的层次上，提高自己的社会声誉。你会有疑问了，这社会声誉不是相当虚无缥缈的东西吗？刘备把它作为头等大事来抓，理由是啥？目的又是啥呢？请听细说端详。

　　现今常说的要融入主流社会，其实并不是新鲜的说法，这一观念早在上千年前刘备生活的时期就已经有了。东汉后期以来，作为社会主流群体的士大夫阶层，有一种风气盛行，就是极为重视个人在社会上的声望和名誉。这是清流士大夫在与宦官群体作殊死斗争之中，一种与对方划清界限的排他性政治手段。有声望名誉者，就能得到主流社会群体，即士大夫阶层的认同，成为现今常说的"圈子里面的人"，从此在政界不会受到排斥和歧视。反之，哪怕你当了三公九卿的高官，清流士大夫也看不起你，不会与你交往，而且坚决拒绝你进入他们的社交沙龙。

提高个人声望名誉最有效的途径，便是争取得到某位掌握了声望名誉评定权的重量级权威大名士，对你的赏识和赞美。因此，当时热心仕途者，总要想方设法博得大名士的青睐和好评。比如曹操，就是这方面的典型。他虽然是朝廷首席高官太尉曹嵩的公子，也要在入仕之前广交名士，甚至强迫掌握话语权的大名士许劭，给他定出一个"清平之奸贼，乱世之英雄"的评价。当时形容这种评价，对人才的政治命运有"嘘枯吹生"之神奇效用。而后世的"吹嘘"一词，也由此而来。

至于刘备，他和曹操一样，都在家庭背景和个人经历上，留下过相当黯淡的一页。曹操的祖父曹腾是大宦官，而刘备则是偏僻农村穷家小户的儿子。曹操早年有一段胡作非为的荒唐日子，而刘备此前的个人经历，也没有什么拿得出手的光彩篇章。两人此前都完全游离于社会的主流群体，即士大夫阶层之外。弥补自己这方面先天性致命缺陷的办法，曹操是广交名士，甚至强迫大名士许劭给他正面评价；这种做法倒是很符合曹操的个性，但是刘备做不出来，再说也没有这样做的客观条件。对于刘备而言，唯一的办法就是今后为人处世，要特别注意严格遵循道义的原则，充分尊重社会主流的公正舆论，才有可能争取到主流社会士大夫集团的认同，从而在事业上有更大的发展。明白了以上的社会政治现实背景，对他这时为何有如此考虑，就一点不奇怪了。

不久，刘备就得到一个提高声名的最佳机会。

那时的青州中部，有一个北海国，北海国的国相是当时海内第一流的大名士，叫作孔融。孔融字文举，兖州鲁国鲁县（今山东省曲阜市）人氏，乃是至圣先师孔夫子的第二十代孙。孔融出自名门不说，而且因为得了圣人基因之遗传，"幼有异才"，兼具美德。年仅四岁时，每次与诸位兄长共食甜梨，他总是只取小的。大人问其故，他回答说："我年龄小，按道理应当吃小梨啊。"此事引起宗族众人的惊奇，也给后世留下了"孔融让梨"的佳话。

长大之后，孔融好学不倦。十六岁时，因为冒死收留被宦官追捕的党锢名士张俭，他一下子成为名满天下的人物。

人仕之后，孔融不避危险，频频纠举宦官们违法乱纪的亲戚，声誉益隆，当时人们对他有如下的高度评价："孔文举于时英雄特杰，譬诸物类，犹众星之有北辰，百谷之有黍稷，天下莫不瞩目也。"

董卓入京，胡作非为。孔融在朝，时时以正言谏止之，引起董卓的反感。董卓本想下令杀死孔融以泄愤，后来考虑到此人名声太大，不宜亲自动手，便用了一个借刀杀人之计，把孔融派到青州北海国去担任国相。

原来，此时的北海国，乃是黄巾余众活动得最为频繁的地区。董卓心想：不要看你孔融清谈干云，声名高涨，叫你一介书生去北海应付那乱哄哄的社会局面，不出数月就要你丧命于黄巾的刀剑之下，看你那时是嘴巴硬，还是脖子硬！

果不其然，孔融刚刚来到北海国的治所剧县（今山东省昌乐县西），脚跟还没有站稳，西面冀州的二十万黄巾军，就像潮水一般涌进了北海国境内。孔融势单力薄，哪里抵抗得住，只好向南撤退到朱虚县（今山东省临朐县东南），陆续收容了流亡百姓四万多人，勉勉强强开始履行自己施政治民的职责。不料刚刚才打开一个小局面，南面一股黄巾军又杀到了朱虚县。孔融被迫取道东北，又退到都昌县（今山东省昌邑县西）。眼见前面已经是波涛汹涌的大海，即今天的渤海，完全无路可退了，他只得横下一条心，率领残部凭借都昌县的城池固守。同时，连忙派遣一位智勇双全的勇士，突出重围，直奔西面六百里外，去向平原国的国相刘备紧急求救。

这位勇士是谁？他就是后来孙吴的名将太史慈。

太史慈字子义，乃青州东莱郡黄县（今山东省龙口市东南）人氏。其人身高七尺七寸，也就是现今的 1.85 米。身材高大的他，猿臂善射，具有百步穿杨的本事。但是，他不仅武艺高强，更可贵的是还有高尚的品格：坚守信义，一诺千金。

众所周知，三国是一个充满激烈竞争的时代。当时的人们靠什么来竞争呢？两样宝贝：品格和智慧。品格是根本，智慧是手段。我们看三国，讲三国，不能只看手段而忽略根本，更不能只讲手段而忘了根本，弄得来好像整个三国的历史舞台，就只是一批老奸巨猾的坏家伙尔虞我诈，损人利己，完全是一幅丑恶不堪的黑暗历史场景。就连本来是具有人性光辉的事件，也都要挖空心思吹毛求疵，想当然地推测出其中的"恶劣动机"来。其实，只要冷静看，细心看，全面看，深入看，客观看，往往能够从历史的具体表象点点滴滴下面，看到当时人性的光辉，太史慈的故事就是一个很好的例证。

当初太史慈在本郡的郡政府当办事员，而郡政府和上级的州政府发生政务纷争时，他为本郡的郡政府尽心尽力，结果遭到州政府的怨恨。他为了避祸，就跨海避难到了辽东。孔融到北海郡就任之后，得知他的事情，佩服他的为人，多次派人前往相邻的东莱郡，到太史慈的老家看望其老母，并送去不少生活物品。后来风头过后，太史慈从辽东回来，他母亲说："你不在家的时候，孔长官多次派人来探望，全靠他送来的东西，我才渡过了难关。他与我家非亲非故，对我却比亲友还好。现今他陷入困境，你要赶紧前去为他效力解忧才对啊！"

太史慈本是一个大孝子，立即遵奉老母之命，日夜兼程，步行三百里，赶到西南的都昌县。他趁敌人的包围还没有完成，从缝隙当中进入城内；又自告奋勇，前往平原国求救。他骑上一匹骏马，左右又各带一匹准备替换的马匹，出城用计麻痹敌人，趁机快速冲出重围，射杀领头追赶的几名骑手后，换马不换人，硬是在两天之内，来到了六百里外刘备的官邸门前。

刘备早就对孔融倾慕不已，只是无缘结识，深以为憾。所以他一听说北海国相孔融有专使紧急求见，也不顾夜静更深，立即披衣下床，接见来使。

　　厅堂之上，明烛高照。宾主刚刚施礼坐下，风尘仆仆的太史慈就急忙说明来意。刘备一听是孔融请求自己发兵，以救围城之急，顿时沉吟不语。他知道，不久前有大股黄巾军从冀州东去北海，其数目至少在十万之众以上。如果自己要救孔融，发兵太少不仅无济于事，而且还可能被黄巾军全数歼灭，有去无回。然而发兵太多，自己也有难处，因为此时袁绍在冀州的广川（今河北省枣强县东）一战中，大胜公孙瓒的主力军，生擒公孙瓒委任的冀州刺史严纲。袁绍在冀州方向反攻得手后，势必要东进青州。而自己的平原国，西距广川不过百余里，正是首当其冲之地。如果发兵过多，届时袁绍兵锋东向，自己的根据地就会岌岌可危了。

　　太史慈见刘备沉吟不决，便再度慷慨陈词道："慈乃一介凡夫，与孔北海并非骨肉之亲，亦无乡党之谊，只不过想到他是天下士大夫的楷模，所以决心为他分灾共患。现今孔北海坐守孤城，危在旦夕。他以为刘府君具有仁义之名，定能救人之急，故而奋力支撑，以生死寄托于君，望君慨然相救啊！"

　　刘备一听孔融这么看得起自己，不禁一阵热血上涌。他知道，如果再犹豫不决，就连太史慈也会瞧不起自己，更不用说那些清流士大夫了。声名扫地，今后在政界和社交界还能混得下去吗？于是，他正色敛容，回答道："孔北海竟然也知道世间有一个刘备么！"

刘备当即下令：派遣关羽率领精锐步兵二千五百人，赵云率领铁甲骑兵五百人，火速驰援北海。刘备自己则和张飞统领两千人坚守平原。太史慈见刘备如此仗义，在自身危难之时依然不惜出动精锐主力救人急难，大为感动。再三致谢之后，太史慈便领着关、赵二将直奔北海而去。

七日之后，平原援军抵达都昌城郊。围城的黄巾军缺乏严格训练，加之攻城半月不下，不免兵疲意沮。关、赵二员骁将率领三千步骑，如《孙子兵法》所言的"攻其无备，出其不意"，黄巾军哪里抵挡得住，纷纷奔逃溃散。平原援军出动不过一旬，北海之围就完全解除了。

这边的孔融绝处逢生，那边的刘备却遇到了大麻烦。袁绍击退公孙瓒主力后，果然派遣强兵向东进攻平原国。刘备苦战数日，寡不敌众，只好且战且走，撤出平原。袁绍军得了平原国，跨过黄河，继续东进。刘备退到平原以东约三百里处的齐国（治所在今山东省淄博市临淄区），与青州刺史田楷的军队会合。这时，关羽和赵云得胜回返，也在齐国的首府临淄与刘备相遇。三下合兵一处，终于把袁军东进的势头遏止在临淄城下。

刘备丢掉了平原国，是他的创业生涯中遭受到的第三次大挫折。然而天下的事情都有两面性，即《老子》所谓的"祸福相倚"。虽然他实际的利益损失巨大，但是他舍己为人，慷慨解救大名士孔融于水火的慷慨义举，很快传遍了海内。他的社会声望和个人名誉，猛然增高一大截不说，更为重要的是，士大夫从此把这个来自偏僻乡村中的织席贩履小儿，视为他们圈子中的一员，使得刘备一下子就被主流社会群体认同了。甚至出身当时第一流名门大族，又曾经是讨伐董卓联军的结盟首领，素来高傲无比的袁绍，都给了他如下的评价："刘玄德，弘雅有信义。"意思是说，刘备器量宽宏，为人高雅，讲求信誉和道义。袁绍的这一高度评价，其效果就相当于当初许劭评价曹操为"乱世之英雄"一样，潜在的政治社会作用极其巨大，将使刘备受益无穷。相比之下，平原国的丢失也就算不得什么了。

另一边的孔融得救之后，对太史慈极为看重，感叹说："你真是我的忘年交啊！"但是，太史慈并未在孔融手下依仗功劳坐享回报，反而很快就潇潇洒洒告辞孔融，回转老家禀报母亲。听了儿子语气非常平静的报告，老人家同样也只有一句很淡定的回答："我很欢喜你终于对孔长官有所报答了。"

不久,太史慈就南下江东,见老朋友去也,此后成为孙吴的名将,再也没有与孔融见面。现今的人们爱说淡定,什么是淡定?做了好事根本不显摆,不仅拿得起而且也放得下,这一对非同凡响的母子,才是真正的淡定。刘备救人危难慷慨无私,太史慈母子淡泊功利,这正是:

　　　　人性光辉随处是,三分不是污泥团。

　　要想知道刘备此后如何从挫折之中再度奋起拼搏,柳暗花明又一村,请看下文分解。

第六章

作牧徐州

　　刘备会同田楷，在齐国的临淄一线抗击袁绍的东路军，双方激战两年，相持不下。直杀得田畴一片荒芜，村落成为丘墟，哪里还看得见《晏子春秋》中形容临淄城中"张袂成萌，挥汗成雨，比肩继踵"的繁荣热闹情景。

　　到了初平三年（192年）八月，汉献帝认为董卓已经被吕布诛杀，关东各路勤王的兵马不应再相互残杀，便派遣太仆卿赵岐作为特使，代表皇帝去调解关东的众位诸侯，劝息刀兵。次年二月，赵岐抵达幽、冀二州，要求公孙瓒与袁绍相互和解。分据幽、冀二州的这两大势力，相互恶战了整整三年，也觉得疲乏不堪，需要暂时喘一口气。于是，在赵岐的主持之下，公孙瓒与袁绍签字议和，双方军队撤离前线，青州的紧张局面也随之缓解。

青州的刀光剑影暂时消失了，与之相邻的徐州（主要地域在今山东省、江苏省），却又热火朝天地打了起来。徐州战事使得刘备的境遇又出现一个大变化，这自然值得细说一番。

在青州的南面，有一片濒临东海的地区，南北长而东西短，这就是东汉十三州之一的徐州。徐州西邻兖、豫二州，南面则与扬州隔长江相望。

自从关东各路讨董的诸侯相互攻杀以来，中原大地便成了一个巨大的战场。曹操在他的《蒿里行》这首五言诗中，描述中原当时的悲惨状况，令人不忍卒读。他写道：

> 关东有义士，兴兵讨群凶。初期会盟津，乃心在咸阳。
>
> 军合力不齐，踌躇而雁行。势利使人争，嗣还自相戕。
>
> 淮南弟称号，刻玺于北方。铠甲生虮虱，万姓以死亡。

　　白骨露于野，千里无鸡鸣。生民百遗一，念

之断人肠。

后世的学者，都认为这不是文学的夸张，而几乎把它视为历
史的实录。

　　中原鼎沸，侥幸生存者便纷纷外逃避难。于是乎，赤县
神州的大地之上，就出现了一股又一股的流民群。当时，徐
州东临沧海，距离中原的大战场较远，社会秩序较为安定，
故而流民大量来到这里。他们披荆斩棘，垦荒种地。一时间，
徐州境内出现了中原四战之地不复得见的"百姓乃盛，谷米
丰赡"景象。

　　初平年间，徐州的行政长官一直由陶谦充任。他先是出
任徐州刺史，其后又进号为徐州牧。那么刺史与州牧有何区
别呢？简而言之，早期的刺史只拥有监察之权，他只负责监
察本州所属的郡县官员是否奉公守法；而后期出现的州牧则
拥有统军治民之权，他是郡县之上统治一州的最高军政长官。

　　徐州牧陶谦，字公祖，扬州丹杨郡秣陵县（今江苏省南
京市江宁区）人氏。其人忠心汉室，性格刚直慷慨，然而有
一个大缺点，即是喜听奉承之语，厌闻逆耳之言。有这样一
个毛病，必然会如诸葛亮在《出师表》中所言的"亲小人，

远贤臣"。古往今来，有多少君主都在这一点上栽了跟头，伤了事业，毁了声名，区区陶谦何能例外。于是，徐州的局势开始变坏了，用史书上的话来说，就是："刑政失和，良善多被其害，由是渐乱。"

眼见得徐州将要从乐土变成乱邦，一些有识之士牢记孔夫子"贤者避世，其次避地"的遗训，先后离开徐州，另选栖身之地。比如彭城人张昭、严畯，广陵人张纮、吕岱，淮阴人步骘，东城人鲁肃等，先后都南奔江东，成为后来孙吴政权中的骨干。

果不其然，一场浩劫不久就降临到了徐州。初平四年（193年）秋，兖州牧曹操亲率精兵数万，东攻徐州，发誓要杀绝陶谦家族，以报父弟之仇。曹操与陶谦怎么会结下如此的深仇大恨呢？

原来，曹操在荥阳一战大败之后，并不灰心，立即奔赴扬州的丹杨郡去招募了四千兵马，准备东山再起。经过一年多的努力，他终于在兖州的东郡（治所在今河南省濮阳县）打下一块地盘。又过了一年左右，也就是初平三年（192年）的冬天，曹操在兖州的济北国境内，一举打败来自青州的黄巾军，接收降卒三十余万，男女百余万口，势力大振，并且自然而然当上了兖州（主要地域在今山东省）的州牧。曹操的事业得到大发展了，他的老父、少弟却厄运临头了。

　　当初曹操变卖家财起兵声讨董卓之时，其父曹嵩已经离职退休，正在老家坐享清福。讨董大战的序幕拉开之后，曹操的老家豫州沛国谯县，受到战火的波及，其父曹嵩就带上小妾和年幼儿子，跑到徐州的琅邪郡去避难，这一去就是三年多。

　　曹操当上兖州牧，立定了脚跟，便想把老父接回兖州来尽孝。这时，曹嵩已经移居到邻接徐州的兖州泰山郡费县（今山东省费县北），所以曹操就下令要泰山郡太守应劭，派遣兵马护送老爹一家前来兖州的治所昌邑县（今山东省金乡县东北）。应劭得到上司之令，不敢怠慢，立即发兵二百，护送曹老太爷前往兖州。从徐州费县到兖州昌邑县，距离大约五百里，其间有一段道路距徐州境极近。曹嵩一行经过这段路途时，徐州驻军发现这位曹老太爷很有油水，运输物品的大车就有一百多辆，首尾相接将近一里路长，立时起了杀人越货之心。当下上千人马呼啸而出，冲入兖州地界，径直奔向曹嵩一行。护送曹嵩的兵士见势不妙，四散奔逃。徐州的驻军抢光财物不算，又把曹嵩本人，以及其小妾、少子曹德等一行，全部杀死在武水河边，鲜血染红了盈盈河水。

消息迅速传到兖州，把曹操差一点气得昏死过去。这位"乱世英雄"岂肯善罢甘休？他认定这是陶谦指使部下出的手，当即嚎哭发丧，同时点起数万精兵良将，恶狠狠地杀向徐州。

初平四年（193年）秋天，曹操率军杀进徐州地界。陶谦早就知道对方必定要来报复，所以在徐州西部的彭城（今江苏省徐州市）一带聚集重兵，企图挡住曹操的兵锋。《老子》有云："抗兵相加，哀者胜矣。"曹操身着一身黑色的麻布丧服，帐下黑幡飘舞，部下将士亦都以黑布束臂，全军一片肃杀之气，这正是所谓的"哀兵"。相反，陶谦师出无名，御军无方，军容不整，未战之前先已显出衰败之兆。结果，彭城一战，陶谦大败，单骑逃往徐州的治所郯县（今山东省郯城县）。曹操没有抓住陶谦，就拿彭城的无辜百姓出气，于是"坑杀男女数万口于泗水，水为不流"。接着又向东南进兵，一路上见人就杀，见房就烧，见物就抢，直杀得"鸡犬亦尽，墟邑无复行人"。

陶谦逃回郯县，收合余众，尚有一万余人。他知道曹操志在索取自己的脑袋，这点兵力根本抵挡不住对方的疯狂进攻。因此，他一面派人到扬州的丹杨郡去招募新兵，一面派遣专使到青州去求向刘备求救。

　　第二年开春，刘备就和田楷率领援军抵达徐州。从此，刘备的创业史又翻开了新的一页。

　　青州援军来临，陶谦自然热诚招待，这也无须细说。其间值得注意者，乃是陶谦与刘备之间关系的迅速发展。陶谦以前并不认识刘备，但是，自从刘玄德舍己救孔文举的消息传开之后，他对刘备其人便钦佩莫名，极望相见。这次到青州搬救兵，虽然此前自己一直站在公孙瓒一边，帮他抗衡袁绍和曹操的联盟，然而到了自己危急之时，公孙瓒的下属田楷却不大愿意发兵了。亏得刘备努力劝说，田楷才勉强前来。因此陶谦对于刘备，钦佩之外又多了一重感激。他暗想，刘玄德笃于情义，兼有雄才，其部属关羽、张飞、赵云又均是百战勇将，如果能把他长留在徐州，我还怕什么曹操呢！主意打定，他便精心备办了一份厚礼，送给刚刚抵达徐州的刘备。

　　这一日，陶谦把一切安排停当之后，亲自来到刘备下榻的馆舍。刘备急忙出来迎接。二人携手进入内厅，分宾主之位坐下之后，陶谦诚诚恳恳地说道："府君高义，世人仰慕。此次远来鄙州，解我倒悬之急，衷心感佩，言语难表！今聊备薄礼，以表区区，尚望府君笑纳。"

　　刘备连忙答道："救人急难，乃我辈本分，何况使君与公孙将军有同盟之好，更应竭力相助。今若接受使君之厚重馈赠，刘备此后尚有何面目见天下之士大夫呢？"

陶谦微微一笑，说："府君义举，当与日月争光，陶谦何敢以金宝一类之俗物污之？因思府君方创大业，故聊赠急需之物，以助一臂之力，府君万勿推辞！"。

刘备见他情意殷殷，不好再说。陶谦便站了起来，做了一个请的姿势。刘备心中好生奇怪：这陶谦送的是什么礼品，还要到外面去拿呢？待得一行人来到馆舍门前，早有人备好十余骑骏马。刘备和陶谦飞身上马后，便向郯县城的西郊驰去。

趁此二人尚在途中，我们回头把他们谈话时所使用的称呼略加介绍和解释。陶谦尊称刘备为"府君"，是因为刘备身任平原相的缘故。汉代的郡守和国相，享有如三公一样开府自辟僚属的权力。开府，即建立自己专门的府署，相当于现今的办公厅。自辟僚属，即由自己委任府署的下属官员，而无需经过朝廷的批准。因此之故，郡守、国相也就被称为"府君"。至于刘备尊称陶谦为"使君"，则是因为陶谦身任州牧的缘故。汉代凡受皇帝委派的使臣，都可称为"使君"。而州刺史最初是受皇帝之命监察一州官员的特派使者，当然可用这一尊称了。后来出现的州牧，也是从刺史演变而来，所以当时对州牧也使用"使君"一词。

刘备随从陶谦驰往城西，来到一座军营之外。刘备驻马一看，只见成百座营帐整齐排列，数千名健儿束装待命，刀剑闪耀寒光，旌旗迎风飘舞；牙门之外一根高高的旗杆顶端，飘扬着一面大旗，上书斗大一个"刘"字。他正在狐疑之际，陶谦开言道："府君，此即鄙州奉送之薄礼：丹杨精兵四千以及一应军器物资，不知尚中意否？"

原来，陶谦私下打听到：刘备在齐国与袁绍激战两年后，实力大损，部下的五千人马只剩下了一千多人，而且装备缺乏，武器陈旧。然而即使是这样，刘备仍然率领主力人马来援救自己。陶谦很受感动，知道此时刘备最为急需的就是补充兵员和武器物资，于是决定：把新从丹杨招募来的精兵八千分出一半与刘备，以示感谢。刘备做梦也没有想到，自己一下子会得到四千精兵和大量武器物资。他立马军门，望着这座转瞬之间已经属于自己所有的庞大军营，不禁心潮澎湃，热泪盈眶。他强自镇定下来，对陶谦说道："使君厚意，我刘备没齿不忘！"

陶谦送了刘备兵马不说，接着他又上表汉献帝，举荐刘备为豫州刺史。当时，在割据自雄的方镇之中，陶谦对汉室是最为忠诚尊敬的，经常派遣特使到朝廷进贡地方特产，问候皇帝起居，所以他的举荐表章递了上去，很快就得到批准。

这样一来，刘备就从公孙瓒私自委任的平原相，变成了东汉朝廷正式任命的豫州刺史了。

刘备实力增强，又成了名正言顺的汉朝地方行政长官，当然不会再回青州去寄人篱下。不久，他就与关羽、张飞、赵云等部将，率领属下近六千人马，进驻豫州沛国的沛县（今江苏省沛县），在此建立行政机构，正儿八经地当起豫州刺史来。同来的田楷，见刘备被陶谦拉走，一气之下领兵自还青州。从此，刘备与师兄公孙瓒的关系便一刀两断。

东汉的豫州，下辖颍川、汝南、梁、沛、陈、鲁六个郡国，以往的治所是在沛国的谯县，也就是曹操的老家。而刘备现今新设立的治所，是在沛国的沛县，即西汉高祖刘邦的故里。沛县与沛国同用一个"沛"字命名，而县比国小，沛县也就习称为"小沛"了。刘备之所以没有进驻谯县，而改驻小沛，不单是想沾一点远祖高皇帝的灵气，还有想酬报陶谦厚意的目的。这小沛濒临泗水，位于彭城的上游，形势险要。如果把陶谦徐州的治所郯县，与曹操兖州的治所昌邑县连成一条直线，那么小沛就刚好在这条直线上的中点附近。也就是说，曹操如果想要再度兴兵进攻徐州，必然要先通过小沛。俗话也说："受人钱财，替人消灾。"刘备受了陶谦那么巨大的酬报，自然该在前面充当陶谦的屏障了。

兴平元年（194 年）夏，曹操再次率领自己的主力军团东攻徐州，以报父仇而雪家恨。出兵之前，曹操即已得知，刘备统领精兵扼守郯县西部的军事要冲小沛。他想，自己以劳攻逸，屯兵坚城之下，明显不是明智之举。自己的目标是郯县而非小沛，尽可以置刘备于不顾嘛。于是，用兵狡诈的曹操，便绕道小沛以北百余里，进入东面的徐州。由于陶谦在这一方向的防守力量不足，曹军入境后势如破竹，先后攻占了郯县北面的缯国、开阳、即丘、祝其、利城五县，兵锋几乎抵达东海之滨。

接着，曹操又挥兵向南，再向西，准备从东、北两面夹击郯县的陶谦。就在曹军大幅度迂回包抄郯县之际，陶谦发觉了对方的意图，情知不妙，急忙请刘备从小沛撤回，增援郯县守军。刘备苦心经营的小沛城池战垒，顿时成了毫无作用的"马其诺防线"。

刘备的兵马撤回之后，抢占了郯县以东的沭水一线，仍然充任首当其冲的角色。至于陶谦，则固守于城高池深的郯县城中，拟作困兽之斗。

曹操见刘备急匆匆回防郯县东面，立脚未稳，觉得机不可失，于是立即下令发起猛攻。成千上万的健儿，旋风一般掠过沭水，杀向敌阵，势不可挡。刘备麾下的数千精兵，战斗力本来不弱。不过，一是撤回时行军急速，体力耗费太大，二是堑壕壁垒均未筑成，毫无凭借和掩护，所以一经接触，即呈不支之势。为了保存实力，刘备只好引军向南退去。

曹操拔除了郯县外围的据点，挥军将郯县团团围住，不分昼夜，轮番攻城，大有一口吞下城池之势。陶谦又惊又急，严令部下兵将各守阵地，不得有失，否则提头来见。眼见得郯县守军就要支持不住，陶谦将要成为阶下之囚，曹操忽然接到十万火急报告，说是强劲对手吕布，已经乘虚进占了自己大后方的根据地兖州。螳螂捕蝉，焉知黄雀在后？现在该轮到曹操又惊又急了。他想来想去，权衡再三，觉得还是保住老巢要紧。他立马护城河边，对着郯县城池咬牙切齿地骂道："陶谦老贼，我今暂饶你数日性命，下次定要血洗徐州，将你碎尸万段！"

次日凌晨，曹操兵马即撤围西去。陶谦站在郯县城墙之上，目送着曹军远去。数月来一直高度紧张的心弦突然松弛之后，他那本已被疾病弄得非常虚弱的身体就垮了。遍请名医诊治，病情不仅毫无起色，反而日渐沉重。好不容易拖到年底，陶谦自知求生无望，来日无多，便把自己的首席助手麋竺，叫到病榻前吩咐道："当今天下多事，非刘玄德不能安定此州。我瞑目之后，速奉刘氏为徐州之主，切记切记！"

麋竺流泪点头。数日之后，陶谦即病死徐州，时年六十三岁。曹操要将陶谦"碎尸万段"的毒誓，再也没有实现的机会了。

陶谦一死，麋竺立即率领州政府主要官员赶往小沛，敦请刘备就任徐州牧。刘备内心当然求之不得，但是，考虑到盘踞淮南的大军阀袁术，也正在觊觎徐州，他怕因此受到袁术的攻击，便再三谦辞。这时，有两位声望如同泰山北斗的大名士也站出来劝说他。一位就是孔融，孔融说："那袁术不过是冢中枯骨，何足介意！天与不取，悔不可追！"另一位是下邳人陈登，字元龙。他对刘备说："袁术虚骄，岂是治乱之主！徐州殷富，户口百万。若使君有意屈尊，当为使君招合步骑十万，上可匡主济民，下可割地守境，何须惧怕袁术呀！"

刘备见二人说得在理，也觉得自己应该大胆闯一闯了，便不再推辞。于是，刘备便继承陶谦，成为徐州的新长官。这正是：

重病陶谦留嘱咐，刘郎意外得徐州。

要想知道刘备当上了徐州的军政长官，暗中得意之时，又会遭受哪些磨难和挫折，请看下文分解。

第七章

鸠占鹊巢

　　刘备就任徐州牧之后的第一件事，就是把治所从东海郡的郯县，迁移到下邳国的下邳县城（今江苏省邳州市）。

　　迁移治所的原因有如下四条：一是郯县城中州政府的衙门内，还住有不少陶谦的过去下属及其家眷，自己现今可以不再任用人家，但是也不能叫人家卷铺盖走人。二是郯县一带地区经过曹操大军的践踏蹂躏，已是一片荒芜凋零，难以供给州政府的粮食物资需要。三是下邳的地理形势，比郯县更为险要。这下邳的城池位于郯县西南约二百里，正当沂水与泗水的交汇处，二水护绕，易守难攻。溯泗水而上，可通彭城、小沛；顺泗水而下，可入淮水流域，交通便利异常。四是下邳的城池，修造得极其坚固，史称有三重城墙围绕，而最外面的城墙，总长度达到四里，与外围的沂水和泗水相配合，形成固若金汤之势。

刘备转移到下邳之后，建造府署，巡查城池，聚集粮草，安抚百姓，搞得十分起劲。这也难怪，自他创业以来，名副其实地拥有一州之地，这还是破天荒的第一回。虽然此前已当过豫州刺史，但是刺史终归不如州牧好听，也比州牧要低一等。再说豫州的大部分地域，还属于他人的势力范围，刘备只不过据有小沛一隅，担一个刺史的虚名而已。

三个月后，下邳城各方面都面貌一新，像一个州级治所的样子了。于是刘备大开酒宴，款待僚属，决心在下邳励精图治，大干一番。

然而刘备却没有想到，这一切都是白辛苦，用俗话来说，叫作"猫搬饭甑替狗干"，用雅语而言，便是"为他人作嫁衣裳"了。这是怎么一回事儿呢？

兴平二年（195年）四月的一天，刘备正在府署中与幕僚麋竺等人议事，忽听下人来报：兖州牧吕布紧急求见。刘备等人好生奇怪，这吕布不是夺占了曹操兖州的地盘正在得意非常吗？怎么又跑到东边的徐州来了？

吕布字奉先，并州五原郡九原县（今内蒙古自治区包头市西）人氏。这九原地处黄河河套的北岸，民俗剽悍好武，兼善骑射。吕布从小在马背上长大，骁勇异常，有"人中吕布"之称。然而其人性情反复无常，这一点也很少有人能与之相比。最初，他受并州刺史丁原的赏识提拔，成为丁原的心腹部属。灵帝驾崩之后，丁原率军进入京城洛阳，诛杀宦官，升任执金吾一职，也就是京都地区的警备司令。董卓入京，垂涎于丁原手下那一支精锐兵马，便以重利引诱吕布。吕布便用丁原的头颅，换得一个骑都尉的官职，又成为董卓的心腹爪牙。史称董卓"甚爱信之，誓为父子"，也就是确定两人为义父、义子的亲密关系。其后，官任司徒的并州太原人王允，利用同乡关系接近吕布，要他伺机诛杀董卓，于是吕布又把义父送上了西天。经过两三年的疯狂折腾，不讲信义的吕布在朝廷站不住脚，前去投奔东面的袁术，袁术拒不接纳他；他又改投北面的袁绍，袁绍也容不下他；最后只好跑到河内郡（治所在今河南省武陟县西）去投奔同乡，时任河内郡太守的张杨，暂且栖下身来。

兴平元年（194 年）夏天，曹操第二次进攻徐州，包围郯县。就在要得手之际，曹操的下属张邈、陈宫、许汜、王楷等人，在后方突然发动政变，把吕布从河内郡请过来当兖州牧。曹操闻讯，从徐州匆匆撤回。经过一年血战，直杀得兖州赤地千里，甚至军人被迫以人肉干充当口粮，曹操这才重新夺回了兖州。吕布骑着一匹名叫"赤兔"的千里宝马，惶惶然如同丧家之犬，向东奔往徐州，企图在这里找一个安身之地。于是，刘备的府署门前便出现了这位不速之客。

对于吕布其人，刘备此前虽未能谋面，但对其为人处事之反复无常，毫无信义，却是略知一二的。不过，这时的刘备，刚刚以笃信重义、扶危救困获得了海内人士的高度赞誉，怎么好把这个狼狈不堪的投奔者拒之于门外呢？再说了，吕布现今几乎是孑然一身，收留下他，他也似乎兴不起什么大风大浪。经过一番考虑，刘备决定让吕布暂时在下邳住下来。于是乎，祸根就这样种下了。

吕布在下邳城中取得栖身之地后，立即置办家宴款待刘备，以表谢意。刘备不便推辞，便带上关羽、张飞一同前往。家宴刚开始的时候，吕布对刘备的态度还比较恭敬。几杯酒下肚之后，他的言语就变得相当放肆起来，甚至于称刘备为"贤弟"，俨然以老大哥自居了。刘备心中很不愉快，不过在脸上仍然挂着笑容。两侧的关羽和张飞忍不住，几次想给这个对自己大哥不恭的家伙一点颜色瞧瞧，都被刘备看在眼里而暗中阻止。喝得醉眼陶然的吕布，对这一切却毫无察觉。

转眼之间，又到了第二年即建安元年（196年）的夏天。一年来，由于刘备的大肚涵容，吕布在下邳还算过得下去，也没有闹出什么大乱子。不知不觉中，刘备对这位客人的戒备有些放松了。殊不知这一放松，竟然就酿成了终身大恨。

这年四月，盘踞在淮南的大军阀袁术，怨恨徐州人在陶谦死后不拥戴自己而拥戴刘备，便调集大军，气势汹汹地杀向徐州，要向徐州士民实施严厉报复。袁术字公路，乃豫州汝南郡汝阳县（今河南省周口市西南）人氏。汝南袁氏乃当时数一数二的名门大族，在东汉一朝，有五人相继出任第一等的三公之职，号称门生、故吏遍于天下，确如"鲜花着锦，烈火烹油"一般兴盛。自董卓之乱爆发后，袁术凭借其家族的强大势力，割据扬州的九江郡（治所在今安徽省凤阳县西南）一带，成为骄横一世的"淮南王"。当初徐州人士要迎接刘备为州牧时，刘备最为担心的就是袁术来给自己作对。如今袁术果然举兵犯境，刘备当然不能等闲视之。

经过紧急商议，刘备留张飞率领五千人马据守下邳城池，自率关羽、赵云二将，以及精兵万人，赶往徐州南部迎敌。五月中旬，刘备的军队抵达下邳以南二百余里的淮水一线，凭借淮水布防。而防务的重点，放在两座城池之上，即盱眙和淮阴（分别在今江苏省盱眙县北、淮阴市西南）。两座城池东西相距不过百里，形成掎角之势。从西南方向杀来的两万袁术军队，被阻止在淮水以南，前进不得。袁术进攻盱眙的刘备，淮阴的关羽立刻出兵袭其侧背；袁术转攻淮阴的关羽，盱眙的刘备又马上出城击其队尾。如是相持将近一月，袁术始终不能越过淮水一步。

　　大约在六月间，忽然有朝廷诏书从京城送到刘备军中，汉献帝宣布：提升刘备为镇东将军，封宜城亭侯。当时的军职，最高是大将军，以下依次是骠骑将军、车骑将军、卫将军，前、后、左、右四将军，四征、四镇、四安、四平等将军。所谓的"四征"，即征东、征南、征西、征北四将军；"四镇"，即镇东、镇南、镇西、镇北四将军。"四安"和"四平"仿此。可见刘备所任的镇东将军，属于"四镇"将军这一类，属于中等偏上的军职，算是比较显要的职务。更为重要的是，徐州位于京城洛阳的东面。朝廷如今提升刘备担任镇东将军的军职，这实际上是表示，刘备自己宣称出任徐州牧的举动，已经得到朝廷的正式承认了。

至于刘备的封爵,这就与当时的封爵制度密切相关了。东汉一朝沿袭西汉,同姓的皇族成员,可以授予王爵、公爵;异姓的有功臣僚,只能授予侯爵。侯爵之中,又根据功劳的大小,分为县侯、乡侯、亭侯之类。被封为侯爵,不仅享有社会的荣誉,而且也能享受到实际的经济利益。比如,县侯的封地为一个县,该县民众原来上缴给朝廷的租税,就将转交给被封侯者享用。刘备所封的宜城亭侯,即是"亭侯"这一等。亭侯虽然是侯爵中的最低一等,但是对于从未过一番侯爷瘾的刘备而言,仍然是很有吸引力的社会荣誉了。

总之,一下子又拜将又封侯,刘备乐不可支,全军上下也群情振奋,马上连着打了几次胜仗。骄横不可一世的袁术,渐渐有些支持不住了。

为什么东汉朝廷会突然赏赐给刘备这般的恩典呢?究其原因,竟然是曹操在其间活动的结果。前年夏天,刘备曾经帮着陶谦打过曹操,这两位当初在洛阳北芒山上结下交谊的朋友,阔别数年后在战场上兵戎相见,"亲热"得有点令人心惊胆寒。不过,正如朋友可以变为敌人一样,敌人也可以变为朋友。刘备与袁术交兵,曹操在一旁暗自高兴。因为袁术是曹操的宿敌,而且还一心想在淮南自称皇帝。曹操正准备把汉献帝从洛阳接到豫州颍川郡的许县（今河南省许昌市）暂住，以便"挟天子以令诸侯"，怎么能够容许袁术在淮南称孤道寡给自己唱对台戏呢？于是，他表奏汉献帝，给刘备拜将封侯，以示支持。同时，他又暗中加紧准备，伺机对淮南的袁术用兵。

要说搞纵横捭阖这一套，当时的割据群雄，谁都会一手两手的，而且不须老师指点传授。这边的曹操在笼络刘备，那边的袁术又开始利诱吕布了，一明一暗，一南一北，煞是好看。

原来，袁术眼看强攻徐州难以得手，不免长吁短叹，绕室彷徨。此时，一位幕僚向他献了一计，说是吕布现今在下邳，无兵无粮，百无聊赖之至；其人之性，有如猛虎，"当饱其肉，不然则将噬人"；如果许诺送他兵马军粮，要他在后方偷袭刘备，则可立置刘备于死地。

袁术一听大喜，马上修书一封，派遣心腹干员送往下邳。此时吕布纠合了一些流散的部众，约有千余人，屯聚在下邳以西九十里的泗水沿岸。袁术的密使来到吕布营中，呈上书信。吕布一看，是袁术请自己攻击刘备后背，答应事成之后，礼送军粮二十万斛、精兵五千，另加大批兵器战具。他想，这不是一举两得的大好事吗？真乃天助我也！于是，吕布暗作布置，随时准备沿泗水东下，偷袭下邳城池，去端刘备的老巢。

也是刘备合该倒霉，此时此刻，下邳城中又爆发了一场突然事变，使得忘恩负义的吕布，得到一个实现其阴谋的良机。

上文已经交代，刘备出征之前，留张飞率五千人镇守下邳，安定后方。勇猛无敌的张飞，在沙场冲锋陷阵倒是一把好手，至于说是专任方面，协调各种关系，形成和衷共济的局面，这位张三爷就有点差劲了。因为他的脾气过于暴烈，一触即发，丝毫不能涵容。其实，留守的任务，最合适担任者，当时是赵云。但是，刘备的内心深处，总认为义弟比外人更加可靠一些，所以在考虑这种操纵方面大权的人选时，不能做到任人唯贤。他这种毛病，不仅现在要使他吃苦头，而且今后还将使其事业大受损害。

张飞就任留守，每日从私宅到州政府衙门去办公。一日清晨，张飞在去州政府衙门的途中，经过城中心十字街口时，忽然前面的仪仗队停止前进，并且传来一阵阵争吵之声。他正在焦躁不安之际，一名心腹亲兵从队伍前面赶来报告，说是前头仪仗队与下邳国国相曹豹的仪仗队争路，不得前进。张飞一听，勃然大怒，骂道："大胆曹豹，竟敢与我争路，你大概不知道张益德的厉害吧！"骂声未了，他已催动胯下坐骑，向前面奔去。

　　与张飞争路的曹豹，乃是已故徐州牧陶谦的旧将。陶谦死后，刘备据有徐州，即任命他为下邳国的国相。下邳国的治所，也在下邳县城之中，这就形成州、国两级政府同城而治的情况。那曹豹也是一个粗人，而且对刘备坐得徐州凌驾于自己之上颇为不满。今日他由西向东前往国相衙门办公，正巧与由南往北的张飞一行相遇在十字街头。曹豹心想：我身为国相，是堂堂正正二千石一级的显官，你张飞这个所谓的留守，在当今的官员制度中根本找不到名目，还神气什么？于是，他命令部下：过十字街口时抢先不让！张飞的仪仗队哪里肯服软？也要抢先通过，两家队伍立时争吵起来。

　　论理，这本是偶然发生的小事一桩，不值得计较。退一步而言，即使曹豹有意斗气，身负留守重任的张飞亦应以大局为重，避让曹豹，就像当年蔺相如避让廉颇一般。可惜蔺相如是蔺相如，张飞是张飞。只见他打马上前，一声断喝，对准曹豹仪仗队的前列队员，劈头盖脸就是一阵马鞭。曹豹的仪仗队见势不妙，纷纷退却，张飞的队伍便得意洋洋地过了十字街口，同时把鼓乐之声奏得响彻云霄。

这边的曹豹，在座车之中恨得切齿咬牙。他想：张飞也太仗势欺人了！你们这帮外来的北方佬，不是我们陶使君给你们一块安身之地，你们神气得起来吗？我曹豹今天就要叫你们在徐州立不下脚！于是，当晚他就修书一封，派心腹侍从送往城西吕布的大营，说自己有要事与之相商，约定三日后在吕布营中见面。信使出发后，曹豹立即暗中联络陶谦旧部中对刘备等人心怀不满者，准备与吕布里应外合，夺取下邳。三天之后，曹豹与吕布会面，说明来意。吕布正在打下邳城池的主意，一听有人愿意充当内应，自然喜出望外。二人马上商定好行动的日期和步骤，各自准备。

又过了三日，吕布如约兴兵，沿着泗水东下，杀向下邳。吕布骑在赤兔宝马之上，威风凛凛，得意非凡。当天傍晚，他来到下邳城西不足四十里处，忽然从城中驰来一名急使，向他报告了一个意外的消息：曹豹被张飞杀死了！

原来，曹豹回转下邳城中后，加紧活动。不料张飞察觉了曹豹的阴谋，抢先动手，把曹豹及其同党一一逮捕处死，城中局势大乱。张飞诛杀曹豹同党的时候，却漏掉了一个行动诡秘的人物，这就是中郎将许耽。许耽是扬州丹杨郡人，率领从丹杨郡招募来的精兵千人，戍守下邳城的西门。这西门也叫作白门，因为古代以颜色和神兽来配合方位，东为青龙，西为白虎，南为朱雀，北为玄武，故而与白虎相配的西门，也叫作白门。由于许耽乃张飞的部下，而不是曹豹的部属，所以张飞没有注意到他。许耽见同党被诛，不免心中发慌，急忙派出密使与吕布联络，催他赶快进兵动手。

吕布得报，立即传令连夜前进。次日清晨，吕布兵马抵达下邳城下。守卫白门的许耽大开城门，吕布兵马遂一拥而入。吕布登上白门城楼，望着部下官兵一面放火，一面向州政府衙门冲锋，不禁高兴得仰天大笑。

住在城南的张飞，正收拾停当要赶往城北的衙门办公，猛然听得城西方向人声鼎沸，接着又看到火光冲天，情知有异，连忙上马，点起随身卫队直奔西街。刚刚来到十字街口，也就是那一日与曹豹争路之处，吕布与许耽的骑兵，便似潮水一般涌来，长戟如林，飞箭如雨，任张飞左冲右突，也抵挡不住。张飞血战一阵，肩臂各中一箭，无力还手，只好率领残兵向城南退去。

不到中午，吕布已经占领下邳全城。公文档册，粮食物资，留守兵马，全部落入吕布之手。除此之外，刘备的妻妾子女，以及部下将吏的家属，也全部成为吕布的俘虏。总而言之，吕布鸠占鹊巢，成为徐州的新主；而刘备一年多来的苦心经营，不到半天即告"流水落花春去也"了。

　　刘备失去徐州这一块好不容易得来的地盘，创业生涯再度遭受重大挫折，从此又四处漂泊，寄人篱下。这一漂泊，就长达十二年之久。这正是：

　　　　有心在此谋长远，不料凶鸠占鹊巢。

　　要想知道接下来刘备如何应对当下的艰难局面，能屈能伸，又反过来依附吕布，等待再起的机会，请看下文分解。

第八章

依附吕布

　　从下邳城中逃出来的张飞，当天深夜赶到淮水前线，向刘备报告了下邳失守的消息。

　　正在准备乘胜大举反攻袁术的刘备，大惊失色。他来不及责备张飞，立即传令全军：趁天色未亮，拔寨启程，回返下邳。刘备决心趁吕布立脚未稳之际，发动反攻，夺回自己宝贵的根据地。

　　两天之后，刘备兵马抵达下邳城下，准备攻城。吕布闻报，先将一千精锐骑兵调集在南城门内待命，然后下令左右侍从把刘备的妻室儿女，以及其他将领的家小押上南门城楼，要这批俘虏向自己的亲人喊话。顿时，呼喊声夹着哭泣声，回旋在下邳城南门外的上空。

刘备及其部将听到各自亲人的呼唤，纷纷驱马到城下来行注目礼。这样一来，刘备军队的秩序开始混乱，将士斗志全失。城楼上的吕布见时机已到，马上命令擂起战鼓。三通鼓声未绝，城门已经洞开，吕布手下第一员勇将高顺，率领一千铁骑径直冲向敌阵。军心涣散的刘备兵马，一触即溃。吕布见先头部队得手，亲率三千精兵也杀出城来。刘备见势不妙，长叹一声，领着关羽、张飞、赵云、麋竺等亲近部属，撤出战场，向东南方向的广陵郡（治所在今江苏省扬州市西北）退去。

行至半途，不料又和袁术跟踪而来的人马相遇，刘备打起精神，收合余众，在淮水北岸列阵迎战。两军相交，决心以死赎罪的张飞，匹马当先，杀入敌阵，转眼之间刺翻袁术前军的两员将领。继后的关羽和赵云则径直冲击对方的中军，所向披靡。袁术见刘备残军做困兽之斗，知道此时不能直接撄其锋芒，便以强弩、长戟压住阵脚，鸣金收兵。收兵之后，袁术凭借长壕深堑，闭营不出。刘备这边军粮匮乏，士卒疲惫，无法长久相持，便主动向东转移。袁术也不追赶，自回淮南去筹划建号称帝的庆祝盛典去了。

刘备一行千余人，撤退到广陵郡的海西县（今江苏省灌南县南）的境内，才立营安顿下来。这海西是广陵郡最北面的一个县，濒临东海，相当偏僻。在这里，虽说前无堵截、后无追兵，连敌人的影子都看不见了，但是，土瘠民贫，地广人稀，军需物资的筹措供给十分困难。史称当时"（刘）备军在广陵，饥饿困踧，吏士大小自相啖食，穷饿侵逼"，说他的军队曾经饿得吃自己人了，这并没有夸张成分。

在这艰难竭蹶之际，有一个忠心耿耿的人出来大力帮助刘备，他就是前面已经提到的麋竺。

麋竺，字子仲，徐州东海郡朐县（今江苏省连云港市西南）人氏。他家世代从事陶朱公的商贾之业，从商贸中积聚起亿万家财。单是他所拥有的雇工奴婢，据称即达万人之多。陶谦作牧徐州，麋竺以本州社会知名人士身份，出任陶谦的首席幕僚。麋竺也长期在财政上支持陶谦，利用经济实力介入当地政治，这是不消说的事。刘备来到徐州，麋竺看到他器宇不凡，立即与之建立友好情谊，所以陶谦死后，麋竺不折不扣地执行死者遗命，立即率众迎立刘备为徐州之主。在长期的交往中，麋竺见刘备胸怀大志，礼贤下士，日后很可能成就一番大事业，于是一心一意追之随之，哪怕刘备走了霉运也紧随不舍。现今刘备在海西陷入困境,麋竺立即雪中送炭,大力支援。

要说支援刘备,此时此刻,恐怕没有人比麋竺更为适合的了。麋竺的老家东海郡朐县,就在海西县以北不过一百里,彼此邻接,交通近便。而麋竺的家财又全部聚集在朐县家中,对于刘备来说,就像是在朐县预先建立了一个应急的仓库一般。当下麋竺驰回家中,集合精壮男性奴仆和佃客足足两千人,运输车五百辆,满载军粮一千五百斛到海西大营。同时,又献出大量"金银货币以助军用"。刘备在山穷水尽之时,忽然有了如此充足的钱粮人马,其喜悦和振奋的情态,不需笔墨形容亦可想而知了。

要说支援刘备,此时此刻,恐怕也再没有人比麋竺更为尽心的了。他不仅帮助刘备摆脱事业上的困境,而且还要帮助刘备克服情欲上的苦闷。刘备的妻妾,早已当了吕布的俘虏,生死未卜。到晚来,他孤身一人,形影相吊,不免意兴索然。麋竺看在眼中,记在心里。此次回转朐县老家,他特地把自己待字闺中的小妹带到了海西,献给刘备以奉箕帚之役。这麋夫人不仅年轻美丽,而且温柔体贴。有了如此难得的贤内助相伴,身处逆境的刘备,在精神上感到一种前所未有的安慰和欢愉。

不久，有人从下邳来到海西，告诉刘备一个重要消息：吕布在夺取下邳之后，便按照袁术先前所许诺的条件，要兵要粮。袁术一兵未给，只是送去了一批粮食，而且这批粮食，也远未达到袁术所许诺的数量即二十万斛，此后就再无下文。吕布正为袁术的食言气愤不已，扬言要召回刘备，共同来狠狠报复袁术。

刘备一听，立时觉得这是一个大可利用的机会，或许能够使自己从偏僻的海西小县跳出去。于是，他立即修书一封，诚诚恳恳表示：自己完全被吕布的声威所慑服，愿意归顺吕布，在其麾下效犬马之劳。随后命麋竺带着此信去下邳见吕布。

张飞自从丢了下邳，就对忘恩负义的吕布恨之入骨。现今突然得知兄长要归顺吕布这个人面畜生，心中怒气忍耐不住。他立刻大步流星来见刘备，要想阻止此事。然而行至半路，他忽地又站住。心想：下邳不失，兄长今天何至于向人低头？而下邳之失，责任全在自己，那么自己还有什么资格去劝阻呢？左思右想之后，他决定拉着关羽一道去见刘备。

关羽正在房中阅读《春秋左氏传》，只见他右手执卷，左手捻须，神情专注，兴趣盎然。关羽平生最爱读这部《春秋左氏传》，史称是"羽好《左氏传》，讽诵略皆上口"，也就是熟读得来可以张口就背诵出其中的文句。作为儒家经典之一的《春秋经》，对其进行诠释的著作有三部，即《公羊传》《谷梁传》和《左氏传》，合称为"春秋三传"。其中的前两部，即《公羊传》与《谷梁传》，偏重于对义理的阐发，可读性远不及《左氏传》。《左氏传》简称为《左传》，不仅着重在记述相关的历史事实，而且文字优美，叙述详明，令人读来不忍释卷。后来西晋的名将杜预，曾经对西晋武帝说是"臣有《左传》癖"。所以关羽之喜好阅读《左氏传》，就不足为怪了。

关羽听了张飞的来意，略一沉吟，答道："贤弟，想兄长雄才大略，岂是真心低头听命于吕布之人！昔时越王勾践为吴王夫差所败，不也曾经自请为夫差之臣妾吗？然而'十年生聚，十年教训'之后，终于攻灭吴国，尽洗过去耻辱。兄长此举，亦即越王之故智也，你我均应体谅兄长之苦心，不要再去为难他了。"

一番话说得张飞如同醍醐灌顶，茅塞顿开。他望着关羽手中的书卷，心想：不枉二兄比我多读了几卷书，见识确实要胜我一筹，我日后恐怕也该抽空读书习字，开启智慧了。果然，从此张飞有了闲暇即静心向学。后来他率军入蜀，曾在江州之战中义释严颜，展现出非凡的大度和见识。另外，据说他还有墨迹留传人间，得见者认为其书法功力不浅，与其粗猛性格迥然不同，这是文外的闲话。

再说吕布得到刘备的书信，那一番恭维的美言，先已经使他心花怒放。接下来他又想，刘备如今势单力薄，对自己形不成什么威胁，如果将他收容之后安置在小沛，对西边可以替我牵制曹操，对南边可以帮我攻击袁术，对我明显会有好处，这不是化敌为友的高招吗？他越想越得意，当即痛痛快快回答麋竺：同意刘备来归，并且自行委任刘备为豫州刺史，屯驻小沛。

半个月后，刘备率领所属四千人马，从海西回转下邳，在城西郊的泗水岸边暂时安营。接着，刘备带少数随从，入城去拜见吕布。二人相见之际，吕布傲然高坐厅堂之上，而刘备则执臣僚之礼甚恭，脸上毫无恼怒之色。吕布把资格摆够了，决定对刘备好好施舍一番。

次日清晨，吕布在泗水之滨设宴，款待刘备一行。这既是接风，也是送别，因为吕布不准刘备在下邳久留，令他立即转赴小沛。

秋风送爽，天朗气清。泗水无波，澄江如练。酒酣之际吕布左手一挥，便有一队车马从城中缓缓而来，到泗水岸边的官道上停下。刘备定睛一看，乃是自己当初担任豫州刺史时的全套车马、仪仗和执事。他正端详间,不料吕布右手一挥,又有一队车马从城中逶迤驶出,也到泗水岸边的官道上停下。车门开处,刘备和其部属的妻妾儿女百余人依次下车。这时,吕布起身对刘备说道:"贤弟,仪仗、眷属,公私一切,愚兄皆原璧奉还。此去小沛,尚望贤弟好自为之!"

说完,吕布飞身跨上赤兔宝马,径自回城去了。行到一里开外的城门下,他还依稀听得到河岸边传来的哭声和笑声,心中真是无比快意。

刘备率军来到小沛,建立豫州刺史府署。大致安定下来之后,即抓紧时间加固城池,招募兵马,囤积军粮。他知道,这小沛不比偏远的海西县那么安全宁静,此处是一个名副其实的"四战之地",即四方都可以招来强敌进攻的地方。当前,西面的兖州有曹操,东面的徐州有吕布,南面的淮南有袁术,都是些《周易·颐卦》所言的"虎视眈眈,其欲逐逐"的厉害角色。自己要想在高墙夹缝之中立脚,不抓紧时间积聚力量,只有成为刀俎之上的鱼肉一途。

刘备在小沛扩军备战,很快就引起了一个人的注意,此人即是刘备的宿敌袁术。这小沛位于袁术所在的寿春县(今安徽省寿县)正北六百里左右,是袁术向北发展的通道所经,加之刘备势力发展起来后,与吕布形成掎角之势,对袁术的北进更加不利，所以袁术决定：趁刘备刚到小沛不久，基础尚浅，立即出动大军围歼之。

于是，袁术的大将纪灵统领步骑三万，直扑小沛而来。刘备闻讯，心内不免紧张。此时，他的人马统共不过五千之数，而且粮食不多，兵器缺乏，要长期抵抗三万敌军，显然凶多吉少。于是，他一面作好据城死战的准备，一面派遣麋竺赶往小沛向吕布求援。

吕布的部将纷纷进言："将军时常都想杀刘备，现今不是正好可以假手于袁术达到目的吗？"

这一次的吕布，竟然表现得既明智又大度起来。他说："不然。袁术如果击破刘备，则可以与我们北面的敌对势力取得联络，那样的话，我们就落入袁术的包围之中了。为今之计，一定要救刘备！"

诸将无言，当下吕布点起精锐步兵一千，铁甲骑兵二百，驰赴小沛去救刘备。三天之后，吕布抵达小沛城下，在城西南一里左右的泡水河畔立营安屯。

正欲向小沛城发起进攻的纪灵等将，见吕布亲率一彪兵马飞也似的赶到，恰好插在本部大军与小沛城池的中间，情知来者不善，善者不来，只好暂停攻击。他们知道，吕布其人，骁勇无双，而且其大本营下邳距此不远，如果把他冒犯了，这个仗就打不下去了。纪灵等人正在猜测吕布的来意，吕布的传令官已经送上请柬，邀请纪灵诸将次日清晨到吕布大营赴宴。

纪灵心想，吕布的酒肉岂是能随便吃的？谁知道是不是一场鸿门宴呢？经与众人商议，当天下午他也派人给吕布送去一张请柬，上面说的大意是：吕将军远来乍到，于理为客，纪灵等先应接风，岂能先叨扰将军？谨备薄酒，恭请将军明晨光临。

次日清晨，大约在辰时时分，一支百余骑的马队来到纪灵军营大门口。早已在此等候的纪灵连忙上前迎接。吕布与纪灵施礼后，介绍身旁一人道："此乃吾弟豫州刺史刘玄德是也。"

纪灵心中着实吃了一惊，而刘备却安安详详、大大方方上前施礼。来者就是客，纪灵亦连忙还礼，并招呼客人至大帐中入座。

片刻之后，酒宴开始。水陆毕陈，觥筹交错，气氛渐渐热烈起来。吕布喝到兴头正旺之际，指着身旁的刘备对纪灵说道："玄德乃布之贤弟，今被诸君所困，特来救之。我吕布平生，不爱挑动他人相争，却喜欢解劝他人相斗。"言毕，吕布霍然起身，挥手邀请座上诸人说："诸君暂请出帐，且看吕布解斗之法。"

当下，吕布命军校取来一支长戟，插在营门的平地之上，然后向纪灵借得其自用良弓。只见吕布站在帐前，弯弓搭箭，试瞄一番，随即转头对诸人说道："诸君，吕布今要射那戟上的小枝，如若射中，双方各自退兵；如射不中，任随君等决斗，如何？"

诸人一看，吕布距那长戟足有百步之遥，长戟顶端，那呈直剑形的主枝还清晰可见，而呈新月形的小枝就有些模糊难辨了，都想这如何射得中？眼见吕布将弓拉满，刘备心中一阵紧张，不禁暗自祈祷神明护佑，真可谓安危系于一箭之上。

说时迟，那时快，弓弦响处，箭似流星，只听得当的一声响，那箭不偏不倚，正中戟上小枝！长戟两旁聚观的兵士看得真切，最先喝起彩来。

吕布将弓还给纪灵，得意扬扬地盯着对方，笑道："如何？"

纪灵赶紧答道："将军天威也！"

看着吕布那一脸得意之色，纪灵知道若不退兵，吕布的面子上一定下不来，必然要和自己坚决作对，不如送他一个人情算了。当下邀吕布、刘备入帐，继续痛饮。酒酣之后，他当众宣布:三日后退兵。在座的刘备,顿时如释重负。

三天之后,纪灵果然率军退去,吕布亦径回下邳去也。

压境围城的敌军撤走了,刘备却并不高兴,因为吕布营门射戟一幕,深深挫伤了他的自尊心。本来也是,男子汉大丈夫立于天地之间,当求自强自振,岂能如婴儿踡伏于他人卵翼之下?而要自强自振,只有加紧扩展自己的实力,别无他法。于是,刘备以一种近于疯狂的干劲,招兵买马,修城聚粮。一月以后,其麾下已拥兵万人之多。

刘备在小沛干得正欢,却不防吕布突然翻了脸。这正是:

昨日恩情今日断,翻云覆雨是何人?

要想知道吕布为何对刘备说翻脸就翻脸,刘备又怎么会跑到曹操的手下去暂时栖身,请看下文分解。

第九章

寄寓曹营

    刘备在小沛扩军上万的消息传到下邳，吕布心中顿时起了戒心。

    他知道，刘备是一个志向非凡的人物，在其力量不大时还无所谓，一旦羽翼丰满则不可挟制。如果任其实力扩张，不久就会对徐州形成严重威胁。这时候，他部下众将亦不断劝他赶紧铲除刘备，以免养痈遗患。于是乎，在营门射戟之后不过一个多月，吕布亲率精锐兵力两万余人，向北奔袭小沛，决心要把他的"玄德贤弟"送上西天。

对于吕布那种少见的反复无常性格,刘备已有亲身的体会。但是这一次,刘备确实没有想到,吕布翻脸如此之快,所以当部下来报,说是吕军来攻,距小沛只有三十里的时候,他不禁怀疑自己的耳朵是不是听错了。

这一战的结果自然可想而知,刘备大败亏输,只好与众将领着两千残兵,保护家小撤出小沛,向西仓皇退走。一个多月来他在小沛的创业努力,与他在下邳的苦心经营一样,全部毁于一旦,付诸东流。

当晚,星汉灿烂,夜月如水。刘备一行逃到小沛以西百余里一个大湖泊的岸边,疲饿交加,人马困顿,便在湖滨暂时休息。兵士们有的埋锅造饭,有的牵马饮水,忙个不停。刘备等少数官长则围坐在一堆篝火旁边,商议此后的出路。

大家的眼睛都盯着刘备,而刘备此刻真是灰心丧气到了极点,半晌不发一语,只是注视着跳动的火焰发愣。这也难怪,刘备此时已经三十六岁,起事创业亦经历了十三个春秋,然而屡起屡败,迄今连立脚之地也没有一块,他如何不发愣呢。

俄顷,湖面上吹来一阵清风,刘备身心一爽,不由得转过头去眺望这座汪汪大湖。在月光的笼罩之下,一望无际的湖水,呈现出一种神秘的气氛。忽然,他心中一亮:这座

湖泊，不就是当初我太祖高皇帝斩白蛇起兵夺取天下的大
泽吗？

　　他急忙转身询问熟悉这一带地理形势的麋竺，麋竺说这
正是丰县（今江苏省丰县）以西的大泽，太祖高皇帝当初的
龙潜之地。顿时，刘备心中像注入了一股强大的电流，兴奋
得几乎全身要战栗起来。

　　原来，西汉高祖刘邦以一布衣平民，手提三尺剑攻取天
下，创立了西汉皇朝。刘邦乃秦朝泗水郡沛县丰邑人氏。到
了两汉，丰邑升格为县，县城在小沛以西将近百里。丰县西
面二十里左右有一个大湖泊，当时称为"大泽"，就是刘备这
晚上歇息之处。秦始皇在骊山大修自己的陵墓，刘邦作为小
小的亭长，押送了一批犯人到骊山去做苦工。行至大泽，他
把犯人全部放走。接着，又在泽畔仗剑斩断一条拦路大蛇，
而这条蛇据说是白帝之子。从此，刘邦以赤帝之子的身份起
兵反秦，经过千辛万苦，终于平定四海，一统天下。

　　自称是汉室之胄的刘备，不知不觉来到这先人仗剑起事
创业之地，心中先已有一种神明在冥冥之中启示自己的奇异
感觉。继之，又想到高帝创业之时，不过是一名小小的亭长，
所辖不过百来户人家，然而他在创业之中，从不灰心气馁，
始终坚强奋发，最终成就了宏图大业。而今自己位为刺史，

手下毕竟还有两千多名将士，怎么能够稍遇挫折即一蹶不振呢？想到这里，刘备霍地站起身来，对众人朗朗说道："高皇帝于此起事创业，百折不挠！备虽不才，自当继承先人遗风，兴复汉室大业，万死不辞，望诸君共勉之！"

刘备的昂扬情绪，很快就感染了全军上下。当夜，刘备会同部属，商定了此后的去向。次日一早，全军拔寨启程，径直向西，到五百里外豫州颍川郡的许县（今河南省许昌市东），投奔曹操去也。

刘备何以会选择曹营作为暂时寄寓之所？曹孟德此时又何以会在许县？此处须得先作一个大略的交代。

自从上一年击败吕布夺回兖州之后，曹操在势力的扩张上开始进入上升阶段。

首先，他在这一年的上半年，南攻豫州，先后把该州的陈国、汝南郡、颍川郡和梁国抓在手中。当时的豫州，一共只有六个郡国，如今有四个已经姓了曹，豫州的主人，实际上就是由兖州牧曹操来兼任了。余下的两个郡国中，鲁国很小，可以忽略不计；最后剩下的这一个，就是小沛所在的沛国。可见刘备即使还安然留在小沛，他那个"豫州刺史"的官衔，恐怕也挂不稳当的。

更为重要的是，曹操又在这一年，敏锐地抓住有利时机，采取了两项极为正确的战略方针，确立了两方面的特殊优势。

在政治上，当年的九月，他把徒有虚名的汉献帝抢到手，并把天子从已经是一片断壁颓垣的洛阳皇都，东迁到了豫州颍川郡的许县，在此建立了临时首都。这许县在洛阳的东南约四百里，完全处于曹操的牢固掌握之中，从此他就占据了"挟天子以令诸侯"的特殊政治优势。

在军事上，当关东群雄纷纷依靠抢掠来筹集军粮的时候，他又抢先在许县实施大规模的屯田制度。许县地区地势平坦，又有颍水灌溉之利，曹操在此招募大量流民务农屯田，积聚军粮，取得显著成效。"修耕植以蓄军资"的正确军事方针，使他开辟了极其充足的军粮来源，从此又占据粮草无忧的特殊军事优势。

刘备投奔曹操，是他面前的唯一出路。当时，刘备处在三大势力的中间，东有吕布，南有袁术，西北两面则都是曹操。他和吕布刚刚交过手，和袁术则是宿敌，他不投靠曹操还能投靠谁呢？好在刘备与曹操是旧交，就在几个月前，曹操又曾经推举刘备担任镇东将军，被封为宜城亭侯，人情美美，看来接纳老友栖身一时，不会有什么问题。所以此时的刘备，向西奔许县而去。

十天之后，刘备一行抵达许县的曹操大营。顿时，在曹操的智囊团中，引起了一场不大不小的争论。多数谋士力主杀死刘备。其代表人物程昱说道："刘备其人，有雄才而得众心，终究不会甘居人下，不如及早除之，以免后患！"少数谋士则认为应当优容刘备。其主要发言人郭嘉说："刘备确有英雄之志，无须讳言。不过，曹公仗剑以举义兵，应当显示诚信以招纳天下俊杰。今刘备困穷来归，如立时杀之，则天下智士将人人寒心，另择新主，曹公又将与谁共定天下呢？为了去除一人之患，不惜挫伤四海之心，这安危之机，不可不察啊！"

郭嘉的话很合曹操的心意。他知道，此时群雄逐鹿，在实力上能与自己抗衡者，就有袁绍、袁术、刘表、吕布等多人。要想将来一扫群雄，独步天下，不能不在延揽人才上，痛下一番如同周公"一沐而三握发，一饭而三吐哺"的大功夫。于是，曹操决定收留刘备。不仅收留，而且还给刘备补充了一千兵马和粮食兵器，然后命刘备东至沛国，收合流散的旧部，伺机图取吕布。为了鼓舞刘备部众的情绪，曹操还送了他一个"豫州牧"的官衔。

刘备在曹操这里注射了一支强心针，元气有所恢复。当年年底，他就沿着不久前匆匆西逃的路线，雄赳赳地向东杀回沛国。此时，吕布又与淮南的袁术彻底闹翻，已经从小沛撤回徐州，准备和袁术血战一场。乘此机会，刘备轻轻松松地进了小沛城。

城中的街市和府署依旧，而自己在俯仰之间，却已变成了"二度刘郎"，刘备的心中真是感慨万千！可是，他没有时间多去品尝愁滋味，而是立即着手扩军备战，以便能与吕布见个高低。

岁月不居，时节如流，不觉已到了汉献帝建安三年（198年）的春天。刘备回到小沛一年有余，而实力的扩张却成绩不大，因为他处于几股强大势力的夹缝之中，在地域和人口的资源上，能够供他支配的数量很有限。为此，刘备心情抑郁，夙夜忧虑。

一日，忽有探卒来报，说是吕布派人到西边的河内郡（治所在今河南省武陟县西）去买马，将携带重金从小沛以南二百里处经过。刘备正愁缺钱发展军备，当然不会放过这块送到嘴边的肥肉。于是，立即派遣赵云率轻骑三百，跟踪赶上，把吕布派出的使者及其所带的巨额金银，来了个"一锅端"。

消息传回徐州，吕布在下邳城中气得七窍生烟，发誓要踏平小沛，抓住刘备这个可恨的"大耳儿"。由于自己正在和袁术决战，军情紧急，不能亲自进攻刘备，吕布便派遣手下两员最为骁勇的大将，领兵一万杀往小沛。

这两员大将，一名叫高顺，另一名叫张辽，都是智勇兼备的出色将领。前年吕布进攻小沛得手，就完全是依仗了这两员骁将。由于高顺和张辽非常熟悉小沛的情况，所以两人在进军途中，就已商定好了攻城战略。他们的战略，简言之，即是"围城断水"四个字。

原来，这小沛位于泡水与泗水的交汇之处，泡水绕城南，泗水经城东，两水距城墙都不到一箭之遥。由于水源近便，城内数千户人家，以及官府驻军，都出城汲水，以作生活之用。高顺与张辽决心凭借优势兵力，四面围城，不让滴水进入小沛。城内临渴掘井，势不能维持数千民户和三千官兵之需。如此数月之后，城池即可不攻自溃了。

老实说，高、张二将的这一招相当厉害。而刘备在一年多的备战活动中，备了人，备了粮，备了兵器、军资，就是忽略了水源保障。结果，三月底敌军开始围城，六月间全城就因严重缺水而发生骚乱，军士甚至于杀马饮血以解渴。到了九月底，刘备终于支持不住，率领部众溃围而出。高、张二将集中优势兵力进行阻击，连连得手。这一战，刘备大败亏输，除了他和关羽、张飞、赵云、麋竺等少数高级官员侥幸逃脱之外，其余人马全部被歼灭或俘虏，他那倒霉的妻妾儿女，竟然再一次做了吕布军队的俘虏。

高顺和张辽得意洋洋地回转下邳。与此同时，刘备一行残兵败将，则神情黯然地西奔许县。刘备虽然表面上仍旧显得镇静自若，但是其内心深处却有说不出的苦楚。眼见得又来到太祖高皇帝斩白蛇起事的大泽之滨，刘备不禁暗中默默祝祷，祈求先祖保佑自己。不知是否他的祈祷起了作用，他过了大泽之后，刚刚进入与沛国相邻的梁国（治所在今河南省商丘市），迎面就碰上曹操进攻吕布的大军。

曹操跨有兖、豫二州之后，立即把徐州的吕布作为头号进攻目标。这当中的道理显而易见：徐州邻接兖、豫，强敌据之，是心腹之忧；我若据之，则黄河以南、淮水以北、洛阳以东、东海以西这一大片战略要地，就全部成为我之势力范围，我之实力即可冠于群雄。有鉴于此，曹操把汉献帝在许县安顿好之后，便立即开始筹划东征徐州。

建安三年（198年）九月，曹操出动大军五万进攻吕布。十月，曹军行至梁国地界，正好与刘备一行相遇。刘备一见曹操要狠狠收拾吕布，不禁喜出望外。他立即拨转马头，跟随浩浩荡荡的曹操兵马，直奔徐州。

此番曹操出征，乃是"奉王命以讨不臣"，打起汉家天子的旗号，先已在道义和名分上占据了绝对优势。在实力的对比上，曹操和吕布所拥有的军队数量上相去不远，但质量与战斗力方面却差别悬殊。曹营将士上下齐心，后勤供应充足，且有一个阵容强大的智囊团为曹操运筹帷幄。而吕布一方，自从他在小沛两胜刘备之后，就一直在闹内部纷争。对于智勇兼备而且忠心耿耿的高顺等将，吕布疑而远之；对于自己的亲属，虽然平庸无能，吕布却是信而用之。实际上，这场大战的胜负，在两军尚未接触之先即已基本上决定了。

十月下旬，曹军进入徐州，攻克下邳的西部屏障——彭城（今江苏省徐州市），首战告捷。接着，曹军沿泗水东下，在下邳西郊大破吕布骑兵，吕布逃回城中，凭借城池固守。曹操挥军将城池围定之后，召集智囊团商议破城之策。而其主要谋臣荀攸和郭嘉，竟然都在"水"字上打起了主意，提出一个"引水灌城"的高招来。

原来，这下邳的地理情况，与小沛很是相似，也位于二水交汇之处。城西为沂水，城南为泗水。但是，与小沛有所不同者，一是下邳城池的地平面相当低下，二是下邳这两条江河的水量更大。荀攸和郭嘉正是看准以上的地理特点，遂提出与"围城断水"截然不同的"引水灌城"高招来，真可谓"用兵之妙，存乎一心"也。

十月底，曹军开始掘开两江堤岸，引水灌城。顿时，下邳城中变成一片泽国，军民苦不堪言。到了十二月，吕布军心大乱，其部将纷纷投降曹操。吕布见自己成了孤家寡人，大势已去，也只好举手投降。

大获全胜的曹操，高坐在下邳城中徐州州牧府署的大堂之上，旁边陪坐的是前任徐州牧刘备。堂下那位被绳索捆得结结实实的俘虏，则是现任徐州牧吕布。

堂上的二位尚未发言，堂下的吕布倒先开了口，他先对曹操说道："从今以后，天下定矣！"曹操一时感到莫名其妙，便问道："此话怎讲？"

吕布马上来了劲，傲然答道："明公最为担忧者，不是我吕布吗？而我今天已经归顺了。今后由我替明公统领骑兵，冲锋陷阵，平定天下有何难哉！"说完，他又转向刘备，说道："玄德，你为座上客，我为阶下囚，这绳索把我捆得如此之紧，你就不能替我说一句好话吗？"刘备正欲回话，曹操却先笑道："捆绑猛虎，岂能不紧！"

曹操说完，便令左右与吕布松绑。刘备见曹操有收容吕布之意，心想如果是这样，不仅报不了吕布夺我徐州和小沛之深仇大恨，而且曹操将无敌于天下，今后自己哪里还有出头之日？于是连忙阻挡曹操道："明公不是见过当初他是如何对待丁建阳和董仲颖的吗？"

　　刘备所说的丁建阳、董仲颖，就是当初吕布所诛杀的丁原、董卓。两人都曾有恩于吕布，吕布却反过来要了他俩的性命。曹操立即醒悟：丁原和董卓，都曾与吕布恩同父子，吕布却都忍得下心来亲手杀死他们，自己如果收容了这个反复无常之人，不是自造心腹之患么！当下他就下令，用丝带勒死吕布，然后斩下首级，送往许县去向皇帝报功。

　　左右得令，一齐上前把吕布推出行刑。吕布自知死期已到，也不再哀求。只是在走出大堂时，对着刘备说了他一生中最后的一句话："这个大耳朵家伙，是最不可信任的人！"

　　两个月后，也就是建安四年（199 年）二月，刘备携带重新回自己身边的家小和部属，随同曹操回转许县去了。这正是：

**　　吕布今成刀下鬼，刘郎明日又如何？**

　　要想知道刘备在曹操手下栖身的日子，究竟过的滋味怎么样，会不会遭到同吕布一样悲惨的结局，请看下文分解。

第十章
虎脱樊笼

刘备到达东汉临时都城许县，也就是当时人所说的"许都"之后，曹操亲自上表汉献帝，委任刘备为左将军，关羽和张飞为中郎将，以奖赏他们助平徐州之功。在日常生活中，曹操对刘备更是优礼无以复加，史称之为"出则同舆，坐则同席"，这并非虚言。

但是，刘备的内心深处，却被一层浓浓的愁云笼罩着。《诗经·黍离》篇有句云："知我者谓我心忧，不知我者谓我何求？"那么刘备此时何以忧愁呢？试加剖析就不难明白。

刘备其人，志量弘广，众所周知。他要做一番惊天动地的大事业，而不愿长期成为他人的附庸。打个比方来说，他要做自发光辉的太阳，而不愿做借光发亮的明月。如今，他在许都享受着高官厚禄，外人看起来十分风光和舒坦，然而说实权无实权，说地盘无地盘，纯粹是闲官、清客一个。闲官、清客犹且有自由，而自己进出都要奉陪曹操，简直成了曹操向天下显示其礼贤下士风范的活道具了。结果，曹操对刘备越是优礼有加，刘备心中越是有一种寄人篱下的屈辱感觉。用现代人的话来说，这应当是一种逆反心理吧。

对曹操的这种逆反心理，竟然促使刘备参加了一项诛杀曹操的秘密行动。此事的由来，还得从头说起。

自从汉献帝被曹操挟持到许县之后，他这个真命天子就成了十足的政治傀儡。皇宫的禁卫军和皇帝近身侍从，都由曹氏的亲戚和党羽指挥和担任。凡是替皇帝出谋划策者，一概逃不脱身首异处的厄运。汉献帝登基之时，年仅九岁。到了建安四年（199 年），他已是十九岁的懂事青年。青年人火气大，所以汉献帝对于自己的处境颇为不满。有一次，曹操入宫面见至尊，冷不防皇帝愤愤然说道："君若愿意辅佐朕，则请对朕宽厚一点；君若不愿意，则请开恩放我回陈留国去吧！"

原来，汉献帝刘协本是汉灵帝的次子。灵帝死时，先由其长子刘辩继位，是为少帝。少帝登基三月，封皇弟刘协为陈留王，以兖州的陈留郡为其封国。董卓入京，废黜少帝，改迎陈留王为天子，即献帝。如今献帝说他要回陈留郡去当他的藩王，抛弃至尊至贵的天子冕旒，可见他是气愤已极了。

站在殿堂之上的曹操，听了小皇帝的一番愤激之辞，不禁大惊失色，赶忙向皇帝说好话。献帝态度稍转平和之后，曹操立即跪拜告辞，及至出得宫来，已是汗流浃背了。从此，曹操再也不敢进宫朝见天子。

你会有疑问了，号称"乱世英雄"的曹操，什么阵仗没有见过，难道会惧怕那个被自己玩弄于股掌之中的傀儡皇帝吗？原来，曹操之所以畏惧，是出于一个特殊原因。按照东汉的制度，凡是现任三公而又兼领兵马者，上殿晋见皇帝，自己不能佩带随身武器不说，还要由两名雄赳赳的羽林卫士，分在左右两边将其挟侍。卫士手提出鞘宝刀，虎视眈眈。晋见者就在卫士的挟持中与皇帝说话，说完之后，再由卫士挟侍下殿。之所以采取如此一套严加防范的措施，是考虑到太尉、司徒、司空这三公，乃是朝廷执政大臣，他们一旦兼领重兵，则军政两权在握，如若心怀不臣之心，对于皇帝而言，安全就有严重威胁。这一日曹操入宫觐见皇帝，依然遵照旧制由羽林卫士执刀挟侍，因为他当时身任司空，总管朝廷政务，又以车骑将军的名义掌握兵权，完全属于"三公领兵朝见"之例。献帝在宝座上发了脾气，曹操瞧着身边左右那两柄寒光闪闪的宝刀，生怕这个毛头小伙天子喊出一个"杀"字。虽说羽林卫士都由自己千挑万选，严格控制，可是万一有人心向天子，一刀下来怎还会有曹某人的活路。陡然面临生死之机，哪怕曹孟德是叱咤风云的厉害角色，也不容他不冷汗长流了。

曹操吃了这一惊，对汉献帝的监视限制自然是变本加厉了。汉献帝悲愤莫名，便下了一道密诏给车骑将军董承，要他组织可靠官员，伺机诛除曹操。

董承是汉灵帝母亲的侄儿，其女又嫁给汉献帝为贵人，所以他和当今天子具有双重亲属关系。所谓"贵人"，乃是当时皇帝众多嫔妃中的一种名号。光武帝刘秀建立东汉皇朝，确定后宫妻妾的称号，有皇后、贵人、美人、宫人、采女等多种。贵人之位，仅在皇后之下。在中国古代，媳妇称公公，女婿称岳父，都可以叫作"舅"。董承是天子的岳父，所以可以称为"国舅"了。

董国舅受诏之后，立即暗中物色可靠对象。长水校尉种辑、偏将军王子服和吴子兰、议郎吴硕诸人，先后参加了这项秘密行动。接着，董承又开始和刘备接触，争取他加入进来。

刘备之所以被董国舅看中，主要有如下原因：其一是因为刘备号称汉室之胄，所谓一笔难写两个"刘"字，具有同种遗传基因的人还能不彼此扶助吗？其二是因为已经加入秘密行动的诸人，不仅名位很低，而且手中亦无多少实力兵马。干这等大事，光有一颗忠心显然是不够的。而刘备身任左将军，手下尚有关羽、张飞、赵云等沙场名将以及上百人的兵马。凭借这支力量在许县城中搞点秘密性的突袭，倒也勉勉强强够了。

刘备出于对皇帝的忠诚和同情，也出于对曹操的反感，还出于一种企图侥幸得手，从而一举建立丰功伟业的冒险心理，总之是在复杂的思想动机驱使下，参加了这个倒曹的秘密小集团。

然而曹操岂是等闲之辈，他早已在加强监视汉献帝和其他可疑朝臣的同时，更加注意自身安全的保卫措施。在这种情况之下，董承等人的秘密行动一直未能得到实施的机会。事久易泄，刘备心中时时刻刻都辗转不安。他知道曹操心狠手辣，此事如果露了馅，少说也要有数百人成为刀下之鬼。

一日，曹操设家宴招待刘备。酒过三巡，曹操随随便便说道："当今天下的英雄，只有使君与我曹操了。至于袁绍之流，完全值不得一提！"说者无心，听者有意。刘备心中藏有机密，神经一直高度紧张。他一听曹操的话，似有言外之音，不由得全身一哆嗦，手中的筷子和汤匙，立刻掉在几案之上。

曹操那双陶然醉眼之中的笑意顿时消失了，随之浮现出来的是一缕怀疑和不解。刘备意识到自己过于失态，赶忙找理由来掩饰。恰好刚才晴空之上响起两声旱天雷，他灵机一动，就说道："孔子云'迅雷风烈必变'，这话确实说得不错啊。"

所谓"迅雷风烈必变"，是《论语·乡党篇》中记述的孔子之言。意思是说，孔子随时注意自己的态度神情，每逢突发的打雷和大风，立即会表现出严肃敬畏上天的神态。刘备用这句话来掩饰自己此时的失态，堪称是天衣无缝，也不枉他在大经学家卢植的门下苦读儒家经典了。

在此，我们还需要特别说一说曹操此刻对他自己的评价，也就是"英雄"二字。此话既然是从他自己的口中说出来，那就足以证明，曹操本人是以"英雄"自命的，而非后人常说的"奸雄"。关于当时的大名士许劭，当年曾经对曹操有两句评语的有趣故事，上面已经说过了。但是，许劭对他的评语，却有两个版本流传至今。

一种版本出自正史《后汉书·许劭传》，评语是"清平之奸贼，乱世之英雄"。意思是说，在社会清明平静的时期，你曹操将是扰乱社会的奸贼；而在社会混乱动荡的时期，你曹操将是安定社会的英雄。南朝刘义庆《世说新语·识鉴篇》所载的许劭评语，也与此相同。

另一种版本出自《三国志·武帝纪》裴注引《异同杂语》，评语就是大家熟知的"治世之能臣，乱世之奸雄"了。意思是说，在社会得到治理的时期，你曹操将是能干的臣僚；而在社会发生动乱的时期，你曹操将是奸诈的豪雄。后世认为曹操的性格，颇有奸诈的成分，所以对后一种版本的评语非常之认同，使之得以广为流传。但是，究竟曹操本人听到的是哪一种版本？我们后人的种种推测和认定，都不足为据，只有从他本人的反应和回馈当中，才能得出准确的答案。此处曹操对刘备说这番话时，纯属自然而然的"酒后吐真言"，看不出故意的有心设计和矫揉造作。因此，这应当是最为真实可信的反应和回馈了。而他的反应和回馈，是"英雄"而非"奸雄"，由此可以推断，他所听到的真实版本，可能是前一种，而非后一种。

有鉴于此，本系列凡是提到这一评价之时，都统一采用前一种版本。

曹操脸上的怀疑暂时消失，而刘备心中的不安却加重起来。他想，如果倒曹的计划无法实现，就必须立刻离开许县，坐以待毙乃是极为愚蠢之举。也是天无绝人之路，刘备不久就得到一个脱离樊笼的大好机会。

盘踞淮南的袁术，在前年的春天自称皇帝，设置朝廷，大封公卿，广置后妃。后宫数百妻妾穿的是绮罗之衣，吃的是梁肉之食，生活极为奢侈豪华。袁术的地盘本来就不是很大，还不满一州之地。经他这一番显富摆阔，很快坐吃山空，史称是"士卒冻馁，江淮间空尽，人民相食"。乘此机会，先是吕布，接着是曹操，相继出兵淮南。袁术一败再败，部下土崩瓦解，只好逃往青州去投奔侄儿袁谭。从淮南到青州，必须经过徐州的下邳附近。曹操得知袁术的动向，当即决定派一支奇兵赶往下邳，来一个守株待兔。

刘备闻讯，便向曹操主动请战，他说："袁术僭号，罪不容诛！明公奉辞伐罪，志士从者如云。备虽不才，愿为前驱。且备昔在徐州，袁术屡次犯境。此次定要生擒逆贼，以此报效明公而洗雪旧恨！"

这一番话，刘备说得来慷慨激昂，涕泪横流，连老练深沉的曹操也为之动容。曹操马上下令：左将军刘备偕同偏将军朱灵，率军四千，速往下邳以北截击袁术。

刘备早已作好离去的一应准备。曹操令下的第二天凌晨，他即率兵离开许县东下。他以军情紧急为由，昼夜兼程，绝少停留。三天之后，兵马来到许县以东五百里开外的沛国，刘备那颗一直悬着的心，才算放了下来。

曹操的命令刚一下达，帐下主要谋臣郭嘉、程昱、董昭等人连忙来见曹操，阻止其事。曹操觉得自己人大面大，岂能将说出口的话又收转回去？一时未能答允诸人的要求。次日下午，刘备的兵马已经出发半日之后，曹操独坐静思，这才意识到此举确实欠妥。自己总认为：上次放刘备到小沛，他并没有离我而去，此次放他到下邳，也应当不会有异心。殊不知两种情况形似而实异。上次徐州有强敌吕布，刘备在那里无法自立，当然只有依附于我。现今吕布已成黄泉之鬼，袁术也日薄西山，气息奄奄，徐州一带，已经没有能够制约刘备的人物，所以刘备此去，其心确实难测！想到这里，曹操猛然站起，命帐下骁将乐进、徐晃，立即率轻骑三百去追还刘备。谁知二将追出二百里外，也不见刘备兵马的踪影，只好怏怏而回。

许县的曹操还在后悔不已，刘备的兵马已经抵达下邳以北，占据要津。匆匆忙忙北奔青州的袁术，一见是自己的生冤家死对头在挡道拦路，情知不交出吃饭的家伙必定过不了关，连忙掉转马头，仓仓皇皇又逃回淮南。一个月后，也就是建安四年（199年）六月，袁术病饿交加，大呼"袁术至于此乎"，即大量呕血不止而死。

袁术南逃，刘备令朱灵率一千人马先回许县。朱灵心知刘备有异心，但是自己官小力弱，无法制止，只得从命。随后刘备率领所部三千人马，进驻下邳城中，准备从曹操手里夺走徐州。

当初曹操擒杀吕布取得徐州，委任车胄出任徐州刺史。刘备进驻下邳，他的左将军官位比车胄的刺史要高，车胄依礼前往刘备军营拜见。送上门的买卖岂可不做？刘备一声令下，早有张飞、赵云抢入中军帐内，一刀结束了车胄的性命。刘备不费吹灰之力，便夺得车胄属下两千人马和一座下邳城池。

刘备反戈得手后，随即采取必要措施，防范曹操前来报复。首先，他留关羽率两千人马镇守下邳，安抚百姓，自己则率三千兵马西据小沛，从而在军事上形成掎角之势。其次，他又派麋竺及其弟麋芳两位徐州土著贤达，去做游说工作，要各地官员背叛曹操，支持刘备。最后，刘备又派幕僚孙乾为特使，到西北方向的冀州去和袁绍联络，相互呼应。此时，冀州的袁绍正动员精兵十万、铁骑一万，准备大举南下进攻曹操。敌人的敌人，就是自己的朋友，所以刘备联络袁绍，乃是时势必然。孙乾字公祐，青州北海国人氏。其人精明干练，善于外交应对。他到冀州之后，果然不负使命，迅速与袁绍建立起良好关系。袁绍不仅立即派遣一支数百人的骑兵去协助刘备防守小沛，而且日后还收留了穷途末路的刘备一行。

这年年底，刘备的措施开始见到明显的成效。徐州的郡县纷纷叛变曹操支持刘备不说，刘备的部下亦聚有上万兵马了。曹操闻报，派了一支偏师，由将军刘岱、王忠率领，前去讨伐。结果，这支军队被刘备打得落花流水，溃不成军。刘备在阵前向敌军二将高声叫道："像二位这般的将领，再来一百个也无济于事。就是曹孟德亲自前来，鹿死谁手，也未可知啊！"

建安五年（200 年）开春，曹孟德果然亲自率军来了。此举大出刘备的意外，曾经洋洋得意的他，顿时手忙脚乱起来。要想知道刘备何以慌张，不可不把曹操这方的情形略作交代。

上一年的秋天，袁绍出动大军十一万，南攻许县。曹操得报，随即出动主力部队北上阻击。于是，当时逐鹿群雄之中两支最为强大的势力，都在黄河一线集结兵力，准备作一场殊死决战。就力量的对比而言，曹操的兵力充其量只有袁绍的一半，明显弱于对方。不仅如此，就在曹操专力应付北线战局之际，他的大本营许县，又发觉有董承等人在进行秘密串联活动。建安五年新春伊始，倒曹事败，董承等人及其亲属数百口全部被处死，许县的局势才算基本稳住。这些情况，刘备早已通过耳目了解得一清二楚。他一直坚信：在这内外形势都十分严峻之时，曹操绝对不可能亲自统领大兵前往东面的徐州来找自己算账；除非曹操打败了袁绍，而这一点能否实现尚未可知；即使此点能够实现，起码也是半年以后的事。基于以上判断，刘备的防备不免松懈下来。他以一种超然的态度，观望袁、曹决战的结果。恰好在这时，张飞又得到沛郡谯县夏侯氏的一位淑女。刘备作为兄长，忙忙碌碌，为贤弟成家大事张罗不停。小沛城中一片喜庆、祥和之气。谁也没有想到，曹操就是敢孤注一掷，下出突袭徐州的这一步险棋。

　　曹操此举，并非一时的冲动，而是经过深思熟虑之后，才下出的一手杀着。不错，对于刘备，曹操已经恨之入骨，尤其在得知他早就和董承等人搅在一起想算计自己之后更是如此。但是，曹操东征徐州，主要目的还不是要报复泄愤，而是要在决战袁绍之先，扫除来自侧背的威胁，以便专力对付北面的强敌。一开始，曹营诸将都不理解主帅的意图，纷纷进言说："与明公争天下的乃是袁绍，今袁绍已来，而我们却舍北就东，万一袁绍袭击我后背怎么办？"

曹操微微一笑，解释道："刘备是人中英杰，今日不除，日后我与袁绍连兵不解之时，他倒真的要偷击我的后背。至于袁绍，虽有大志而反应迟钝，一定不会及时行动，诸君勿忧。"

当下曹操挑选精锐兵卒万人，马步各半，骁将五十员，以最快的速度，奔袭小沛和下邳。由于行动诡秘而迅速，等到小沛城中的刘备察觉之时，曹军不仅迫近城下，而且还截断了小沛与下邳两城之间的联络道路。《孙子兵法·计篇》所说的"攻其无备，出其不意"，曹操是完全做到了。

刘备只得仓皇应战。史籍记述此次战况说："备初谓公与大敌连，不得东，而候骑（即探马）卒至，言曹公自来。备大惊，然犹未信。自将数十骑出望公军，见麾旌，便弃众而走。"

史书说刘备是望风而逃，多少有点夸张的成分，刘备还不至于如此胆怯。不过，此战以刘备大败而告终，却是千真万确的事实。刘备战败，自率张飞、赵云等人匆匆向北奔逃。他的妻室儿女，连同小沛城池，都落到曹操手中。至此，刘备那些倒霉的家眷，已经第三次成为他人的俘虏了。

曹操得了小沛，立即挥军东下，围困下邳。下邳守将关羽麾下仅有两三千人，无力出击，只得闭城死守。曹操也不攻城，而是下令把刘备的妻室儿女推到阵前，要求关羽献城出降，否则便一一处决人质。

在城楼之上眺望的关羽，看到嫂嫂和侄儿、侄女共数十人，头发散乱，衣衫不整，在凛冽的寒风中，哭叫二叔救命，心中有如刀绞一般。他思前想后，觉得反正是孤城难以久守，不如献城来挽救这数十条无辜的生命。于是，这位铮铮铁汉大丈夫，把钢牙一咬，下令部下打出白幡，举手投降。

曹操兵出一旬，即连克二城，清定东方。在此期间，尽管有人向袁绍献计，要他偷袭许县，袁绍却按兵不动，坐失良机。如愿以偿的曹操，带着大批战利品打道回府。而刘备此际，却正如曹操《短歌行》诗句所描写的乌鹊那样："绕树三匝，无枝可依"，在孔子的家乡鲁县（今山东省曲阜市）一带徘徊。这正是：

> 寄人篱下难长久，有志男儿当自强。

要想知道再次遭受重大挫折的刘备，又如何去到袁绍手下去躲风避雨，暂时渡过自己人生的艰难阶段，请看下文分解。

第十一章
败投袁绍

　　刘备一行数十人，逃出小沛向北狂奔，一直跑到二百里开外的兖州鲁国的鲁县境内，完全甩掉追兵之后，才把速度放慢下来。这鲁县乃是孔老夫子的故乡。想当初，既贫且贱的孔子为了实现自己的政治抱负，不远千里，周游列国，向各国诸侯宣传自己的理想，结果却是四处碰壁。史书上说他"斥乎齐，逐乎宋、卫，困于陈、蔡之间"，甚至被郑国人讥笑为"累累若丧家之狗"。此时此刻刘备的处境和遭遇，与当年的大成至圣先师相比，恐怕是不相上下的了。好在刘备也同孔子一样，虽然屡受挫折，依然不气馁，不丧志，保持自己的初心不变。这天傍晚，刘备与众人在洙水、泗水的交汇处，解鞍露营。他饮马江滨，注视着在夕阳余晖映照下的一江春水，心中却在苦苦思索一个问题：明日向何处去？

左思右想，他觉得还是以投奔袁绍为好。这倒不仅因为现今自己距袁绍所在的青州和冀州最近，更为主要的原因，还在于当今割据群雄之中，只有袁绍的势力比曹操大。自己既已和曹操结下深仇大恨，那就要找一个降得住仇人的靠山才保险。此外，袁绍过去和自己关系一直不错，此去必定不会吃闭门羹。想到这里，刘备忽然又回忆起一件往事。这使得他投奔袁绍的决心更加坚定不说，而且还看到了投奔袁绍的最佳途径。

原来，五年前刘备出任豫州牧时，曾经荐举过袁绍的长子袁谭为茂才。用当时的话来说，刘备乃是袁谭的"举将"或者"举主"。东汉选拔政治人才的制度，沿袭西汉旧法，以"察举"为正途大道。其中"察"，是针对"孝廉"的科目而言，是由郡国守相按每二十万人口岁举一人的比例推荐，这一点我们已经在前面有所交代，无须再说。至于"举"，则是针对"秀才"的科目而言。顾名思义，"孝廉"重在品德，"秀才"重在才能。东汉光武帝刘秀登基之后，为避天子名讳，"秀才"又改名"茂才"。具体执行"举茂才"使命者，除某些中央官员外，主要是各州的州牧或者刺史。无论州之人口多少，一律每州岁举一人。东汉时全国十三州，每州人口随便也在百万以上。百万人中争魁夺冠，自然是一种难得的殊荣。史称孙吴的陆逊协助吕蒙袭杀关羽夺得荆州之后，吴主孙权为了使他得到特别的荣耀，尽管陆逊早已拜将封侯，孙权仍然命令陆逊家乡所在的扬州，举荐陆逊为当年扬州的茂才。这正是建安年间的事，可见当时人是多么重视"茂才"这块金字招牌啊。

袁绍是汝南郡汝阳县（今河南省周口市西南）人氏，隶属豫州管辖，所以其子袁谭可以由刘备举荐。古语云："才过百人曰豪，千人曰杰。"袁谭居百万人中第一，其才能不是比豪杰还杰出吗？其实呢，他仅仅具有中等偏上的才能而已。东汉中期以后，选举之风渐滥，多重门第而忽实才，以致有"举茂才，不知书；察孝廉，父别居"的讽刺民谣流传世间。袁谭得举茂才，他那"四世三公"的高贵门第起了主要的作用，可见我们的刘玄德临民为政，有时的举措亦未能免俗的。

俗不俗暂且不提，倒是与袁家的这层关系，大有可以利用之价值。令刘备高兴不已的是，他从北来的行人口中得知：袁谭现今正在青州做刺史，其驻守之地就在刘备曾经担任过官职的平原国平原县，距此不过三百余里。于是乎，刘备立即决定派孙乾和麋竺两位幕僚打前阵，先去平原联络。如袁谭出面在其父袁绍那里美言一番，事情就好办了。

孙、麋竺二人领命，立即上路先行。孙乾已经去袁绍处当过一回说客，熟门熟路，四天后就抵达平原，而且见到袁谭本人。

袁谭虽然年岁不大，却非常记念旧情。他一听说自己的举主刘备落难无归，当即慨然言道："刘左将军天下英雄，信义著于四海，今为曹贼所逼，路人亦欲救之，谭昔蒙举拔，更不得推辞！"

于是，袁谭当天即亲率两千人马，随孙乾与麋竺南下去恭迎刘备。数日之后，刘备终于在平原得到安身之处，袁谭对他自有一番热诚款待，这也无须细说。与此同时，袁谭又派出特使，驰赴平原西南四百里外的冀州魏郡邺县（今河北省临漳县西南），向驻在那里的父亲袁绍报告一切。

此刻袁绍正在邺城指挥对曹操的决战。他的一篇声讨曹操的檄文，刚刚向天下各州郡发出。这篇洋洋洒洒千余言的长文，出自袁绍掌管文书的幕僚陈琳之手。陈琳是当时的文坛健将，在"建安七子"中占有一席之地。檄文历数曹操之罪状后，号召天下忠臣义士，一起打倒曹操。

　　袁绍本是一个喜好虚名的人，他既然以盟主的口气站出来号召诸侯讨贼勤王，自然十分希望出现一呼百诺的效果。而今檄文刚一发布，即有身任朝廷高官显职而且社会知名度甚高的刘备前来投奔自己，虽然其人已经接近于光杆司令，但是此举的宣传价值和社会影响却绝对不可低估。心花怒放的袁绍，决定给予刘备特殊的礼遇，以收人心于天下。

　　不久，袁绍派出的专使到达平原，恭请刘备移驾邺县。刘备出发之后，袁绍又从邺城派出军队，沿途护送贵宾。在这戎马倥偬之际，作为十万兵马主帅的袁绍，竟然又亲自驰出二百里外，去迎接刘备。这一切，真令落难的刘玄德受宠若惊了。

　　刘备在袁绍这里落脚安身之后，袁绍送了他数百人马，他自己一些流散的旧部也纷纷来归。旬月之间，他又有了将近两千人的队伍。

　　这年二月，袁绍由邺城南下，进驻黄河北岸的黎阳，在这里设立对曹作战的前线指挥部。名为盟军实为下属的刘备，亦随同南下助战。

　　黄河两岸战云密布。袁绍和曹操双方的智囊团都在绞尽脑汁，构思妙计良谋，将士们则刀剑出鞘，随时准备冲锋陷阵。袁绍自恃兵多将广，抢先动手。他令手下先锋颜良率军一万强渡黄河,直扑曹军的前哨据点白马县城(今河南省滑县东)。至此,历史上著名的官渡大战便拉开了序幕。

黄河南岸的曹军主力四万人,集结在白马西南二百里的官渡(今河南省中牟县东北)一带。白马吃紧的消息传来,曹操十分焦急,因为白马与官渡的大本营互为掎角,唇齿相依,一旦有失,官渡便成为难鸣的孤掌。于是,他采用谋臣荀攸之计,自率主力部队,大造声势,佯装要在白马以西约一百里处的延津(今河南省延津县北)强渡黄河,直捣袁绍的大后方。等到黎阳的袁绍分兵西上阻截,从而力量分散之际,曹操却突然率领数千精兵向东驰援白马。曹军到达白马以西十余里时,正在起劲攻城的颜良才察觉,他慌忙放弃攻城,来战曹操。

当下两军对峙,鼓角齐鸣。只见曹操麾下杀出一彪轻骑,为首一员战将,把一柄长矛舞得飞转,胸前美髯长须迎风飘舞,所到之处,敌军无不披靡。颜良正在指挥部下行动,不料这员骁将已经冲到麾盖之下,手起矛落,颜良就被刺死落马在尘土之中。主将一死,颜良手下的人马顿时作鸟兽散,白马之围遂解。

这员在千军万马之中取上将首级如探囊取物的厉害角色,不是别人,就是刘备的义弟关羽。关羽在下邳投降曹操之后,曹操爱其为人重情好义，武勇绝伦，故而对之优礼备至，希望感化他后，好为自己长期效力。但是，关羽却想与兄长相聚，不愿改换门庭。为了不负曹操厚爱，他一心想在脱离曹营前，立下一件大功表示谢意。如今诛杀了颜良，关羽这一心愿也就了结。尽管曹操马上封了他一个"汉寿亭侯"的爵位，他也不改初衷。不久，关羽就离开曹营而去，这是后话。

当时关羽骑马作战时的真正兵器，此处须得作一点特别的说明。后世所谓的"青龙偃月刀"这种神奇兵器，在当时还没有出现呢。当时将领在马上所使用的长柄兵器，最具威力者乃是直刺型的长矛。《三国志·关羽传》中对于他杀死颜良的具体记述是："羽望见良麾盖，策马刺良于万众之中。"既然他的动作是直向的"刺"，那么他当时所使用的长柄兵器，也应当是长矛，而非用于横向砍杀的大刀。另外，现今考古发现的东汉当时实物，比如甘肃武威市墓葬所出土的铜质兵马俑阵列，其中骑兵所持的长柄兵器，也是直刺性的长矛。

前锋颜良失利的消息传到黎阳，袁绍大为震怒。一万人马受损他都不甚心痛，唯有这颜良丧生令他痛惜不已，因为颜良是他麾下第一员骁将，须知"千军易得，一将难求"呀！盛怒之下，袁绍不顾谋士沮授的劝阻，下令全军从黎阳渡河,追击曹操。

袁绍发怒之时,寄人篱下的刘备觉得十分尴尬。你在人家这里享受贵宾级别的礼遇,你的义弟却要了人家先锋官的性命,这不是有吃里扒外之嫌吗?尽管袁绍没有对自己恶语相向,一直以笃于信义自许的刘备却觉得很是过意不去。为了有所弥补,刘备便自请担任渡河袁军的前锋,与袁绍的另一员大将文丑,一起追击曹操。

此时,曹操已把白马的一批军事物资运到延津,并且正准备转运回官渡。这批辎重车辆刚从延津出发,刘备和文丑的追兵便赶到了。

曹操见袁军的骑兵涌来五六千人,而自己手下的骑兵却不满六百,不使用计策势难转危为安。于是,他立刻命令押运辎重车辆的将士,把各自车上装载的金银布帛等各种财物抛撒在道路两旁。待到后面的敌军纷纷下马,抢先捡起物品往自己的口袋中塞时,曹操突然杀了一个回马枪,六百铁骑风驰电掣般向那乱哄哄捡便宜的队伍冲去。

刘备属下的三千骑兵,有一半是前两天渡河时才从袁绍麾下调拨来的。这些骄兵悍将,并没有把刘备这位外来者放在眼里,所以一看到道旁路边那些流光溢彩的财物时,带头不听禁令下马抢夺者,便是这帮来自袁军的骑士。老子说得好："祸兮福所倚，福兮祸所伏。"也亏得麾下的队伍先乱，使得刘备最早看到失败的征兆，及时把张飞、赵云召到身边作好应变准备。三人刚刚靠拢，曹操那六百铁骑便冲杀过来，其势锐不可当。在张、赵二将的奋力护卫之下，刘备匆匆向东退走，得以侥幸逃生。而反应较迟的文丑，则死于曹军的锋芒之下。

附带说一句，此处所述文丑死于曹军六百铁骑冲杀之下，依据的是史书中的可靠记载。《三国演义》中说文丑也是被关羽斩杀的，这只是小说家言而已。

曹操再战告捷，得意洋洋地还军官渡，准备与袁绍作最后的决战。连失两阵的袁绍倍加恼怒，他自恃元气未伤，依然挥兵径进，一直到达官渡以北三十里左右的阳武（今河南省原阳县东）才停住马蹄。两军相持的局面，一直从初夏四月延续到了初秋七月。

这几个月的刘备过得很苦。军旅生活的艰辛倒无所谓，"铠甲生虮虱"的日子他早已过惯了，最折磨他的是精神上的抑郁不舒。首先，在这几个月间，他对袁绍其人及其营垒的内部状况有了全面深入的了解。他发觉：袁绍的性格，表面看起来十分弘雅大度，其实内里却相当狭隘忌刻，容不得人。由于主帅是这种"外宽内忌"，其内部便呈现出忠正者被疏远,而佞邪者受宠信的糟糕局面。白马、延津两次前哨战失利,袁绍本人的刚愎自用,是一条最主要的原因。反观曹营,不仅上下同心,而且主帅从善如流,故而奇计迭出,连连获胜。从种种迹象来看,官渡决战,袁绍这一方很可能凶多吉少。而自己目前却托身于袁军之中,眼睁睁看着大难将至但又回天乏术,这怎么能不使他忧心忡忡呢?其次,白马、延津两战失利,多少与刘备有关涉。前一役是其义弟杀了颜良,后一战中文丑阵亡而他却安然逃生。袁绍虽然一点没有埋怨自己,但其部属中不免有人暗中议论。这些风言风语传到刘备的耳中,其心中是何等滋味,无需形容也可想而知。

刘备在痛苦中熬到了七月,终于得到一个摆脱痛苦的机会。

这年七月间,豫州汝南郡(治所在今河南省平舆县北)有黄巾军的余众举兵起事,反对曹操,声援袁绍。其头领姓刘名辟,活动的区域是在曹操的大本营许县以南二三百里间。消息传来,刘备立即去见袁绍,请求带领本部兵马到汝南,会同刘辟骚扰曹操的后方,使之不能专力用兵官渡。

刘备的打算,一是想借此机会,独立行动以建功劳,上报袁绍,下除流言。二是远离袁、曹决战的官渡,以免成为因城门失火而遭殃的池鱼。袁绍听了他的请求,心想,你留在官渡也帮不上我什么忙，不如让你去袭击曹操的后背，或许还能助我一臂之力，当下痛快应允。三天之后，刘备即带领本部两千将士离开官渡，径直奔赴汝南而去。

刘备由官渡取道西南三百里，再折向东南行三百里后，即从许县的正北绕到了正南。他与刘辟一会合，就立刻大刀阔斧干了起来。攻略城池，焚烧仓库，许县以南顿时局势动荡不安，不少地方相继打出反曹应袁的旗号。刘备的军队甚至占领了许县以南仅六十里地的城池，其兵锋直逼临时都城许县的南郊。

曹操没有想到，此前的手下败将，竟然神不知鬼不觉跑到自己后院，放了一把烈火，气得咬牙切齿，怒发冲冠。他当即派出堂弟曹仁，率轻骑两千五百，星夜驰回许县消灭刘备。曹仁字子孝，是曹操宗族将领中的第一员勇将，连威震三军的张辽，比起他来也略逊一筹。曹仁不光有勇，而且有谋。他这两千五百铁甲骑兵，又是百里挑一的壮士。所以他的人马回转许县之后，刘备在许县进行骚扰的快乐时光也就趋于尾声了。

刘备被曹仁打得连战皆败，只好往西南方向退却。他越过汝水，经定陵、昆阳两县（分别在今河南省舞阳县、叶县）的县境，来到荆州南阳郡的叶县（今河南省叶县西南）界内，才算摆脱了曹仁铁骑的追击。稍事休息，他清理人马，发觉仍然不少于两千，心里颇为欣慰。自从萌发了脱离袁绍的念头后，他就特别注意保存自己的实力，以便自立门户时有足够的本钱。此番与曹仁交手，如果全力相拼，也未见得就赢不了，但是刘备不愿打这种消耗战，宁可失地，不可失人。之所以他节节败退而依然感到欣慰者，其原因即在于此。

刘备在叶县停留了数日，这当中他做了一件极为重要的事情，即把荆州当地的情况了解得一清二楚。

当时的荆州，主要地域在今湖北、湖南、河南三省，乃是刘表的地盘。刘表字景升，兖州山阳郡高平县（今山东省鱼台县东北）人氏。其人年轻时就有颇高的声誉，属于汉末党锢名士集团首领人物"八俊"之一。关东诸军起兵讨伐董卓，刘表以荆州刺史的身份举兵参加。其后群雄在中原混战，他在南方趁机扩张势力，史称其"地方数千里，带甲十余万"。此时，他虽名为汉朝的镇南将军兼荆州牧，实际上却是威福自专的"荆州王"。接着，袁绍与曹操相持于官渡，刘表抱着隔岸观火的态度，保持中立。尽管有部属力劝他支持曹操，他却岿然不动。

得知这一切后，刘备有所心动，认为荆州是自己将来一个较好的避难处所。于是他迅速动身，绕原路回到官渡，请求袁绍派自己到荆州去争取刘表。其实，他本可以从叶县径奔刘表而不再回转官渡，但是，那样就显得自己人品太卑劣了。恩人有急难，你不思解救，反而不告而别，找一个安全之地躲起来，你刘备还有没有一点人味嘛？还像不像一个以"仁义"自我标榜的男子汉大丈夫啊？虽说是君子应当明哲保身，牢记孔圣人"危邦不入，乱邦不居"的遗训，不过要走，也要走得名正言顺，免得坏了自己好不容易挣起来的声誉。

建安五年（200 年）九月，刘备奉袁绍之命，率领本部人马，二下汝南。袁绍给刘备的任务，一是继续在许县以南袭击敌后，因为事实证明，这对官渡之曹军大有瓦解作用；二是就近联络刘表，共同抗击曹操。

于是乎，刘备便安然躲过灭顶之灾，永远告别了袁绍。这正是：

先知先觉离表绍，躲过风雷再启程。

要想知道刘备此去荆州的前景究竟如何，又如何在荆州蹉跎了足足七个年头，请看下文分解。

第十二章
蹉跎荆襄

时维九月，序属三秋。大好时光中，刘备指挥部属涉过鸿沟水、颍水和汝水，沿着旧路径奔汝南。他高坐在一匹白色的塞外骏马之上，谈笑风生，心情很是愉快。

他怎么能不愉快呢？向袁绍提出请求，很快就得到允准不说，临行之际，义弟关羽又从曹营逃出，到袁绍军中和刘备见了面。袁绍并未为难关羽，让他与刘备一同南下。分隔大半年的兄弟，终于欢聚团圆。人逢乱世，还有什么能比这更令人高兴的呢？

不过，兴高采烈的刘备完全没有想到，他很快就要进入一段长达七年的蹉跎岁月了。

建安五年（200年）十月，也就是刘备离开官渡一个月后，曹操用火烧敌军粮草基地之计，击破袁绍大军于官渡。曹操乘胜沿黄河东进，在建安六年（201年）四月，再度击败袁绍大军于仓亭津（今山东省阳谷县北古黄河上）。受到两次重创的袁绍，元气大伤，只好退缩到黄河以北。北面的威胁解除之后，曹操马上挥军南下，要来收拾在后方捣乱的刘备。三万曹军，借新胜之势，恶狠狠地扑向汝南，大有一口生吞刘备的模样。刘备见势不妙，不愿干那以卵击石的蠢事，连忙逃奔荆州投靠刘表。

早在刘备刚刚到达汝南之时，他就派孙乾和糜竺两位外交干员去荆州拜见刘表，送去一批珍贵礼品，表达了诚挚的问候和景仰之情。刘表听出刘备有改换门庭，投奔自己的意思，连忙表示欢迎。

原来，刘表也是一位汉朝皇室的后裔，其远祖乃西汉景帝之子鲁恭王刘余。他见汉献帝被曹操挟持，生命危殆，而自己不仅是帝室之胄，更兼人多地广，兵盛粮足，暗中便萌生了伺机称帝之心。要想南面称尊成功，须得有人拥戴和捧场，特别是名贤士大夫们的拥戴和捧场。前不久袁术在淮南称帝，就是因为没有什么著名人物给他吹喇叭、抬轿子，结果以惨败而告终。殷鉴不远，刘表便刻意争取海内名士来归，以便打好未来登上皇帝宝座的基础。就在此时，声名著于四海的刘备，却主动前来投奔麾下，刘表岂能不拍手欢迎。从此，刘表天天盼望刘备来到，其急切之情完全可以用"望穿秋水"四个字来形容。

当时刘表的驻屯之地，是在荆州北部南郡所辖的襄阳县（今湖北省襄阳市）。襄阳北依汉水，南枕岘山，算得上一个虎踞龙盘之地。那一日，有下人来报，说是刘左将军一行已经抵达汉水对岸的樊城，距襄阳城只有一水之隔了。刘表立即吩咐备马，他要亲自出北门去举行所谓的"郊迎"。

在中国古代，主人亲自出城到郊外迎接来访的贵宾，是一种极其隆重的礼节，叫作"郊迎"。当初孟子不远千里去谒见梁惠王，梁惠王就曾以郊迎之礼接待这位亚圣人。所以当刘备横渡汉水舍舟登岸，望见仪仗队伍之前那位笑容可掬的镇南将军兼荆州牧时，不禁心中一热，两行清泪便流了出来。

同样声称汉家皇室的后裔，同样是当时社会的名流，二刘见面之后那一种亲热之状，实在是难以形容。刘备见刘表待自己以上宾之礼，又赠送自己两千人马和大量军资，人情美美，总得有所回报，于是自请出屯北路要冲，以防曹操大军南下。刘表求之不得，欣然应允。十天之后，刘备与刘表洒泪告别，率军北上，然后在襄阳以北一百里左右的新野县（今河南省新野县）驻屯下来。

这新野虽然只是一个小县，然而城西濒临淯水，倒也是山明水秀之地。况且此处距荆州北面的疆界，还有近四百里之遥，曹操的兵锋平常接触不到这里，社会相当安定。所以只要刘备愿意，他尽可以在此好生优游休养一番，驱除近年来的鞍马劳顿。但是，刘备在新野观察巡视一番之后，非但没有勾起他的逸致闲情，却反而刺激起他建功立业的雄心壮志来。他招募兵丁，训练士卒，接纳贤士，处理机务，忙得食不甘味，席不暇暖。

要问刘备何以如此，说破了也很平常。原来，新野县属于南阳郡（治所在今河南省南阳市）管辖，左近一带乃是东汉开国皇帝刘秀的故乡，即所谓的"龙潜之地"。新野东南百余里的章陵县（今湖北省枣阳市南），就是刘秀出生之处。新野正北一百里的宛县（今河南省南阳市），则是刘秀二十八岁时举兵争天下的起始地点。至于新野县么，刘秀开初起兵时还只有骑牛的份，南下新野杀了此地的县尉之后，才算夺得第一匹马来乘骑，从此纵横驰骋，横行于天下，所以这新野算是刘秀飞腾之所。刘备现今来到先辈创业的地方,凭吊遗踪,反思自己,忍不住豪气升腾奔涌。他发誓要效法祖宗,兴复汉室,平定天下,这就是刘备在此发愤图强的秘密所在。

刘备急于建功立业,确实是值得称道的英雄作为。但是,他忘了很重要的一点,就是自己现今是在他人的地盘上当客人。人世间当主人家的,十有八九恐怕都不喜欢"喧宾夺主"的事情吧?而刘表的为人,与"外宽内忌"的袁绍有一点很相似。他外表看来有如忠厚长者,实际上内心十分狭隘,忌讳他人胜过自己。因此,刘备在新野打开一个新局面之后,立即遭到刘表的猜疑。与此同时,又有一批心怀叵测的角色,在刘表面前说长道短,更使刘表心中的疑虑有增无减。经过高层密商,刘表就以曹军有来犯之迹象为由,敦请刘备将驻地从新野更向北移,移到二百里开外的博望县(今河南省方城县西南),以便及早迎击曹军。

刘备见刘表要自己远离襄阳,才猛然醒悟主人家已经起了戒惧之心。他很感抱歉,也很觉痛心。为了表白自己并无鸠占鹊巢的意思,他决心认认真真和对面境外的曹军打两仗再说。

建安七年(202年)秋,刘备以博望县为根据地,向东北方向大举出击，很快攻克了博望东北二百里处的叶县。叶县位于荆州、豫州的交界，越过州界再往前推进不到三百里，便是曹操的大本营许县了。曹操这时正在黄河以北追击袁绍，得报之后马上派了一员大将来迎战刘备，保卫自己的大后方。

杀来的战将复姓夏侯，名惇，字元让，豫州沛国谯县人氏。这夏侯氏与曹氏不仅是乡党，而且世代通婚，关系异常亲密。曹操之生父曹嵩，系宦官曹腾之养子。据说那曹公公领养的嵩儿，本姓夏侯，是这位夏侯惇将军的亲叔父。果真如此的话，那么曹操与夏侯惇便是同祖的堂兄弟了。夏侯惇早年就随曹操举兵，征战四方，以勇敢果烈闻名全军。建安三年（198 年）攻徐州擒杀吕布，夏侯惇率众先登陷城，被一支流矢射瞎左眼而不退却，从此曹军将士私下呼之为"盲夏侯"。盲夏侯性情急躁，自从受伤损眼之后，每次对镜自照，都要大发雷霆，掷镜于地。好在当时人照的是铜镜而非玻璃镜，不然侍从们每天打扫玻璃碎片都来不及了。

盲夏侯得了将令，点起一万精兵，星夜南下。他赶回许县时，见都城安然无恙，大为放心。略事休息，补充一些给养后，他取道西南，经颍阴、襄城、昆阳诸县，直逼叶县的刘备大营。

刘备闻说夏侯惇率军万人挡住去路，气势咄咄逼人，心中随即筹划对策。他想：敌军人数多我一倍，且装备精良，士气正盛，看来只可智取，不可力敌。所幸刘备曾在曹营做客，对盲夏侯其人的急躁脾性早有所闻。经过两天的苦思冥想，他终于想出一条妙计来。

这条妙计，简言之，即是“诱敌入伏”的办法。原来，在叶县与博望的两县交界之处，有一座衡山。这座衡山虽不如五岳之一的南岳衡山高大和有名，却也路陡林密，险峻非常。从叶县到博望的官道，便要从衡山的南坡穿过，这十余里山路不仅起伏蜿蜒，而且两旁草木森森，正是设置伏兵的绝好处所。刘备先令赵云率两千健儿，多带强弩利箭及引火之物，在这山道的中段潜伏待敌，然后自与关羽、张飞前来引诱夏侯惇。

夏侯惇抵达叶县已经两日，数番挑战对方都闭营不出，不免焦躁起来。到了第三天清晨，他又率军至敌营，准备强行进攻。不料他来到敌营之前，看到的竟然是一片灰烬焦土，空无士卒。他马上意识到：刘备已经烧营逃走了。

夏侯惇气得七窍生烟，心想，我千里迢迢从黄河北岸赶来捉拿这个大耳儿，却胆怯跑了。于是，他命令六千步兵原地不动，自率铁骑四千前去追击刘备。

两个时辰之后，曹军驰出四十里开外。这时，就连一只眼睛的夏侯惇，也看到了远处刘备兵马缓缓前进的情景。他一声大喝，催兵前进，又追了十余里进入博望地界，终于追上了刘备大军的后队。

刘备的后队是辎重车辆，由张飞率数百骑兵卫护。他见曹军涌来，便立马横矛，向夏侯惇大骂道："瞎眼儿，快来领死！"

夏侯惇最恨他人提一个"瞎"字，当即气得独眼圆睁。他也不答话，挥兵上前就是一阵冲杀。张飞佯装寡不敌众，丢下辎重车辆就走。夏侯惇哪里肯放，自率二千余骑紧紧追赶。这一追，就追进了刘备的埋伏之中。

此后的战况无须细说，只说结局。这一战，夏侯惇身中二箭，狼狈逃回。所幸两箭皆未射中右眼，不然就只眼无存了。刘备掠得良马近千匹，俘虏敌兵数百，所弃辎重车辆全数收回，算是大获全胜。

说到这里会有读者问了，在博望坡火烧夏侯惇，这不是孔明先生出山辅佐刘备后的第一桩杰作吗？罗贯中《三国演义》第三十九回"博望坡军师初用兵"就写得明明白白，你这里怎么就说成了是刘备的功劳呢？

我的回答是，在博望火烧自家的营寨，从而大破夏侯惇，确确实实是出自刘备之手,这在陈寿《三国志·先主传》中早就写得清清楚楚。后来罗贯中的《三国演义》为了美化孔明先生,就进行了一番移花接木的"换头"手术,把这桩功劳变到孔明先生的身上了。事实上,从时间点来看,刘备火烧夏侯惇,发生在建安七年(202年),而刘备三顾草庐礼聘孔明出山,是在五年之后建安十二年(207年)。也就是说,当刘备在博望大破夏侯惇的时候,他和孔明先生还没有见过面,孔明先生还在隆中躬耕陇亩当农村知识青年呢!这就是正史与演义的不同、正说与戏说的差别了。

话说夏侯惇兵败,退回豫州固守。刘备再返叶县,厉兵秣马,准备乘胜进攻,进一步壮大力量。不料此时刘表送来一封书信,请他尽快回返襄阳。

刘表何以又要召回刘备?说穿了还是他那猜忌心理在作怪。刘备大败夏侯惇后,不仅实力加增,而且声威远震。刘表心想:像这样让刘备在边境上自由发展,再过三年两载,不是在曹操之外又生出一个小号曹操吗?于是,他决定把刘备召回,安顿到与襄阳隔江相对的樊城,替自己训练士卒。这样,刘备既在自己的控制之中,而且也失去了在战场前线补充兵源壮大力量的机会。

刘备回到襄阳后,刘表才告诉他新的任务。刘备虽然心中不快，但因自己是寄人篱下之客，也不好多说。从此，他便长驻樊城，当他的军事教官。空暇无事，即渡江到襄阳刘表府中聚谈饮酒，外人看来颇为闲适自在。

光阴似箭，日月如梭。刘备驻屯汉江北岸的樊城，一晃就过了六个年头。在这期间，曹操一直用兵北方，南方的荆州地界平静无波。刘备眼看着光阴虚度，却也无可奈何。

建安十二年（207年）八月的一天，正是桂子飘香，沁人肺腑之时。刘备应刘表之邀，过江来饮酒赏花。刘备刚刚在州牧官邸大门前下马，刘表即迎出门来。二人施礼，携手进府。刘表说道："今夏曹贼统兵出塞攻击乌桓，君曾劝我乘虚攻取许县，可惜未听从君言。近闻曹贼已收兵还许，思之犹有憾恨！"刘备心想，你自己不用良谋能怪谁呢？但是他口头上仍然安慰对方说："方今天下分裂，大动干戈，机会之来，岂有终极？此后如能不失良机，则既往之事何足为恨？"言毕，二人相视而笑，进入后园的雅轩。刘备举目一看，已有一位先到之客坐在那里了。

这位来客刘备是认识的。此人姓许名汜，先后曾任曹操、吕布的僚属。许汜外有高名而内心贪鄙，刘备一直瞧不起他。今天，许汜又跑到刘表这里来打秋风，混吃混喝了，刘备心中虽然不悦，不过想到自己也是客，就笑着招呼，坐了下来。

那时候的人们入座，并不是坐在椅子上，而是席地而坐，也就是双膝跪地，臀部置于脚后跟上的跪坐。现今日本人的跪坐，便是古代跪坐法东传的遗风。刘表见客人已经入座，便吩咐下人开宴。不多时，美酒琼浆，山珍海味，不断送上几案。刘表简单致辞后，宾主一齐开怀畅饮。

酒酣耳热之际，三人兴高采烈地评论起当今天下的人物来。东汉中期以来，社会上品评人物之风气日益盛行。某人如果得到一个大名士的好评，则好比鱼跃龙门而身价百倍。比如前面已经提到，曹操虽是三公之子，早年也要请求大名士许劭，给他一个评语。许劭说他是"清平之奸贼，乱世之英雄"，曹操非常之高兴。这许劭字子将，乃汝南郡平舆县（今河南省平舆县北）人氏，他是汉末品评人物方面的泰山北斗，每月的初一日早上都要公布一次他对人物的评语，当时称之为"汝南月旦评"。今天，在刘表宴席上狂饮大嚼的许汜，一边往口中灌塞酒肉，一边从口中倾吐评语，大有独主天下沉浮的模样。

刘备在一旁看到许汜的得意神态，心想，你有何资格臧否天下之英雄？恐怕要教训教训你才好。刘备正思量间，许汜已经开始评论另一位人物。这位被他贬低的人物，姓陈名登，字元龙，乃徐州下邳国淮浦县（今江苏省涟水县西）人氏。陈登出自名宦之家，本人兼资文武，深沉而有远志大略，官至广陵郡（治所在今江苏省扬州市西北）太守。他先助曹操灭吕布，后又劝曹操早取江东，极受曹操器重。对于这样一位豪杰，许氾却轻飘飘地给了一句贬语："陈元龙湖海之士，豪气不除！"他的话是什么意思呢？

此处所谓的"湖海"，是指长江下游邻近太湖、东海的偏东地区。许氾出自人文兴盛的中原，对于出自偏远湖海的陈登带有地域歧视。至于此处的"豪气"，后世大多理解为豪放之气，那是望文生义的误说。后世的"豪气"一词，确实是豪放之气的意思。但是在许氾的口中，这"豪气"二字，乃是当时的一个习语，准确含义是指粗鲁无礼的作风。因此，许氾这两句评语是说：陈元龙嘛，毕竟是从偏远湖海之地出来的嘛，所以还没有除掉粗鲁无礼的作风啊。

刘备一听，正要反驳，忽然想起应当要尊重东道主才是，便先问刘表道："许君之评语，尊意以为如何？"刘表答道："要说评语不正确么，许君乃是好人，不会说假话的；要说评语正确么，陈元龙又是名重天下的豪杰啊。"

刘备见刘表在这等小事上，也像对待袁绍与曹操相争一样，态度模棱两可，骑墙中立，两边都不得罪，没有明确的是非观念，不免从心底生出轻视来。不过，他没有表露出来，他这时一心要想教训许汜。于是，他问洋洋得意的许汜："君言元龙'豪气不除'，可有具体的事实吗？"许汜立即回答道："那当然是有的。昔日家乡遭逢变乱，我东去下邳，曾造访元龙于淮浦。元龙毫无礼貌待客之意，久久不与我这位客人交谈，后来竟然自己去到大床睡去，而把我这位客人安排在他大床旁边一张又窄又低的小榻上休息。这不是'豪气不除'又是什么呢？"刘备听了，傲然一笑，侃侃言道："君有'国士'之名，如今天下大乱，天子流亡失所，世人皆期望君能忧国忘家，救世济民。但是君自到下邳，即忙于买田地，置房舍，过自己安乐的小日子，没有说过哪怕一句有正义感的话语来。这都是元龙最为厌恶的行径，他为什么要与君共同交谈呢？要是换了鄙人，我将卧于百尺高的楼顶之上，令君卧于地面之上，岂止是大床、小榻的区别而已！"

这一番痛快淋漓的指责话语，直说得许汜羞愧难当，那一张本已酒色酡然的脸面更加红了。而刘表却全然理解不到刘备言外对自己的讽谏之意，在一旁傻乎乎地咧嘴大笑。刘备心中突然涌起一阵极度悲哀的情绪，他怕自己突然掉下泪来，便托辞要出去更衣，站起来离席而去。

那时候所谓的"更衣"，乃是上厕所、上卫生间之雅称。刘备出了宴集的雅轩，迎面送来一阵夹着浓郁桂花香味的清风，他的心情顿时平静了一点。谁知在厕所方便之际，他发觉自己的两腿上下起蹲相当乏力，一摸大腿的内侧，原本瘦削强健的肌肉，已经沉积起一层肥厚松软的脂肪。于是，一股更加强烈的悲伤从心中泛起，他终于忍耐不住而涕泗横流。

是的，他不能不哭。他今年已经四十七岁，早过了"三十而立"之年，快要接近"五十而知天命"的年龄了，却依然一事无成，一业未"立"。自到荆州，转眼已是七个年头，雄心虽常在，岁月空蹉跎，而且看来似乎还将蹉跎下去。自己在荆襄蹉跎，他人却在抓紧时间建功立业。当初在洛阳结识的曹操，这几年扫荡群雄，现今已经平定了中原数州之地。而自己呢，却隔三岔五地陪着昏庸狭隘如刘表、贪鄙虚伪如许汜的角色饱食醉饮。真真是无聊复无聊！刘备岂能不哭啊？

刘备在厕所里让眼泪流了一个够，才回转雅轩。刘表见他满眼通红，泪痕斑斑，忍不住问他何以伤悲。刘备也不隐瞒，平静地答道："我过去忙于创业，一直身不离鞍马，故而髀肉皆消。而今难得骑马驰骋，故而髀里肉生（大腿内侧有肥厚脂肪长出来）。岁月如流，老之将至，而功业未建，所以感到悲伤得很啊！"刘表和许汜听了，都默然无语。

俗话说是"男儿有泪不轻弹"。那一日刘备痛快流了一场热泪之后，心头重新燃起建功立业的火焰。也亏得他具备一种特别的个人品质，才会不甘沉沦，再度奋起打拼，终于把一位号称"卧龙"的盖世英才请了出来，共同做出一番惊天动地的大事业。这正是：

自古男儿多挫折，从无侥幸得成功。

要想知道刘备凭借了何种突出的个人品质，得以从蹉跎中奋起，又请来了一位什么样的盖世英才，与自己共同创业，请看下文分解。

第十三章

礼聘卧龙

　　自从汉献帝登基以来，天下英豪纷纷起兵讨伐董卓，其后又相互攻杀，逐鹿中原。魏文帝曹丕曾在其《典论·自叙》一文中，描述当时群雄争斗之景况说："名豪大侠，富室强族，飘扬云会，万里相赴。……大者连郡国，中者婴城邑，小者聚阡陌，以还相吞灭。"经过二十余年的长期混战，绝大部分英雄人物都被历史的江水淘尽，只有曹操、孙权、刘备三人，巍然鼎立，成为笑到最后的胜利者。

　　这三人何以能压倒群雄取得最后的成功？后世学者已从

多方面探讨研究。即以普通的人而论,能够大谈"曹操得天时,孙权得地利,刘备得人和"者亦所在多多。然而在众多的论著中,能够着眼于三人之个人素质立论者,似尚罕见。其实,世间上凡是能成大事之人,无不具有某种突出的个人素质。简而言之,在曹操身上,表现为"机警"二字。唯其机警异常,故而着着占人之先。举其荦荦大者,如政治上先把汉献帝抢到手中,"奉天子以令不臣",经济上先在许县一带实施大规模屯田,"修耕植以蓄军资",这些都是对其事业奠定基础的"胜负手",在他人尚未醒悟之时,他即已经敲盘落子了。

而孙权其人,则以"忍耐"二字见长。魏、蜀、吴三国之中,论称王他拖在最后,论称帝他也拖在最后。他在名分上不大计较,可以向汉朝纳贡,也可以向魏国称臣,但是他人如要侵犯其核心的实际利益,孙权则是寸土不让的。由于孙权把先屈后伸的策略运用得炉火纯青,所以陈寿在《三国志》中才会奉送他一个"有勾践之奇"的高度赞美评语。

至于刘备,最突出的个人素质则是"坚韧"。他自中平元年(184年)举兵起事始,到建安十三年(208年)赤壁抗曹获胜,初步奠定蜀汉政权基础为止,二十五年之间,多次遭受沉重打击,先后投奔过公孙瓒、陶谦、吕布、曹操、袁绍、刘表，单是妻室儿女被他人俘虏和逃跑失散，即有四次之多。他虽然屡起屡败，却能屡败屡起，并不灰心丧气。到了将近五十岁时，仍然不甘沉沦，奋起拼搏。这样一种坚韧的劲头，在汉末群雄中确实罕见。可见刘备后来能够成为三鼎足之一，不是天命，亦非偶然。

但是眼下的刘备，还表现出另一项非常宝贵的个人品质来，就是能够认真反省自己，总结失败受挫的原因和教训，从而采取相应的措施进行补救，而不是一味地怨天尤人，沉沦不能自拔。

自从那一日痛洒英雄泪之后，刘备即闭门静思今后自振之计。他把自己和曹操、袁绍、刘表这些有所成就的人物相比，发觉自己在创业过程中，始终缺乏一个能够提供思想指导和谋略设计的智囊团，是一个最致命的缺陷。他人都是有文有武，相得益彰，而自己则是有武无文，形同独足。不错，自己手下也有麋竺、孙乾等幕僚，但是这些人只能做具体的文职工作，在思想见识、谋略设计上还不如自己高明。由于没有像张良、萧何之类的得力谋臣，大至创业方针，小至对敌战术，都只有用缺牙老人咬虱子之法——靠碰运气。这种办法，小打小闹还可以应付，要想建大功，立伟业，那就如同盲人骑瞎马，只有失败的结果等着自己。因此，若想自振自强,现今首要的急务就是要建立自己的智囊团,特别是要寻找一位如商汤之伊尹、文王之姜尚那样称职的首席谋臣。

于是,刘备以前所未有的热情,开始在荆襄一带访求贤才智士了。这一访才使他明白:当时的荆襄真是名副其实的藏龙卧虎之地!

当时荆襄的济济人才,大体可以分为两大类:一类是本地的土著,另一类是避乱南来的中原人士。在本地的土著人士之中,一部分已经被刘表所网罗,诸如南阳郡的宋忠、李严、刘望之和向朗,武陵郡的潘濬,零陵郡的刘巴,襄阳本地的庞统等。他们虽在荆州的州政府任职,却并未受到刘表的真正重用,即便是有“南州士之冠冕”美誉的庞统也是如此。至于客居荆襄的中原人士,绝大多数都还是自由之身,未曾领取刘表发放的聘书和俸禄。之所以会如此,一是因为这些人士到荆州的时间不长,名声还没有显扬开来;二是因为他们多半抱着“当今之世,非但君择臣,臣亦择君”的谨慎态度,认为刘表并不是值得为之“失身”的英主,所以宁愿“啸傲山林”,甚至“躬耕陇亩”,也不愿在刘表麾下奔走效劳。在这批寄寓之士当中,年辈较长的有豫州颍川郡(治所在今河南省禹州市)的司马徽,以下的后辈之人,则有徐州琅邪郡的诸葛亮、颍川郡的徐庶和石韬、豫州汝南郡的孟建、冀州博陵县（今河北省蠡县南）的崔州平等人。而有"卧龙"之美誉的诸葛亮，则是后辈当中的佼佼者。

诸葛亮，字孔明，琅邪郡阳都县（今山东省沂南县南）人氏。琅邪诸葛氏是一个世代簪缨之家。诸葛亮之父诸葛珪，官至兖州泰山郡丞，不幸盛年而逝，留下子嗣三人。长子诸葛瑾，后来避乱江东，成为孙权手下的大臣。次子诸葛亮和少子诸葛均，未成年时由叔父诸葛玄抚养。诸葛玄出任扬州豫章郡（治所在今江西省九江市）太守，带着两个侄儿到豫章赴任，从此诸葛亮就离开故乡，再未回去。在他十余岁时，诸葛玄的太守职位被他人替代，生活出现困难，加之北方群雄大战方酣，老家也回不去了，诸葛玄只好携带侄儿到荆州去投奔老友刘表。在刘表的接济之下，诸葛玄一家在刘表的驻地襄阳暂时住了下来。不久后诸葛玄去世，未成年的诸葛亮兄弟相依为命，在襄阳城西二十里一处名叫隆中（今湖北省襄阳市西）的地方安家居住，亲自耕种田地，过着比较艰苦的生活。

诸葛亮在隆中前后居住了十二年之久。从时间上说，是从建安元年（196年）前后，到建安十二年（207年）应刘备之请出山。从年龄上说，是从十六岁左右到二十七岁。在隆中居住期间，他表面上过着"躬耕陇亩"的隐居生活，如闲云野鹤般优哉游哉,实际上却在蓄养胸中浩然之志气。他常常抱膝而坐,对着那绿水青山放歌一曲《梁父吟》。《梁父吟》为一首古曲,传说是孔子学生曾子耕种于泰山之下时作。此曲音调悲凉慷慨,而且又出自诸葛亮的老家齐鲁一带,所以每当他放歌《梁父吟》时,胸中止不住豪情奔涌,大有欲乘长风破万里浪的意味。

一曲歌罢,他便与好友徐庶、石韬、孟建等人议论时政,抒发胸怀。他这三位好友,读书都有一个特点,即"务于精熟",唯独诸葛亮是"观其大略"。所谓"务于精熟",即务求读得精,读得熟。而诸葛亮的"观其大略",并非马马虎虎大致翻一翻了事,而是特别注意观察书中的重点和要点,取其精华加以吸收。从读书方法的不同上,诸葛亮即已预料到彼此将来的仕途差异,所以他对三位好友说是"卿三人仕进,可至刺史、郡守也"。而三友问他最高能做到何等官职时,诸葛亮却是"但笑而不言"。

他虽然不明白说出答案,三位好友心中也能领会。因为在以往的畅谈之中,诸葛亮不止一次"自比于管仲、乐毅"。管仲、乐毅是什么人?管仲乃春秋时期的大政治家,辅佐齐桓公成就霸主之业。而乐毅是战国时期的大军事家,曾受燕昭王之命,率军一举攻克齐国七十余城。管仲在"文治"上登峰造极，却不精通用兵；乐毅在"武功"上震古烁今，却又不擅长治国。而今诸葛亮认为自己兼有二者之长，用俗话来说就是"一个顶俩"，你说他该做到何等官职呢？恐怕只能用"出将入相"四个字来形容了。

读书方法的问题，实在是太重要了，所以此处还要深究一番。读书方法不同，是因为读书的目的不同。徐庶三人，依旧走的是东汉儒生的老路。前面已经说过，东汉选拔人才，是以"孝廉"科目的人数为最多。各郡太守举荐的孝廉，照例要集中到京城洛阳进行考试，合格者才能进入仕途去做官。当时考试考的是儒家经典。是从众多儒经中，任意抽取一段文字，要求考生进行阐释和论述，如果对儒家经典的阅读，不能达到"精熟"的程度，便会面对试题不知出处而无言以对。可见徐庶三人的读书方法，既是东汉儒生的老路，更是一种应试教育的产物。应试教育，一般来说只能培养出循规蹈矩的行政官僚。孔明先生之所以说徐庶三人今后做官，只能做到州刺史、郡太守，根本原因即在于此。

但是，到了东汉后期，一种简要清新的读书方法，最先开始在有识之士中出现，诸葛亮就是其中之一。诸葛亮读书的目的，完全不是要走过去儒生的老路、死路，他是想要辅佐理想的领袖，当一个文武全才的大政治家和大军事家。他所需要的知识,是历史观、大局观方面的明确指导,是治国治军方面的重大借鉴等。要达到这样的目的,把浩繁的儒家经典一一读熟,既没有那样多的时间,而且还会陷入字词句的泥淖中难以自拔。他的方法,是与"精熟"完全不同的"观其大略"。"大略"二字在这里的具体内涵是:第一,在必读书目的选取上,要从大处着眼,真正对自己实现目标有用者才读,不是每一本都读;第二,即使是必读书,阅读时也要选取其中对自己真正有用的精华,重点消化,有效吸收,也就是把书读薄,而非面面俱到。从他以后进入仕途的表现来看,他在隆中对策时能够展现出非凡的大局观,在赤壁之战时能够提出联吴抗曹的大谋略等,都不是对儒家经典"务在精熟"的迂阔书生所能做到的,这就是他读书方法产生的明显效果。

三国是一个典型的竞争时代。后世的人们,看到三国的风云人物或以谋略竞争,或以武勇竞争,或以辞令竞争,但是往往忽略了根本性的一点,那就是读书上的竞争。上面诸葛亮与徐庶等三人,已有在读书上具有竞争的意味了,只是后世往往没有注意到而已。

对于诸葛亮的自我评价,当时有很多俗士都不以为然,总觉得这位二十刚出头的青年人是在自吹自擂。但是,也有人慧眼独具,认为诸葛亮确实是一个文武兼备、能够治国安邦的大才。

独具慧眼者首推庞德公。这庞德公系襄阳土著，年高德劭，为荆楚士林所景仰。诸葛亮的小姊即嫁与庞德公之子为妻，所以庞德公乃是诸葛亮的"姻伯"。后来与诸葛亮同在刘备麾下担任军师中郎将职务的庞统，便是庞德公的侄儿，所以两人也是同辈的姻亲。说来也怪，诸葛亮和庞统不仅年龄大致相当，只比庞统小两岁，而且在其早年都是不被人赏识。幸好庞德公颇有一点"论贤不避亲"的精神，毅然决然给二位青年才俊分送一个两个字的评语，以提升其名誉。他给诸葛亮的评语是"卧龙"，给庞统的评语则是"凤雏"。儒家经典《左传》中有"深山大泽，实生龙蛇"之说，故后世比喻盖世奇才为龙，这与皇帝家族但凭一种相同的生理遗传基因，即自我吹嘘为"龙子龙孙"的那一个"龙"相比，真是彼龙不同此龙。所谓"卧龙"者，即尚未施展抱负的英才也；"凤雏"者，即年轻的才俊也。当时对人物的评语，大多都像这样简练而生动。龙与凤虽然都是一种赞美性的比喻，但是仔细加以品味，"卧龙"一词的分量，似乎要比"凤雏"更重。

其次是水镜先生司马徽。司马徽字德操，他比庞德公小十岁，二人推诚相交，情同兄弟。司马徽最擅长观察和评价当今人物，故而庞德公赠送他一个"水镜"之雅号，赞美他对人物的品鉴，如水之平，如镜之明。司马徽品评人物方面的名气虽然比庞德公大，可是他对于庞德公给出的"卧龙""凤雏"这两个评语，认为精当之至，无可改换。所以后来刘备请他推荐贤才时，他立即推举了这一对"龙"与"凤"，此是后话。

还有一位便是诸葛亮的挚友徐庶了。徐庶，字元直，出生在一个门户低下而家族寡少的人家。此类人家当时习称为"单家"，单者，势力单薄和地位孤单之意也。不料后来罗贯中的《三国演义》，见到史书中说是"徐庶，先名福，本单家子"，就根据对这条史料的理解，在书中虚构了这样一段故事，说是徐庶早年在逃难时，曾经改名换姓，叫作"单福"；还在第三十五回中，标出了"单福新野遇英主"的回目。这就把史书原本的准确意思完全弄错了。史文的原意是：徐庶，原先的大名叫作"福"，本来是家族力量单薄人家的儿子。也就是说，徐庶曾经叫作徐福，但是他从来没有改名换姓，变成过"单福"。演义中的这一误说，至今还有人作为真实历史来进行传播，所以此处要花一点笔墨来辨明真相。

徐庶少年时曾经在家乡胡闹过一阵，呼朋结党，习武任侠。后来改邪归正，专精读书，但是同学都不愿与之交往，唯有同郡的石韬（字广元）能够与他友好相处。中原割据群雄大战开始，徐庶奉老母与石韬南下荆州，在此认识了诸葛亮。其后又从豫州汝南郡来了孟建（字公威）这几名外来客遂结为好友。诸葛亮自比管仲、乐毅，石韬和孟建都不置可否，唯独徐庶则深以为然。

刘备之所以一访贤才，就把隆中的卧龙访到了手，而没有去网罗那些虾兵蟹将，全靠徐庶和司马徽的大力推荐。

刘备在荆州开始访求贤才，徐庶这时经济拮据，难以供养老母，立即主动投到刘备麾下担任幕僚。刘备相当器重徐庶，对他极尽优礼，每事必先咨访其意见。经过一段时间的观察，徐庶认定刘备是一个早晚大有作为的英略之主，比刘表要强过许多倍，于是有把诸葛亮推荐给刘备的打算。徐庶明知挚友的才干远胜于自己，却毫不在意自己的位置是否会受到影响，古贤之高风厚谊，岂不令后世之"窝里斗"行家们羞死愧煞？

这一日，徐庶下定决心，诚诚恳恳对刘备说道："将军方建大业，求才若渴，在下之挚友诸葛孔明，素有'卧龙'之美称，将军是否愿意与之见面呢？"对诸葛亮还根本不了解的刘备，随口就说道："那就烦君请他来吧。"徐庶赶忙回答说："启禀将军，此人乃旷世奇才，只能主动去见他，不可能让他自行前来，将军应当亲自到他家拜访才好！"刘备表面应允，心中却有几分怀疑："我到荆州多年，怎么就没有听说过此人？徐元直之言是否有对挚友的美化成分呢？"思索之后，他心中产生了一个主意。什么主意呢？就是去找一位权威性的第三方，来对徐庶提供的情况进行一番客观而巧妙的核实了。

最为权威的第三方，当然要数以善于品鉴人才而著称的襄阳耆宿——水镜先生司马徽了。但是，要想让核实的过程具有充分的客观性，而不会带有主观的影响成分，那就需要对司马徽提出的询问，进行巧妙的设计。继续深入思索之后，刘备对此也做好了功课。

刘备见到司马徽，施礼坐定之后，根本不提诸葛亮的姓名和别号，而是隔得远远地提出一个问题，即请求司马徽对当前的"时务"，发表一点意见，对自己进行一点指引。在当时，对于时事政治这一类的事务，有一个习语来表达，叫作"时务"。后来梁启超先生创办的《时务报》，其取名就应当是这个意思。刘备之所以提出"时务"的问题，至少有如下的考虑：首先，这个问题完全没有涉及诸葛亮，因而水镜先生的回答，就不会受到自己真实用意的干扰和影响；其次，如果诸葛亮真的是杰出人才，必然会对"时务"有独到的见解，水镜先生自然会主动提到他，自己的目的就达到了；如果水镜先生完全没有提到诸葛亮，那就证明诸葛亮对"时务"没有独到见解，因而对自己的创业也不会有多大的帮助，礼聘他的事情可以就此作罢。总之，早在三顾草庐之前，刘备的考虑已经有智慧的闪光了。

水镜先生听了刘备来意，不禁捻须一笑，说道："老朽乃儒生俗士，哪里识得什么时务？识时务者在乎俊杰，而此间之俊杰，自有卧龙、凤雏啊！"

一听到"卧龙"这两个字，刘备心中立即一震。但他依然不露声色，明知而故问道："请问卧龙、凤雏，乃是谁人？"

水镜先生悠然答道："诸葛孔明、庞士元是也。"

这下子刘备的核实终于有了明确的结论，他才知道诸葛亮确实是一个非凡的杰出人才。后世常说诸葛亮的隆中对策，是智谋的充分展现，却忽视了刘备在三顾草庐之前的调查了解之中，先已有智谋的光辉显现了。

当下刘备告辞了司马徽，回府备了一份厚礼，准备尽快去拜访诸葛亮。这一日清晨，刘备带了数名随从，出樊城，渡汉水，径往襄阳正西的隆中。这隆中是位于一片浅山之中的小平原。两个时辰不到，刘备一行就来到诸葛亮居住的草庐门前。刘备下马之后，先举目四顾一番，只见连岗起伏，嘉树葱茏，透露出无限灵秀之气，他不禁脱口赞道："好一处隐居养志的所在！"

语声未毕，草庐内已出来一个束发童子。刘备一见，连忙自我介绍，并说明来意。不料童子答道："诸葛先生外出访友，数日后方能归来呢。"刘备大失所望，只得快快而回。

过了数日，刘备再度前往隆中。依然是那名童子，依然是那两句回答，结果是刘备依然快快回转樊城。

性格坚韧无比的刘备，在以往的创业生涯中，百折尚且不挠，哪里在乎吃这两次闭门羹？又过了数日，他不顾朔风又起，瑞雪飘飘，第三次前往隆中。这一次他终于如愿以偿，见到了迫切期盼的诸葛亮。

关于刘备"三顾草庐"的过程，陈寿《三国志·诸葛亮传》中有三处记载，但都相当简略。第一处是陈寿正文："由是先主遂诣亮，凡三往，乃见。"第二处是诸葛亮《出师表》中的自述："先帝不以臣卑鄙，猥自枉屈，三顾臣于草庐之中。"第三处是陈寿向西晋武帝所呈奏的表章："时左将军刘备以亮有殊量，乃三顾亮于草庐之中。"三处的记载虽然简略，但是都记述了刘备前往草庐总共三次的确凿事实。后世曾经有学者认为，"三顾"的"三"字，乃是虚指，并非实指，乃是形容次数很多的意思。这种说法对不对呢？笔者认为是有问题的。因为第一处的陈寿措辞，清清楚楚是"凡三往，乃见"。在古代汉语中，将"凡"字放在数词前面的时候，就是表示数目是准确和确定的。再说了，次数很多，究竟有好多呢？五次六次，还是七次八次？真要是弄了这么多次，这孔明先生也未免太矫情了，对不对？

既然是三次，比较合情合理的过程应当是这样：第一次去，因为孔明先生事前不知道，确实外出而不在家，所以没有见到；刘备向童子预约了下次前往的时间，但是孔明先生想要测试刘备的诚意，故意外出而未在家等候，所以第二次也没有见到；刘备没有生气，再次预约了下次前往的时间，孔明先生深受感动，准时在家恭候，于是第三次双方终于见面了。总之，刘备的诚心诚意，因此而充分表露在孔明先生的面前。

此时此刻，孔明先生应当会有一种幸运感油然而生。须知天下之事若要成功，主观努力和客观机遇，二者不可或缺。古往今来多少英才志士，最终老死于户牖之下而一事无成者，非不努力也，是不逢机遇也。想诸葛孔明，志在充当英明君主的辅佐，所以自比管仲、乐毅。而要实现此点，他必须碰上这样一位主公：一是此人素质要高，不仅胸怀大志，而且度量弘广，才能够使诸葛亮尽其才用。二是此人身边又还没有可以能与诸葛亮比肩抗衡的谋臣智士，这样才能保证诸葛亮能够具有充分施展其盖世才华的空间,一枝独秀。诸葛亮客居荆州多年,他之所以宁愿隐居躬耕而不去投到刘表麾下者,正因为刘表具备条件二而缺乏条件一。作为北方人士,他在曹操大体平定中原之后,何以不回故乡投奔曹操而依然在异乡藏器待时?正因为曹操具备条件一而缺乏条件二。细数当时群雄,真正具备以上两项条件者,除了刘备,似乎还找不到第二位。如今天赐机遇,让刘备诚心诚意前来相会,从此壮志可酬,奇才得展,卧龙先生此刻怎能不由衷感到幸运?

但是,卧龙先生的感觉还不单单有幸运,还有深深的感动和激励。因为诸葛亮后来自己撰写的著名《出师表》中,曾经深情地回顾这段往事,他写道:

> 臣本布衣,躬耕南阳,苟全性命于乱世,不求闻达于诸侯。先帝不以臣卑鄙,猥自枉屈,三顾臣于草庐之中,咨臣以当世之事。由是感激,遂许先帝以驱驰。

这段大家都相当熟悉的文句中,有两个不太容易理解准确的词汇。第一个是"卑鄙",在这里是指自己社会地位的低下和卑贱,而与现今是指品德的恶劣完全不同。第二个是

"感激"，在这里是指自己受到的感动和激励，与现今是指对别人的感谢也有所不同。这种词汇上的古今含义出现变化，是古代汉语中的重要现象之一。如果对此缺乏了解，就很容易使用现今的含义，去解释古代的文章，从而发生理解上的偏差。

那么刘备的三顾草庐，为何会使孔明先生受到深深的"感激"，即感动和激励呢？后世对于这一点，大多着眼于刘备前往隆中草庐的次数之上，一而再，再而三，当然会产生这样的效果嘛。其实，孔明之所以深受感动和激励，于是许诺追随刘备开创大业，终生不渝，不仅仅在于刘备拜访次之多，更为重要的还在于二人之间年龄、地位和资历的悬殊差距之上。

就年龄而论，这一年刘备虚岁四十七，诸葛亮虚岁二十七，相差整整二十岁，诸葛亮属于名副其实的后生、晚辈。

再就地位而言，刘备此时所享有的"左将军"官衔，是东汉朝廷正式授予他的高级军职，以现今的军衔来作比方，比"少将"军衔还要略高一点。刘备还当过州一级的行政长官即豫州牧，比现今的省长只高不低。就连跟随他前往的两位骁将，关羽当过偏将军，大体相当于现今的中校；张飞当过中郎将,大体相当于现今的少校。反观诸葛亮,仅仅是一介草民,且为襄阳西郊隆中亲自耕田自给的农村青年,属于社会的底层。

最后就资历而论,刘备已经进入官场打拼二十余年,而诸葛亮却从未有过从政的经历,也就是现今所说的毫无"工作经验",在这方面完全是白纸一张。

如果两人在年龄、地位和资历三者上大体相当,那么刘备即便是三顾草庐,也不会使诸葛亮产生太大的感动和激励,道理很简单,因为登门三次并不十分困难。但是,如果拜访者在年龄、地位和资历这三方面都明显高于受访者时,诚心诚意登门三次,那就会显得极其难能可贵,因而其效果就非同寻常了。

从上面"先帝不以臣卑鄙,猥自枉屈,三顾臣于草庐之中"的行文顺序来看,孔明先生最先提到的就是"卑鄙",即自己在地位身份上的卑下和低贱,而刘备却多次"枉屈",即枉驾和屈尊;在这之后,他才提到三次来访草庐的次数。由此可见,他自己心中最为感动和激励的,首先在于刘备没有年龄、地位和身份上的计较和傲慢,其次才是来访次数之多上。大概因为后来唐代诗圣杜甫"三顾频烦天下计,两朝开济老臣心"这一诗歌绝唱的深远影响,后世的眼光就聚焦于拜访次数的"频烦"上面，反倒把最为主要的"卑鄙"与"枉屈"有所忽略了。

这样看来，要说重视人才，口头上唱高调不难，难的就是像刘备这样，能够在行动上认认真真"落到实处"，对不对？

于是，孔明先生把刘备请入内堂，宾主坐定之后，刘备屏退无关的侍从人员，恭恭敬敬地问道："汉室倾颓，曹贼擅政，天子蒙尘。我不度德量力，想要伸张大义于天下。但因智术短浅，故而屡遭挫折，至今一无成就。不过，我的志向毫未衰灭，还想再作一番努力。今日特来拜望，望君不吝赐教！"

诸葛亮心中明白：显示自己真才实学的时刻到了！他也毫不谦让，从容启齿，发出一通振聋发聩的宏论来。他首先针对北面的曹操和东面的孙权立论，说道："自董卓以来，豪杰并起，跨州连郡者不可胜数。曹操比于袁绍，则名微而众寡，然操遂能克绍，以弱为强者，非唯天时，抑亦人谋也。今操已拥百万之众，挟天子而令诸侯，此诚不可与争锋。孙权据有江东，已历三世，国险而民附，贤能为之用，此可为援而不可图也。"紧接着词锋一转，又指向荆州的刘表和西面益州的刘璋："荆州北据汉沔，利尽南海，东连吴会，西通巴蜀。此用武之国，而其主不能守，此殆天所以资将军，将军岂有意乎？益州险塞，沃野千里，天府之土，高祖因之以成帝业。刘璋暗弱，张鲁在北，民殷国富而不知存恤，智能之士思得明君。"北、东、西三面和荆州本地的情况既已说明，刘备今后的战略方针便不难制定出来了，所以诸葛亮最后指出："将军既帝室之胄，信义著于四海，总揽英雄，思贤若渴。若跨有荆、益，保其岩阻，西和诸戎，南抚夷越，外结好孙权，内修政理；天下有变，则命一上将将荆州之军以向宛、洛，将军身率益州之众出于秦川，百姓孰敢不箪食壶浆以迎将军者乎？诚如是，则霸业可成，汉室可兴矣！"

孔明先生的这一番战略设计，远瞩高瞻，简明扼要，步骤完备，目标明确，直把刘备听得来如同醍醐灌顶，茅塞顿开。此前他还从未见过把当前时局分析得这般透辟简练的杰出人士。刘备望着这位身材修长、面容清俊、神态安详而言谈从容的年轻人，不禁从心底发出一声饱含尊敬和佩服的赞叹："好！"

隆中问对，确定了刘备今后的战略发展总方针，也确定了刘备与诸葛亮稳固的君臣关系。从此，诸葛亮结束躬耕陇亩的隐居生活，应聘出山，为刘备"兴复汉室"的宏伟目标而"鞠躬尽力，死而后已"了。这就给后世平添了一段"出师未捷身先死，长使英雄泪满襟"的悲壮史话来。

刘备自得诸葛亮辅佐，二人"情好日密"。关羽和张飞见大哥终日与诸葛先生叙谈筹划，反倒把生死与共的义弟晾在了一边，不免有些生气。刘备心想：你们与我虽然感情深厚，却不能供给我智慧，有什么办法呢？不过，做大哥的终归心胸要宽广得多，所以刘备主动开解二人，说道："我之有孔明，犹如鱼之有水一般，希望二位贤弟不要再多心好吗？"关羽，张飞见大哥这样说，也就止口不言了。

从此，君臣鱼水，共创大业。这一年是建安十二年（207年）。按照当时人计算年龄使用虚岁的惯例，刘备已四十七岁，而诸葛亮才二十七岁。这正是：

隆中对策传千古，从此驱驰有卧龙。

要想知道刘备接下来如何逃脱曹操突然伸来的魔掌，再一次经受生死的大考验，请看下文分解。

第十四章

当阳遇险

　　三顾草庐之后的第二年，即建安十三年（208年），是刘备创业生涯中一个关键性年头。在这一年中，他经受住了一场生死的大考验，从而在事业的发展上进入了一个新天地。

　　自从在上一年的冬天聘得诸葛亮之后，刘备即按照其制定的发展战略总方针，暗中蓄积力量，准备一旦时机来到，便动手夺取眼前的荆州。形势的发展似乎对他很有利，因为这一年的秋八月，荆州牧刘表突然病死了。这刘表膝下有二子：长子刘琦，少子刘琮。按照"立嗣以长不以贤"的古代规则，刘琦自然该是刘表权位的继承人。最初刘表因刘琦在外貌、性格和举止等各方面都很像自己，也有立长子为继承人之意。但是，刘表的后妻蔡氏却另有所属。原来，那蔡氏把亲侄女嫁给少子刘琮为妻，出于私心，她十分希望继承人是自己亲生的刘琮了。于是，蔡氏便不断在丈夫面前说刘琦的坏话。刘表经不住"枕旁风"的一吹再吹，渐渐疏远了长子。与此同时，手握重权的蔡氏之弟蔡瑁，又联合刘表的外甥张允，暗中一起支持刘琮。刘琦为了避祸，便听诸葛亮的指点，主动申请离开政治漩涡的中心襄阳，前往江夏郡（治所在今湖北省武汉市新洲区）去当太守。从此，刘琦、刘琮兄弟交恶，形同路人。当年八月，刘表突患重病，不治身死，荆州牧的宝座即由年纪轻轻的刘琮坐了下来。

刘表的两个儿子都是平庸之辈，用曹操的话来形容，是"若豚犬耳"。平庸得好比猪狗也就罢了，还要闹内讧。眼见得荆州前景不妙，刘备将会得到浑水摸鱼的大好机会，却不料他的生冤家、死对头曹操，领兵杀向荆州，搅散了他的好事。

在刘备客居荆州自伤蹉跎的数年间，曹操的事业真是一帆风顺，蒸蒸日上。他先是把袁绍的势力彻底铲除，从而把冀州、青州和并州抓到手中。接着，他又出兵塞外，平定了幽州下属的右北平郡、辽西郡、辽东属国这三地乌丸族的反抗，将一大批乌丸族的骁勇骑兵编入自己的军队，组成了一支"天下名骑"。与此同时，他又大力营建冀州魏郡的首府邺县（今河北省临漳县西南），作为自己势力的活动中心。建安十三年（208年）六月，他废除东汉皇朝一直施行的太尉、司徒、司空这"三公"共同执掌朝政的行政体制，改为只设置丞相一人总揽朝政，出任丞相的当然是他曹操自己。曹操把这一切办得妥妥帖帖之后，立即腾出手来去经营南方。九月，他出动大军二十多万，号称八十万，杀气腾腾直扑荆州。曹操的如意算盘是：趁刘表新死之际，以迅雷不及掩耳之势进兵荆襄，必可得手。届时扩地占民不说，还可以把大耳儿刘备抓回来凌迟处死，以解心头之恨。

曹军前锋刚一越过边境，进至叶县，早有急使驰回襄阳，把消息报告给刘琮。刘琮年轻气盛，听说有人敢来打荆州，当下把几案一拍，就要点将兴兵去抵挡。他手下的文武官员傅巽、韩嵩、王粲、蒯越等人，慌忙上前阻拦。傅巽直接问了刘琮一句："将军自料比不比得上刘备？"刘琮却还有自知之明，答道："我比不上他。"傅巽马上抓住不放，说道："将军既然比不上刘备，那么刘备与曹操相比又如何呢？假如刘备敌不过曹操，将军自然更不是曹操的对手；假如刘备能够把曹操击败，届时刘备又岂肯居于将军之下吗？为今之计，

图1 刘备像（唐阎立本《历代帝王图》）

图2　陶恭祖三让徐州（金协中绘）

图3 刘玄德携民渡江（金协中绘）

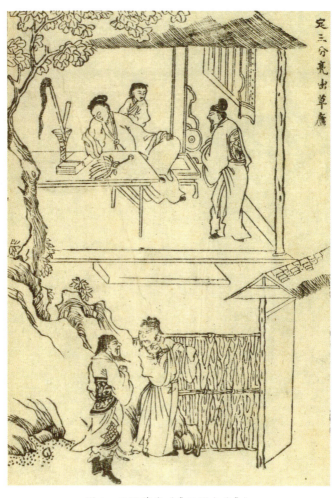

图4　三顾茅庐（《三国志像》）

图5 《清宫戏画》之《黄鹤楼》的刘备（中）形象

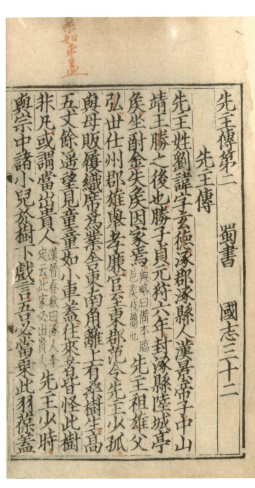

图6 （晋）陈寿《三国志·蜀志·先主传》
（南宋建阳本）

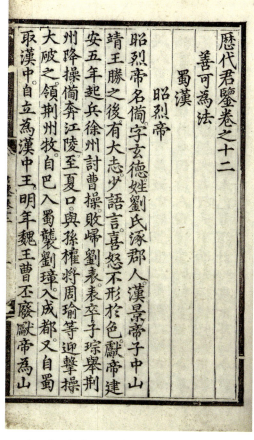

歷代君鑒卷之十二

善可爲法

　蜀漢

　　昭烈帝

昭烈帝名備字玄德姓劉氏涿郡人漢景帝子中山
靖王勝之後有大志少語言喜怒不形於色獻帝建
安五年起兵徐州討曹操敗歸劉表表卒子琮舉荊
州降操備奔江陵至夏口與孫權將周瑜等迎擊操
大破之領荊州牧自巴入蜀襲劉璋入成都又自蜀
取漢中自立為漢中王明年魏王曹丕廢獻帝為山

图7 （明）朱祁钰《历代君鉴·昭烈帝》
　　（明景泰四年内府刊本）

图8　成都汉昭烈庙

应当归顺曹操，才是上策！"

其余众人亦连声劝刘琮投降，刘琮无法，只好依从。于是，刘琮派出密使，驰往曹操军前请降。曹操闻讯，高兴得仰天大笑，他立即下令："全军加速前进！"这样一来，我们的主人公刘备可就大祸临头了。

由于幕僚们的劝阻，刘琮一直没有把决计降曹之事通报刘备。等到曹军前锋抵达距襄阳不足三百里的宛城（今河南省南阳市）时，在樊城训练士卒的刘备才察觉到苗头似乎不对，连忙派人过江来询问。刘琮见事情已经隐瞒不住，便派幕僚宋忠到樊城去告诉刘备实情。这宋忠乃是一个蔼然儒者，领导着当时荆州新儒学的潮流。等他慢慢吞吞、咬文嚼字说完一切，刘备早已气得七窍生烟，大声数落道："你们这批人做事，令人切齿痛恨！要投降也该早点告知，如今大祸临头，才来告知真情，不觉得做得太过分了么！"

刘备越说越气，情不自禁刷地抽出腰间宝刀，逼近宋忠。宋忠吓得面如死灰，连连摆手，早把孔夫子"君子不忧不惧"的教导忘到脑后去了。刘备注视了宋忠一阵，复又还刀入鞘，狠狠骂道："现今砍下你的头颅，也解不了我心头之恨！何况大丈夫临别，也耻杀你们这一帮庸人！"

刘备说完，令侍从把宋忠逐出门外，然后与诸葛亮等紧急商议对策。商议的结果，决定立即撤出樊城，暂避曹军兵锋。撤出的人马分为两路：陆路由刘备率领，直奔襄阳以南的军事重镇江陵（今湖北省荆州市荆州区）。诸葛亮、徐庶、张飞、赵云等文武官员及其家眷，都在这一队中。水路则由关羽率领，指挥各型船只数百艘及水军三千人，顺汉水东下，在夏口（今湖北省武汉市武昌区）对岸进入长江，再掉头溯江西上，与陆路人马会师江陵。江陵城池高峻，军资丰足，且南临长江，据之足可支撑一时。

计议既定，全军立即行动，樊城城中一片紧张气氛，这也不必细说。次日凌晨，陆路人马率先开拔。刘备偕同诸葛亮出樊城南门，登舟渡过汉水。此时已值深秋，正是《诗经·蒹葭》一篇所描绘的"蒹葭苍苍，白露为霜"的时节。二人望着那沿江的萋萋芳草，心想此去江陵，不知何时能够重返汉沔，都默然无语。正沉默间，忽听得身后的张飞叫道："大哥，前面就是襄阳，我们何不杀进城去，抓住刘琮小儿，夺了荆州，再与曹贼决一死战？"

刘备心中怦然一动：这三弟说的也是一着可下之棋。他连忙转头看诸葛亮反应如何，诸葛亮微微一笑，说道："主公，请看。"刘备随着诸葛亮的手势望去，只见襄阳城门紧闭，城头刀矛闪亮，旌旗如林，密密麻麻布满兵卒。他顿时明白：刘琮对自己早有防范，贸然进攻襄阳城池将会陷入两面受敌的困境中。他马上传令：全军绕过襄阳城南下，不得停留！

来到襄阳城南的岘山北麓，刘备特别在刘表的墓前简单祭奠一番，向死者告别，然后挥泪上马，径直向江陵方向奔去。

刘备撤离樊城之后才三天，曹操就率大军抵达新野的县城。在这里，他受到刘琮正式请降使团的迎接，接受了对方的投降书。在使团的导引之下，曹丞相八面威风，一脸得意之色，前往襄阳接管荆州。至此，荆州所辖的七郡一百一十七县广阔地盘，上百万在册人口，十余万军队，以及大批粮食、武器、物资、档案簿册，在形式上已经全部落入曹操之手。

曹操兵不血刃得了荆州，着实高兴了一阵。但是，他的得意很快就被冲淡了，因为有消息传来：他的宿敌刘备，正在奔往江陵的途中。

曹操十分明白，一旦让大耳儿占据了这个临江的军事重镇，荆州的江南四郡，也就是长沙、零陵、桂阳和武陵，恐怕就暂时拿不到手了。于是，他连忙抽调铁骑五千，轻装出发，飞速南下追击刘备。曹军"一日一夜行三百余里"，尘蒙甲胄，汗透衫袍，终于在当阳城北的长坂（今湖北省当阳市东北），把刘备一行追到了。

　　二十四史中的《南齐书》，其《州郡志》上明确记载："江陵去襄阳，步道五百，势同唇齿。"五百里路程，若以"一日一夜行三百余里"的急行军速度，不到两天可到。即使慢一半，也只需要四天。可是，刘备从襄阳出发五天之后，才走到当阳，距江陵还有一百五十里之遥，平均每天行进才七十里。这样的速度哪里是在抢占军事要塞，倒像是重阳节的登高野游了。刘备和诸葛亮都是"晓畅军事"的人物，其行动何以会如此迟缓呢？

　　原来，刘备经过襄阳南下，一路之上，都有拥护刘备、厌恶曹操的士大夫和百姓前来投奔。抵达当阳长坂的前一天，他的队伍人数已经多达十余万，大小载重车多达数千辆，五六尺宽的官道上，人和车拥挤，行进极其困难，以至于当天一共只前进了十余里。诸葛亮和徐庶见状，心中暗自焦急，便向刘备进言道："应当赶快南下保据江陵！而今民多兵少，如果曹军追至，何以拒之？"

　　但是，刘备的想法却不同，他说："凡成大事者必以人为本，如今人们自愿来归，我又何忍弃之而去？"

　　现今经常提说的"以人为本"这句话，早在 1 800 年前，已经从刘备的口中冒出来了。事情既然归结到义利之辨的原则上来，诸葛亮与徐庶便不好再说。就这样，大队人马如蜗牛前行，一直拖到第二天被曹军人追上为止。

后世的一些史家，对刘备此举曾经大加赞赏。比如东晋的习凿齿就说"先主虽颠沛险难而信义愈明，势逼事危而言不失道"。但是，如果坦率评价，我们总觉得刘备此举有些迂腐味道。"济大事必以人为本"，这确实不错。然而在当时那种紧急条件下，究竟怎样做才算是真正保民，才能够长久保民呢？先据有江陵，自己立定脚跟，荆楚士民才能长久有依靠，这算是大仁；坐失良机，自己无处安身，造成荆楚士民流散无归，虽与他们暂时共患难，恐怕也只能算是小仁了。其实，刘备此举，很大程度上出自一种侥幸心理的支配，即认为曹操进入襄阳受降之后，很可能要欢庆数日，在此期间，自己就是爬也爬到江陵了。殊不知曹操不但没有在襄阳过多停留，而且还特别挑选了塞外乌丸的"天下名骑"，连夜急追，在刘备就要望见江陵城的影子时，大祸临头了。

当下曹军五千铁甲骑兵催动战马，向那十余万散乱不整的逃难队伍不断发起冲锋。刀剑砍翻的，马蹄踩倒的，自相践踏而卧地不起的，伤亡人体很快就铺满了深秋的原野，真是血流成河，惨不忍睹。身体强壮一点的，则四散奔逃，哭声，叫声，连同喊杀之声混在一起，响彻云霄。

此时此刻的刘备，终于也顾不得他那些"吾何忍弃去"

的百姓了。他把战马一夹，带着诸葛亮、徐庶和张飞等数十骑，向南夺路而逃。不要说那些百姓，就连刘备自己的妻室儿女，也被他抛弃在一片混乱的原野之中。

曹军的许多将领，都忙着抢夺财物、妇女，没有注意到刘备已经乘乱逃走。唯独那有"盲夏侯"之称的夏侯惇，圆睁着一只眼睛，发觉了刘备南逃。他大喝一声："大耳儿休走！"随即指挥麾下数百铁骑紧紧追上去。

刘备在前打马狂奔，张飞与二十名骑兵在队伍后面掩护。这二十名骑兵，虽说都是追随刘备多年的百战勇士，毕竟人数太少了，所以张飞回头望着那越来越近的追兵身影时，像他这样勇冠三军的虎将，心中也不由得暗暗叫起苦来。

正着急间，忽然前面出现一条盈盈小江，小江之上，一座简陋的木板桥横跨两岸，张飞高兴非常，不禁大叫一声："天助我也！"

原来，这是一条长江北岸的小支流，从当阳的西北方向流来，经城北向东南流去。此江虽然宽不过十余丈，但是江水深急，不易涉渡。刘备一行刚刚通过木桥，张飞即指挥手下健儿把桥板拆去，然后立马南岸，等待曹军的追兵到来。

片刻工夫，独眼将军夏侯惇赶到北岸桥边，他正要催马上桥，猛然发觉桥板空空，急忙勒住坐骑。那匹乌锥烈马一声长鸣，前蹄腾空，差点把"盲夏侯"摔下马来。夏侯惇刚刚稳住坐骑，冷不防桥那端传来张飞一声惊雷般的怒吼："身是张益德也，可来共决死！"

此处的"身"，乃当时的习用语，意思就是"我"。当时在社交场合，照例是要用名来自称，以示谦卑。现今张三爷称呼自己，不说"张飞"而说"张益德"，这是为何呢？他是在故意抬高自己，以示藐视敌人嘛。夏侯惇一听是张飞叫战，心中先自有三分畏惧。他再抬起独眼一看，只见张飞立马横矛，威风凛凛，杀气腾腾；旁边二十名骑士，个个弯弓搭箭，伺机发射；桥南的树林深处，人影绰绰，似有更多兵马埋伏。他想：渡河无桥，强攻必定吃亏，不如放他们去吧。于是，他把手一挥，调转马头向北退去。

这边刘备等人才算松了一口大气。此时，一批被曹军冲散的将士也绕道来会合。他们首先告诉徐庶一个不幸的消息：他的老母已经被曹军俘虏走了。徐庶一听自己相依为命的慈母身陷敌营，顿时泪如雨下。他缓缓走到刘备面前，指着自己的心口说道："我之所以能够与将军共图王霸之业者，正是凭借了这一处方寸之地；如今老母被俘，方寸之地已乱，对将军之事无能为力，请就此告别了！"

古时人不知道主管思考的器官是大脑，而认为心脏是蕴藏智慧之地，所以孟子有"心之官则思，思则得之，不思则不得也"之说。明乎此，则徐庶之言就不难理解了。当下刘备赶紧站起，与徐庶执手告别。看着徐庶奔驰向北的身影，泪如雨下的刘备，才突然想起自己的妻室儿女来。

多年以来，刘备戎马倥偬，屡遭挫败，所得子嗣尽数夭折。到了荆州，侧室甘夫人才为他产下一子，取名刘禅，字公嗣，小名阿斗。此次南下，年仅一岁的刘禅随同其母甘夫人，由忠勇无比的赵云护送。曹军追到并发起冲锋之时，赵云情知不妙，连忙领着幼主母子拐入旁边的密林小路，逃离血肉横飞的主战场。他们先是向东，然后折向南，绕了一个数十里的大弯，前来与刘备等人会合。

刘备不见妻儿，忙向那批刚从北面来此的部属询问，部属才吞吞吐吐地说出了一个更令刘备沮丧的消息：赵云好像带着甘夫人和小主公投奔曹营去了。

一连串的打击，使得素常以"喜怒不形于色"著称的刘备再也忍耐不住，竟至于把一腔怒火发泄在那个告知消息的部属身上。他拔出腰间佩带的防身短戟，当时称之为"手戟"，一扬手就向那个倒霉的部属掷去，同时又恶狠狠地骂道："赵子龙怎么会背弃我！赵子龙怎么会背弃我！"

那部属慌忙侧身躲避。诸葛亮也立即上前劝阻。就在这时，东面林间小路上，闪出一行人马，为首一员将军，右手提长矛，左手抱着一个小儿，端坐在一匹白色骏马之上。众人一看，不禁大喜，原来这位将军就是常山赵子龙，他怀抱的小儿，便是刘备的亲生骨血阿斗。

刘备顿时转怒为喜。不过，他还来不及和自己的妻儿亲热一番，因为此地不可久留，他必须马上与诸葛亮商议下一步的行动方针。

由于步兵和骑兵损失严重，立即南下攻占江陵的计划已经成为泡影。经与诸葛亮商议，刘备决定取道东南，斜插到江陵下游的长江北岸，等待关羽的水军。届时如形势许可，则西攻江陵；如形势险恶，则乘船入湖庭，溯湘水而上，到岭南的交州苍梧郡（治所在今广西壮族自治区梧州市），去投奔在那里担任郡太守的老友吴巨。计议既定，刘备刚刚传令启程，忽然侍从来报：江东孙权孙将军的特使鲁肃前来求见。

鲁肃此来，就给刘备的事业带来了绝大的转机。这正是：

山重水复疑无路，柳暗花明又一村。

要想知道刘备如何联络孙吴，共抗曹操，打开前所未有的事业新局面，请看下文分解。

第十五章
联孙抗曹

　　孙权的特使鲁肃，何以会跑到兵荒马乱的当阳长坂来见刘备？欲知其详，还得从头说起。

　　孙权字仲谋，乃扬州吴郡富春县（今浙江省富阳市）人氏。富春孙氏是一个军功世家。孙权的父亲孙坚，早年参加镇压黄巾军，其后又举兵讨伐董卓，最终成为淮南袁术手下的一员大将。初平二年（191年）春，孙坚受袁术之命，西攻荆州刘表，不幸在襄阳城南的岘山，被刘表的大将黄祖射杀。三年之后，也就是兴平二年（195年），孙坚二十一岁的长子孙策，在扬州庐江郡舒县（今安徽省庐江县西南）人周瑜的大力资助之下，率军数千由淮南渡过长江，打回故乡江东。长江自芜湖以下，大体是取从南到北的流向，故而当时称此处长江的南岸地区为"江东"，或又名"江左"。在东汉时期，江东属于扬州所管辖的江南部分，包括吴、会稽、丹阳、豫章四郡。孙策渡江之后，趁群雄逐鹿中原而无暇南顾之良机，不仅夺取了江东四郡，还把对面江北的庐江郡也抓到手中，俨然成为称雄江东的小霸王。

建安五年（200年），孙策听说曹操与袁绍在官渡连兵不解，立时萌发了一个出动奇兵偷袭许县的主意。此计若行，曹操就真是危乎殆哉了，因为当时孙策部队的战斗力，比在许县以南骚扰曹操的刘备要强得多。不料天有不测风云，人有旦夕祸福，孙策正在调集兵将期间，突然被仇家暗杀而死，年仅二十六岁。

于是乎，孙策的大弟，十九岁的孙权成了江东新主。他宵衣旰食，励精图治，特别是在举贤用能上最下功夫。而在他搜求到的一大批人才之中有一位佼佼者，这就是今日前往当阳的特使鲁肃。

鲁肃，字子敬，徐州下邳国东城县（今安徽省定远县西南）人氏。鲁肃从小丧父，但是家财富足。长大之后，仗义疏财，志向高远,被另一位杰出人物周瑜所赏识,二人结为刎颈之交。孙权继兄统事,广求贤才,在周瑜的大力推荐之下,孙权特别召见鲁肃,将两人的坐榻合在一起,认认真真向其咨询如何发展事业。鲁肃立即作出对答说:"立足江东,进取荆州,竟长江所极,据而有之,然后建号帝王以图天下。"这番对答,后世称为"合榻密对"。孙权对此建议极为佩服,从此奉为自己事业发展的总方针,就像诸葛亮对刘备的"隆中对策"一般。

刘表的死讯传到江东,鲁肃立即向孙权进言,请求孙权委任自己为特使,西上荆州。自己表面上的使命是去吊丧致意,实际上是要观察荆州的动静和走向。如果荆州的各种势力能够团结一致,那就及时与他们搞好关系,以求共抗曹操;假使荆州内部分裂,相互攻击,就应当乘机进攻荆州,兼并上游,绝对不能让曹操抢占了先机。孙权深以鲁肃之言为妥当,马上派鲁肃西上荆州。

鲁肃扬帆西上,直指江陵,准备到此舍舟上岸,从陆路快速北上襄阳。不料他虽然"见机而作,不俟终日",仍然慢了曹操一步,一到江陵,就听到刘琮投降和刘备南奔的消息。按理说,此时吊丧之事已成泡影,鲁肃完全可以东归返命。但是,机智果敢的鲁肃,马上意识到下一步江东将要面临曹操兵锋的巨大威胁,为了争取盟友,他不顾个人安危,毅然甘冒风险，从江陵北上去见刘备。就这样，双方才在当阳长坂的战乱环境中见面了。

在此须得补充说明一点，就是罗贯中《三国演义》中，把鲁肃写成一个老实可欺的低智商人物，把周瑜写成气量狭小，最后活活被人气死的可怜角色，那都是为了抬高诸葛亮而采用的文学虚构，完全与历史的真实不相吻合，这只要去看正规史书陈寿《三国志》中的《鲁肃传》和《周瑜传》，就会完全明白。

由于情况紧急，刘备和诸葛亮邀请鲁肃并辔南行，边走边谈。鲁肃首先转达了孙权的问候和仰慕之意，然后询问刘备下一步的打算。刘备表示感谢，并说自己准备前往岭南投奔老友吴巨。鲁肃接口说道："江东孙将军聪明仁惠，礼贤下士，士民归附，兵精粮足，足以立事建功。今为君计，莫若与之结为同盟，共济大业。若投吴巨，巨乃凡庸之辈，地方偏远，不久即将被他人吞并，届时又何以立足呢？"

刘备和诸葛亮，都觉得联孙抗曹是一条可行的出路。于是立即停止向东南前进，改道正东，直趋汉水。次日，刘备一行在汉水西岸，与顺流而下的关羽水军会合，一同乘船东下。在夏口对岸进入长江之后，又顺流鼓棹而下，一直到江夏郡鄂县（今湖北省鄂州市）的樊口才停了下来。

鲁肃西上荆州吊丧之后,孙权关心荆州局势的发展,也起身溯江上行,来到豫章郡的柴桑县(今江西省九江市)驻扎。这柴桑西接荆州,上距樊口约四百里水路,在这里能够迅速得到荆州的消息。

此时此刻,西面的曹操已经率军抵达江陵重镇。他在这里广集军资,大造舟舰,准备乘胜东下,毕其功于一役,把刘备和孙权两股敌对势力一并铲除。消息传来,在樊口的刘备顿时寝不安枕,食不甘味。诸葛亮见此情况,主动向刘备建议说:"事情十分危急了,请主公派我去向孙将军求援吧!"

刘备正等着诸葛亮的这句话,自然马上应允。于是诸葛亮当天就和鲁肃启程东下,到柴桑去见孙权。

顺流扬帆,其行如飞。第三天午后,诸葛亮和鲁肃即已抵达彭泽湖口的柴桑。鲁肃先把诸葛亮安排在馆舍住下,然后独自来见孙权,报告此行的经过和结果。

孙权听说曹操兵不血刃得到荆州,治兵江陵,立即感觉到巨大危险的临近。他告诉鲁肃:"马上接见诸葛亮,看他怎么说。"

不料诸葛亮见面施礼致意之后,即大说一番曹操势力如何强大的话来,末了还劝说孙权最好是投降曹操。鲁肃很有一点尴尬,但是孙权也是杰出的人物,知道诸葛亮是在用激将之法，他不动声色地反问道："如君所言，那么玄德公又何以不投降曹操呢？"

诸葛亮微笑着答道："刘将军乃大汉皇室之后裔，英才盖世，众士仰慕，他这样的人物怎么会屈膝投降曹操呢？"

孙权终于还是被诸葛亮带进了设想的节奏，他愤然作色道："我也绝不肯拿江东这么大的地盘和十万军队，去受他人的任意摆布！我已打定主意与你们刘将军联合抗曹。可是，你们刚刚在当阳大败，又有什么力量再和曹操相抗呢？"

诸葛亮见孙权明确表示了抗曹的态度，暗中松了一口大气。他也不顾孙权语含讥讽，诚诚恳恳地说道："我们虽然新败于当阳，但是现今失散回归的战士和关羽的水军，加起来也有精锐将士万人。另外，与我们合作的江夏刘琦，也拥有不下万人的兵力。至于曹操方面，他的军队人数虽多，但是经过长途跋涉之后，已经疲乏不堪，成为射不穿薄薄鲁缟的强弩之末；何况其战士多为北方人，不长于水战；此外，现今荆州的百姓，又不拥戴曹操。如果孙将军愿意派遣猛将统兵数万，与我们同心协力，必定能够击败曹操。一旦曹操败退回北方，鼎足三分之势就形成了。所以成败的机会，就在我们眼前！"听了诸葛亮的坦诚陈述，孙权开始转怒为喜。他告诉诸葛亮：数日之间，他将对于联合抗曹问题，正式给予答复。

　　送诸葛亮回馆舍之后,孙权立即召集手下的文官武将开会,讨论对付曹操的方略。这时,曹操派专使送达的一封信函已经到了孙权手中,并在会议开始时当众宣读。这封信很短,不多不少刚好三十个字。上面写道:

　　　　近者奉辞伐罪,旌麾南指,刘琮束手。今治水军八十万众,方与将军会猎于吴。

　　曹操很懂得"幽默",他不说"踏平江东",而说"会猎于吴";曹操也很懂得夸张,他能把实际上二十万多一点的人马,说成是"八十万众"。然而就是这样一通文学意味很浓的挑战书,竟然也把孙吴的大多数文职臣僚吓得魂不附体,以致纷纷提出投降曹操的馊主意来。而主降最力者,便是位高望重的文臣首领张昭。

　　坚决主张抵抗的硬汉子有两位,一位是鲁肃,另一位是武将首领周瑜。鲁肃从政治前途着眼,敦劝孙权抗曹,他说:"以现今的情势而论,我可以投降曹操,而主公却不能。我投降了曹操,可以接受他给我的一官半职,依然能生活得优哉游哉。但是,像主公如此尊贵的人,一旦投降了曹操,还能有什么好的归宿?请主公千万不要听信投降的谬论了!"

周瑜则从军事实力着眼，痛斥投降派的主张。他说："主公，诸人看到曹操信上自夸有八十万众，就信以为真，这实在太可笑了！据我所知，曹操的实际兵力并没有这么多。他从北方带来的不过十五六万人，而且是疲乏之兵；他得到的刘表降兵最多七八万人，而且他们对曹操并不信任。这样的军队人数虽多，却并不可怕。我只要有五万精兵，就足以制服曹操，愿主公勿虑！"

在此生死存亡的关头，孙权终于下定决心：联合刘备，共抗曹操。他委派周瑜、程普为前线部队的左、右主将，率精兵三万西上迎战，又以鲁肃为军事参谋，协助筹划作战方略。至此，诸葛亮的使命总算圆满完成了。

在樊口焦急等候回音的刘备，日日派人到江边上眺望有无下游的来船，真可谓"望穿秋水"。这位屡败屡起的英雄，年已四十有八。他很清楚：如果孙权不同意发兵抗曹，自己独力难支，从此将一蹶不振，所以诸葛先生的柴桑之行，决定着自己今后的命运。忽听下人来报，说是江东大军已到。刘备大喜，急忙上马奔到长江边去迎接。

此时此刻，大江之上，上千艘战船扬帆东来，队列齐整，旌旗鲜明，看得刘备兴奋不已。于是，他立即点起麾下一万水军，与友军一同向上游进发。

东边的孙、刘联军正在斗志昂扬地扬帆疾进，西边的曹操兵马却在异常艰难地向前移动。确如诸葛亮和周瑜所料，此时的曹军，一是出征已久，过度疲乏，二是不服南方水土，疾疫流行，三是不惯乘船，多要呕吐晕眩，所以从江陵出发之后，行军速度非常缓慢。二十天中，才从江陵下行到八百里处的赤壁（今湖北省赤壁市西北），平均每天顺流而下，也只走了四十里左右。在此期间，孙、刘两方不仅结成联盟，而且联军上行数百里挺进到赤壁。单凭这种气势来看，曹军已经处于下风了。

联军与曹军在赤壁遭遇，周瑜麾下的老将黄盖建议采用火攻来焚烧对方之密集战船。史书上记载当时情状"火烈风猛""烟炎张天"，结果，一把火烧光曹军水中的舟船和岸上的营寨。大败亏输的曹操，由陆路经华容县境，狼狈逃回江陵。孙、刘联军乘胜追击，并且随即开始行动，瓜分荆州。

当时的荆州，下辖七个郡：北部是南阳郡；中部两个郡，东为江夏郡，西为南郡，长江由西向东，穿过南郡与江夏，进入扬州；南部四个郡，东北为长沙郡，东南为桂阳郡，西南为零陵郡，西北为武陵郡，这四个郡地域宽阔，约占荆州总面积的三分之二左右。

曹操败退江陵，稍微喘息之后，赶忙北还以避对方的兵锋，同时继续占领北部的南阳郡（治所在今河南省南阳市）。

行前留下大将曹仁镇守江陵，遏制敌军北进。周瑜率水军追到江陵，立营南岸，然后不断向江北的江陵城发动猛攻。与此同时，刘备与麾下将士则挺进到江陵的北面，准备截断曹仁的退路。曹仁见势不妙，急忙放弃城池向北退走，周瑜大军便得了江陵。此时，孙权已经率领后备部队进驻到江夏郡的沔口（今湖北省武汉市汉阳区），他获知前线军队大胜，立刻命令周瑜领兵镇守南郡（治所在今湖北省荆州市荆州区），程普领兵镇守江夏郡（治所在今湖北省武汉市江夏区）。刘备一看荆州中部两个郡已被孙权割去，急忙从江陵抽身南下，去抢占荆州南部的四个郡。

刘备首先攻占的是武陵郡。这武陵郡的治所汉寿县（今湖南省常德市），位于江陵正南四百里，由曹操委任的太守金旋据守。刘备兵临汉寿，金旋率众出战。两军相交，赵云持矛直取金旋，几个回合即将金旋刺死于马下，余众溃散。于是，刘备顺顺当当得了武陵。

接着，刘备挥军直指东南四百里外的长沙郡治所临湘县（今湖南省长沙市）。曹操委任的长沙郡太守，姓韩名玄。韩玄虽是一个平庸之辈，但是他手下那位统兵将军，却是一员"勇冠三军"的沙场老将。老将姓黄，名忠，字汉升，乃南阳郡人氏。其人早年为刘表部属，曹操得到荆州，命其留任原职，镇守长沙。刘备客居荆州时，曾与黄忠有一面之交，并且知其作战勇敢。诸葛亮建议利用这层关系，离间对方，以便顺利攻取长沙。当下刘备以旧交身份，写了一封情意殷殷的问候书信，派人潜入临湘城中，送给黄忠，同时带去一批金银宝物。故意装得鬼鬼祟祟的信使，一进入临湘城就被巡城军队抓住，送交黄忠处理。黄忠看了刘备的信函，觉得向韩玄报告不好，不报告也不好，只得暂时搁置一下再说。不料数日后韩玄得知此事，大起疑心。他是曹操的人，对于出身刘表麾下的黄忠确实信不过，便下令把黄忠囚禁起来，另派自己的心腹指挥临湘驻军。韩玄刚一换将，刘备的大军就展开四面围攻。不到三天，临湘城即被攻破。刘备不仅夺得长沙郡的偌大地盘，而且还收容了黄忠这员勇将，消息传开，荆州南部人心震动。

刘备正要引兵沿湘水上溯，去攻取长沙南面的桂阳郡，不料桂阳太守赵范先派了使者前来请降。刘备喜出望外，立即派偏将军赵云兼桂阳郡太守，领兵两千前去接收桂阳。赵云临行，诸葛亮特别叮咛他一番，要他提高警惕，赵云唯唯而去。到了桂阳都的治所郴县（今湖南省郴州市），赵云立即以"受降如受敌"的持重态度，接管了全郡的军政事务。赵范本以为自己主动投降，当能保住太守的职位，而今却被剥夺了一切权力，十分后悔之余，便萌生出反扑夺权之心来。为了麻痹对方，赵范便提出，要把自己美貌的寡嫂樊氏，许配给赵云为妻。赵云严词拒绝，不为女色动心。赵范见无隙可乘，情知回天乏力，只得伺机逃走。桂阳郡的局势，从此迅速安定下来。

零陵郡（治所在今湖南省永州市）的太守刘度，看到荆南四郡已有三郡落入刘备之手，不愿做螳臂当车之举，马上献地投降。

刘备在一个多月的时间里，如秋风扫落叶一般攻占了荆南四郡。至此，他终于又取得了一块完全属于自己管辖的地盘。不过，他并不满足，甚至还有几分不满，因为荆州最为重要和富庶的两个郡，即南郡和江夏，都被孙权先行割去，而自己得到的荆南四郡虽然面积广大，却是交通不便和物产不丰的"偏荒之地"。于是，他表面上不动声色，暗中却一直与诸葛亮想方设法，要挤进南郡这个北通宛洛、西连巴蜀的荆州腹心地区。这正是：

赤壁鏖兵谁得意？刘郎一举得荆南。

要想知道刘备还会碰上什么更加得意的事情，怎么会与孙权结成了姻亲，请看下文分解。

第十六章

刘郎得意

　　光阴似箭，日月如梭，刘备屈居于荆南四郡，转眼即快一年。在此期间，他一直没有找到挤进南郡的机会，心中好不焦急也！

　　不过，机会终于来了。

　　这是建安十四年（209年）冬，孙权正式委派周瑜兼任南郡太守，程普兼任江夏郡太守，吕范兼任彭泽郡（治所在今江西省彭泽县）太守。至此，孙权的辖地，东起长江入海口，西至三峡西端，真像鲁肃所言是"竟长江所极"了。上述任命宣布之后，刘备立即以汉朝左将军的名分，向汉献帝呈上一通表章，请求天子升任孙权为车骑将军，兼任徐州牧。

众所周知，那时的汉献帝纯粹是曹操挟制下的傀儡一个，而徐州又是曹操的地盘，何况孙、刘二人刚刚才同曹操恶战了一场，彼此是生冤家死对头，所以刘备的表章绝对得不到天子的批准。不过，天子批不批准，孙权却并不在乎，只要有了刘备的推荐，他也就正儿八经以车骑将军兼任徐州牧的名分发号施令起来。在汉末的割据群雄中，这种彼此上表推荐官职的把戏多的是，都是不管天子意下如何就袍笏登场了。当时称这种把戏叫作"相互委署"，意思就是彼此赠送官衔。

刘备此时奉送孙权两个金光闪闪的官衔，表面看来是在给孙权捧场，其实心里却是另有盘算。

原来在这时，徒有虚名的荆州牧刘琦突然病死了。赤壁之战中，刘琦参加抗曹有功，战后被刘备推举为荆州牧。可是，荆州的地盘已被曹操、孙权和刘备三家分得精光，他这个荆州牧也就成了百分之百的空头官衔。然而这个空头官衔对刘备却是大有用处，此刻刘备打的如意算盘是：我既送你孙权一个徐州牧，你也该有所回报，奉送我一个州牧的头衔才对嘛。如今刘琦新死，你孙权很可能会把"荆州牧"的虚衔送给我。我在荆州占有四郡实地，只要再得到"荆州牧"

的名分，就不怕钻不进你的南郡了。

孙权果然中计，上表汉献帝推举刘备为荆州牧。

刘备得了荆州牧的名分，立即提出一个州牧官署应当设在何地的问题来。荆州的治所，此前的刘表一直设在南郡的襄阳县（今湖北省襄阳市）。赤壁之战后，襄阳被曹操占领，而南郡的郡治江陵县（今湖北省荆州市荆州区），作为荆州中部重镇和交通中心，自然成为荆州的政治中心。刘备的荆州牧官署，论理应当设在江陵，但是占领南郡的孙权，又岂能同意卧榻之侧有他人酣睡呢？刘备知道事情不能操之过急，便只提出第一步的要求：请求同意自己设立官署于油江口（今湖北省公安县）。

油江乃是长江南岸的一条小支流。它发源于武陵郡，向北流入南郡境内不过三十里即注入长江，其江口位于江陵正南约五十里。刘备之所以要在此设立官署，是因为这里已经进入南郡的地界，又与江陵接近，可利用的潜在价值不小。孙权与镇守南郡的周瑜商议之后，认为油江口虽然迫近江陵，但那里是一片荒地，人烟稀少，刘备在那里掀不起什么风浪，便同意刘备立署油江。刘备暗暗高兴，立即前往建立官署，同时又把油江口改了一个全新的好听名字，叫作"公安"。就这样，刘备就在南郡的地界上伸进了一只脚。

　　此时的孙权，一而再，再而三地做出糊涂事，竟然又提出一个两家联姻的建议来，要把自己的小妹，许配给刘备做嫡室夫人，以便巩固联盟关系。刘备受宠若惊，连忙与自己的智囊孔明先生商量对策。经过反复琢磨，两人形成一致的看法。首先，无论如何，孙权把自己的亲妹妹嫁过来，总不会有什么恶意。其次，如果说孙权有什么其他的目的，这目的不外是要把现有的关系搞得更密切。第三，即使联了姻，今后的重大政治行动也可以不受其限制。第四，联姻对自己在荆州的势力发展或许还有帮助。第五，拒绝联姻，将暴露自己在荆州谋求势力发展的政治意图，与孙权之间的关系也肯定要恶化，这在当前自己力量还不够强大的情况下，是极不明智的举动。结论非常明确：应当同意联姻。

　　对于孙家小姐而言，充满柔情蜜意的婚姻大事，先是被胞兄作为政治筹码抛出去，接下来在男方那里，又被人家纯粹从政治利害的角度仔细衡量了一番，这就注定她将得到一个悲剧性的结局。

　　这一年的年底，婚礼在公安隆重举行。正值青春妙龄的孙家小姐，嫁给四十九岁的刘备，做了他最新一位嫡室夫人。两家地位非同寻常，婚礼自然是极一时之盛。不用说当时之人是如何艳羡不已，就是千载之后，也还有人津津乐道这段史事，而且据此编写成的戏剧《龙凤呈祥》，至今还在舞台上展现光辉。罗贯中的生花妙笔，则把它写成《三国演义》中"吴国太佛寺看新郎"的妙文。虽然这位"吴国太"，也就是所谓的孙权姨母，完全是罗贯中虚构出来的人物，然而读了他的文字，仍然令人要拍案惊奇。

众人艳羡的新郎刘备，在洞房花烛之夜就着实吃了一大惊。原来那孙家小姐自来在尚武之家长大，自己也酷爱武功。以往在娘家时，手下侍婢数百，无不随她使刀弄剑；闺房中也是东边陈列图书，西边陈列各种兵器。来到公安之后，她一如既往布置洞房，一来是她天性所好，二来也有试试丈夫胆量的意思。刘备送走宾客，带着几分醉意进入洞房。他举眼一看，只见花团锦簇的洞房之中，陈列着一排兵器架，架上的刀枪剑戟，闪着森森寒光。在当时，这种兵器架有一个专门的称谓，叫作"兰锜"。刘备吃惊不小，酒醒大半。再看坐在床边的新娘，身旁侍立的四个俊俏婢女，也人人腰间斜挂宝刀，威风凛凛。刘备毕竟是见过大阵仗的人，他强压住心中不安，上来问候新娘。那四个婢女向刘备致礼后，微微一笑悄然离去。

新婚之后，刘备才知道娇妻天生好武，略微放心。但是，卧室之中充满刀光剑影，妻子与自己的结合又具有强烈的政治色彩，这总使他感到不大自在。史称是"先主每入，衷心常凛凛"，这并非是夸张之辞。于是，新郎对新娘敬畏有余而亲爱不足，这场婚姻的第一条细微裂痕就出现了。好在新娘还不是那种鼠肚鸡肠的小气鬼，因此夫妻生活也还平静无波。

夫妻之间既然一开始就不是完美无瑕的，刘备也就打定主意，要利用这层婚姻关系来达到自己的政治目的。第二年春天桃花水发之时，孙夫人提出要回江东去探亲。刘备不听诸葛亮的劝阻，执意要陪同娇妻前往。他倒不是什么舍不得孙夫人，而是要去江东走一着险棋：即当面向内兄孙权商借南郡。

如上所述，赤壁战后三家瓜分荆州，孙权夺得了江夏郡和南郡的大部（除襄阳一带依然被曹操占领的地区）。孙权据有的南郡大部，以重镇江陵为中心，襟带长江，往北可威胁宛、洛，向西则可进取巴、蜀。刘备要想实现隆中对所提出的"跨有荆、益"，"天下有变，则命一上将将荆州之军以向宛、洛，将军身率益州之众出于秦川"这一战略计划，便不能不占有南郡这一要冲之地。可是现今南郡在孙权手中，镇守者又是威名赫赫的周瑜，用武力抢夺显然不行，只有凭着自己妹夫的身份去向孙权商借，才有成功的可能。

荆州的治所，当初刘表时长期在襄阳，襄阳就位于南郡之内；而刘备借到南郡之后，也将自己的荆州牧治所，设置在南郡之内的江陵。因此之故，史籍对于刘备向孙权商借南郡一事，又曾简称为"借荆州"。到了后世，这"借荆州"三个字，常常引起人们的很大误解，以为刘备是向孙权借得了整个荆州的地域。其实，不要说当时刘备的宿敌曹操，还依然控制着荆州北部的南阳郡；就是孙权手里，除了南郡，还有江夏郡一直握在手中，从未出借过。可见认为"借荆州"就是借得荆州的全部地域，这实在是天大的误会了。

建安十五年（201年）暮春时节，刘备夫妇抵达江东，受到孙权的热情接待。这时，孙权已经把治所从吴郡吴县（今江苏省苏州市），迁到了北面的京（今江苏省镇江市）。此处的"京"，乃是当时的一处地名，后来又叫作"京口"。其地南通吴、会，北枕大江，也堪称形胜之地。

一日，孙权邀请刘备一同游览城北长江之滨的北固山。时值"江南草长，群莺乱飞"之际，一江春水，波光接天，令人心旷神怡。刘备见内兄心情极佳，便以与此地相比之下，公安城池实在简陋，地狭民贫，既不能容纳前来投奔的荆州吏民，更不便于孙夫人居住为由，请求借用南郡。

孙权感到有些突然，而且兹事体大，只好表示考虑考虑再说。孙权回府，立即召集心腹部属商议此事。众人一听刘备要商借南郡，一致表示强烈反对，都说刘备得寸进尺，实在是贪得无厌。如果真的借给他，荆州他就独得了五个郡，我们却只剩下江夏一个郡，那赤壁的一场大血战不是白辛苦了吗？众人越说越气，吕范进而提出：干脆扣押刘备，以断绝无穷的后患。这时，远在上游镇守南郡的周瑜，也派急使送来密信，要求把刘备及随行的关羽、张飞，分开软禁起来。

不过，也有一个人认为可以出借南郡，这样可以在西方给曹操树立一个强敌，对我们在北面淮南方向的战略发展相当有利。持此看法者不是他人，就是坚决主张抗击曹操的鲁肃。

孙权反复考虑，最后采用了折衷的办法：既不出借南郡，也不扣押妹夫，让其夫妇安然回转公安。临行送别，孙权又与张昭、鲁肃等人，乘坐飞云大船送出数十里开外，大摆宴席之后这才依依告别，以抚慰刘备的那一颗失望之心。

刘备两手空空回转公安府邸，很觉面上无光。不久又得知自己差一点虎落囚笼，被扣押在江东，心绪更加恶劣。然而对此一无所知的孙夫人，却因回转了娘家而兴高采烈。刘备见了不免生出反感，夫妇之间不能吐露心曲，原有的感情裂痕就迅速加深了。

刘备愁坐荒城，整日望江兴叹。他以为这辈子大概只有在公安终老了，却不料世事多变，事情突然有了转机。

原来，孙吴的主将周瑜，在刘备回转公安后不久，东下面见孙权。他极力劝说孙权攻取西面的益州,以便从益州和襄阳两个方向攻逼曹操。孙权同意之后,周瑜便赶回江陵,筹备西上三峡攻夺益州的军务。不料他因旅途中思虑和劳累过度,突然发病,倒床不起。好不容易拖到洞庭湖口的巴丘(今湖南省岳阳市),实在不能继续西上了,只好停舟不发。他自知死期将近,便勉力执笔给孙权写了一封短笺,提出以下两点请求:一是务必要提防刘备,二是推荐鲁肃接任自己的职位。数日之后,"雄姿英发"的周郎与世长辞,终年仅三十六岁。后世流传的周瑜活活被孔明气死故事,完全是无中生有的杜撰,读者诸君的慧眼千万不要被蒙蔽了。

鲁肃正式接替周瑜,出任孙吴军队的主将,诸葛亮就觉得商借南郡之事又有了希望,连忙来找刘备商量下一步的行动。恰好在这时,孙夫人准备回转江东,去安慰那素常与自己相好的周瑜遗孀,即小桥夫人。小桥夫人与其姐姐,准确的姓氏是"桥",而非后世讹传的"乔",这只要去看一看陈寿《三国志》中的《周瑜传》就会明白。诸葛亮便向刘备出主意,请孙夫人回江东后,在哥哥面前说说商借南郡之事。安排停当之后,诸葛亮动身前往江陵拜访新上任的鲁肃,表面上是贺喜,实际上是要争取对方在借地问题上的支持。

孙夫人临行前夜,刘备把自己的意图慢慢说出。听了丈夫的要求，孙夫人觉得左右为难。拒绝，显得薄情；应允，又觉得违心。就其本心而言，她很不愿意向兄长提说借地之事，原因有三。第一，在成婚之初，她就给自己定下一条原则：今后绝不介入兄长和丈夫之间的政治事务。第二，丈夫的要求她认为太过分，已有荆南四郡和公安，怎么还想要别人的南郡？第三，在周瑜新亡之际就提说此事，尤其不近人情，因为她清楚地记得，南郡是周瑜血战一年才从曹操手中夺得的。此役，敌军的利箭曾经射中周瑜右胸，险些要了他的性命。后虽脱险，其健康却大受损害，不然不会英年早逝。完全可以说，南郡是周郎用鲜血和生命换来的。现今他尸骨未寒，灵柩未葬，就张口要借南郡，这不是太无情了吗？

性格刚毅的孙夫人，经过一番激烈的思想斗争，终于拒绝了丈夫的要求。对事情颇有把握的刘备，没有想到会有如此的结果，顿时默然无语。临别前的一夜，就在不和谐的气氛中过去了。

孙夫人走后，刘备心情烦闷异常，不停地喝酒解愁。好在当天傍晚，诸葛亮从江陵回转了公安。刘备大喜，急忙迎接自己的军师，询问此行的结果。诸葛亮回答道："鲁子敬执掌江东兵权之后，出言要比此前谨慎多了。关于借用南郡一事。他虽然未正面作答，但是言辞之间依然力主两家合力同心，共抗曹贼。据我估计，孙将军如果就此事征询其意见，子敬将会赞同。"刘备心中略感宽慰，接着又把孙夫人的态度告诉军师。诸葛亮沉吟一刻，提议直接致书孙权提出要求，对方应允了最好，不应允亦于我无妨。刘备也觉得机不可失，立即同意。

孙权料理完毕周瑜的丧事，就接到刘备以荆州牧名义写来的书信，列举了许多理由，要求暂借南郡。当然，最主要的理由，是说自己目前的基地在荆南四郡，与曹操之间还隔着南郡，所以无法出兵打击我们共同的敌人曹操。如果将南郡借给我，我就能直接从襄阳方向，倾力攻伐曹操，充分发挥同盟者的作用。在鲁肃的极力主张之下，孙权经过反复权衡，终于同意刘备的请求，将南郡暂时出借，作为刘备进击曹操的前沿阵地，一旦刘备夺得另一处能够直接进攻曹操的地区时，即将南郡完璧归还。作为补偿，在借用南郡期间，刘备把长沙郡东北部让出，由孙权在此立一个汉昌郡，令鲁肃从江陵移至下游汉昌郡的治所陆口（今湖北省赤壁市西北）驻守。至此，刘备和诸葛亮终于得到他们梦寐以求的"荆州"。

刘备借得南郡，高高兴兴地把荆州牧官署迁往江陵。他的府署，就是周瑜和鲁肃镇守南郡时所居住的宅院，其堂舍宏敞，花木扶疏，较之刘备在公安的居处，那就气派多了。

到江陵后，他就忙着从荆南四郡调集粮草军资，招募兵马，最大限度扩展军事实力。同时，又广泛聘用人材，充实自己的统治基础。虽然他这时还未完全占有荆州的地域，但是那种发号施令指挥如意的气度派头，确实像一个州牧方伯的模样了。

不久，孙夫人从江东回转，刘备亲自到城南的码头上去迎接。他立马江边，望着东面云水之间驶来的船队，心想：这两三年我刘备真是时来运转也，不仅娶了孙权美丽的妹妹为夫人，而且又占领了荆州五郡之地，可谓吉星高照，人地双收！自思自量，自陶自醉，五十岁的刘备好不兴奋。如果用两句诗来形容，那就是："立马长江谁识得？春风得意老刘郎！"

心中一直浮现着周瑜遗孀小桥夫人那悲痛欲绝形象的孙夫人，看着得意洋洋满面春风的丈夫，突然之间有一种异常陌生而遥远的感觉。这正是：

龙凤呈祥生裂隙，爱情政治两全难。

要想知道刘备夫妇二人，接下来将会如何亲手把这段婚姻送进了坟墓，请看下文分解。

第十七章

染指益州

转眼之间，刘备借得南郡已近一年。虽然他与孙夫人之间的感情日渐冷淡，但是他并不在意，因为他的军事实力正在日渐增强。令人奇怪的是，尽管他的兵马不断增多，已经达到数万之众，他却并未如以往向孙权许诺的那样，出兵去北伐曹操。江陵以北与曹军相接的前线，一直平静无波。原来，刘备不愿把自己好不容易聚集起来的这一点力量，往曹操这块大石头上碰。他的眼睛所瞄准的，乃是西边一块更大的肥肉，也就是有"天府之土"美称的益州。

可是，孙权到这时尚未看出刘备的意图，竟然写信邀请刘备共取益州。刘备自然立即回信拒绝，信中列举许多不能进攻益州的理由。其中最为冠冕堂皇的一条，是说益州牧刘璋现今自绝于曹操，乃是我们孙、刘两家的同盟者，而同盟之间岂能"无故自相攻伐"呢？孙权不听这一套，命令堂弟孙瑜率领水军沿江西上，自行去攻取益州。刘备得报，立即分遣关羽、张飞、诸葛亮等，率兵扼守沿江的重镇，强行阻止孙瑜西上，还对孙瑜说道："将军如要攻取益州，我就打散头发到深山去做野人，免得天下人耻笑我无信无义！"直到这时，孙权才多少看出一点苗头来。不过他也无可奈何，只好令孙瑜暂时退军。

不料数月之后，从上游传来紧急情报：刘备已经亲率大军西进益州了，荆州则留诸葛亮与关羽镇守。孙权真是气得咬牙切齿，不禁大骂道："这狡猾的东西，竟然敢欺骗我！"

那么，刘备是如何顺利进入益州的呢？

东汉时期的益州，东接荆楚，西跨雪山，南邻交州，北依秦岭，地方数千里，幅员相当广大。据《续汉书·郡国志》所载，在东汉顺帝永和年间，益州有十二个郡、国，一百一十八个县，在册人口有一百五十二万户，七百二十三万口。其后虽经东汉末年战乱，仍不失为一个出产丰富而户口繁盛之地。益州在地形地理上更是独具特色。它四面环山，形成天然屏障。当时要从中原地区进入益州，主要只有两条孔道。一条是从北面翻越秦岭进入剑门（今四川省剑阁县北），另一条是从东面穿过三峡进入夔门（今重庆市奉节县）。而这两道"门"，都是当时难以通过的"鬼门关"。

由于地广人多而且易守难攻，所以益州一直是割据者觊觎之地，更是有志问鼎中原者养精蓄锐之所。西汉开国皇帝刘邦，便是凭借巴蜀而取得天下，即诸葛亮所谓的"高祖因之以成帝业"。就连汉朝的这个"汉"字，追溯起来也是从益州北部那条汉水得的名。因为有汉水，战国时楚怀王才在此设置汉中郡；以后刘邦被项羽封于此地，才会叫作"汉王"；汉王统一天下，故而政权称为"汉朝"。流风所及，又有"汉人""汉服""汉族""汉语"等一系列带"汉"字的语汇产生，这都是与益州有关的文化趣话。

东汉末年，益州的州牧职位，相继由刘焉、刘璋父子垄断。刘焉，字君郎，荆州江夏郡竟陵县（今湖北省潜江市西北）人氏，也是汉朝皇室的后裔。灵帝时，刘焉在中央担任太常卿。他见朝政日乱，便积极活动出任外职，远离祸乱将至的政治中心。不久，他就如愿以偿，得任益州牧之职。刘焉到了益州，即有割据自立的打算，派人制作了天子所乘的车驾。不料他还没有来得及享用御用之物，就突然背上长出严重的痈疽，一命呜呼了。

接着，其子刘璋袭位为益州牧。刘璋，字季玉，其人凡庸软弱，不足以统摄一个大州。他就任之后，镇守汉中郡（治所在今陕西省汉中市）的督义司马张鲁，首先不服从节制，拥兵自重。刘璋多次派兵讨伐张鲁，都以失败告终。眼见刘璋前途不妙，就有两位得力幕僚生了二心。这两位在刘备西进益州一事上起了关键作用的幕僚，一个叫张松，另一个叫法正。

张松，字子乔，蜀郡成都县（今四川省成都市）人氏。他与其兄张肃，都以益州土著社会名流的身份，在刘璋麾下充任重要幕僚。张肃和张松虽是同胞兄弟，但是外貌却大不相同。哥哥张肃，身材魁伟，英气逼人；而弟弟张松，却是身形矮小，五官丑陋。尽管张松见识过人，才干非凡，然而在那些重外表轻内涵的人们眼中，不过是凡庸之辈。气愤不已的张松，因此做出了一件关乎益州前途的大事来。

建安十三年（208 年）春，刘璋鉴于益州内部多有反叛，决心借外援以巩固地位，先后派出三批使者去向曹操控制的东汉朝廷表忠心，致敬意。第一批使者由幕僚阴溥充任，去了以后曹操提升刘璋为振威将军,以示奖励。第二批使者由张松之兄张肃充任,曹操又赏了一个益州广汉郡(治所在今四川省广汉市)太守的官位给张肃。前两批使者都受到曹操的厚遇,唯独第三批使者遭到了白眼,而这个倒霉的使者不是别人,恰好就是自视甚高的张松。

原来,张松见到曹操之际,正是当年九月间荆州牧刘琮举手投降之时。此刻的曹操,志得意满,目空天下,哪里把小小的益州来使瞧得上眼?再说了,益州一而再,再而三地派人来唱颂歌,曹操不免产生了审美疲劳,有些听腻了。加之张松的外貌不佳,不能令人产生好感,结果张松不但受到曹操的冷落和慢待,而且临走时一星半点的赏赐也没有捞到。

张松满腹怨气踏上归舟,取道江陵经三峡回转益州。一路之上,他胸中不断升腾的怒气,恰如峡江的波涛澎湃汹涌。他下定决心,要狠狠报复曹操一番。张松离开江陵时,赤壁之战已经结束。他回到益州,向刘璋反复述说曹操如何虚骄无能,不能依靠,力劝刘璋交好刘备这位汉室宗亲。刘璋早已闻说刘备的大名,又见他新近竟然把威风不可一世的曹操打得丢盔卸甲,觉得这位本家确实值得依靠,于是决定派遣幕僚法正,到荆州去结交刘备。

这位法正，字孝直，乃关中的郿县（今陕西省眉县东）人氏。建安初年，关中发生大饥荒，法正与同乡孟达一同南逃入蜀，投奔刘璋。其人才智突出，但因受人排挤，所以一直郁郁不得志。他和张松同病相怜，私交甚笃。二人谈起刘璋的碌碌无为，都有满腹的感慨。张松从荆州回还，劝刘璋放弃曹操结交刘备，刘璋问张松谁可充任使者，张松立即推荐了法正。法正再三谦辞一番，才以不得已而为之的模样，勉强接受了使命。其实，他和张松早都在私下把一切筹划好了。

建安十五年（210年）冬，法正衔命东下荆州。此时刘备已经移屯江陵。他热情接待了法正一行，情意殷殷，法正也对刘备深深佩服，表达衷心敬仰。半月之后，法正回转益州复命，刘备厚赠礼物，依依惜别。二人各自的心事虽然没有明白说出，然而彼此已经意会而无需言传了。法正前脚刚走，这边的孙权就来邀约刘备共取益州。对这块大肥肉起了独吞念头的刘备，又怎能让他人插手染指呢？所以就有了上面所说的刘备断然拒绝一事。

法正回到益州，立即先向张松密谈对刘备的印象。他认为刘备礼贤下士，志大才雄，比刘璋不知强过多少倍。如果请他入主益州，必可挤掉刘璋。届时我们作为首献奇谋的功臣，就会身价百倍了。张松听了十分兴奋，当下二人决定：从现在起，想方设法为刘备入主益州铺平道路。

建安十六年（211年）春三月，曹操为了援助刘璋，就命令大将钟繇率军进攻盘踞汉中郡的张鲁。结果，张鲁本人还不惧怕，处在张鲁背后而且是张鲁死对头的刘璋，却先吓得坐卧不安起来。要问刘璋何以如此？原来是张松施展手段的结果。张松趁此时机，不断向刘璋说些耸听的危言来吓唬他。张松说："曹公之兵，天下无敌，张鲁岂能抵挡得住？曹公一旦得了汉中，乘胜南下进取成都，那就大祸临头了！"

"那么，我们又该采取何种对策呢？"刘璋忧心忡忡地问道。

张松见火候已到，便侃侃言道："现今驻屯在荆州的刘左将军，乃是主公之皇室宗亲，又是曹公的仇敌。其人善于用兵，如能请他来帮助我们讨伐张鲁，张鲁必败。击破张鲁之后，我们的力量将会迅速强大起来，到时候曹公来侵，我们就不怕他了！"

只要是眼光稍微深远一点的人，都会看出这是一个"引狼入室"的馊主意。可是，庸人刘璋却认为张松的建议高明之至。在张松的不断敦促之下，刘璋也不再召集其他幕僚商量，便发布命令："以法正为正使，孟达为副使，各率精兵两千人，以及大量金银宝物，前往荆州迎接刘备进入益州；到达荆州后，四千人马留在荆州，协助对方防守辖地，全部金银宝物作为礼品赠送刘备；三天之后使团从成都乘舟启程，不得有误。"

命令刚一公布，法正便喜滋滋地备办一切。然而在益州的官员之中，却发出了一片非议之声。

幕僚黄权向刘璋恳切陈辞："刘左将军素有骁勇之名，今请他来益州，如果把他当作部下来指挥，他绝对不会满意；如果把他当作宾客来厚待，一国又不容二君；而且宾客有泰山之安，则主人必有累卵之危。为今之计，不如静观时变为佳。"

幕僚刘巴说得更加形象："请刘备来益州讨伐张鲁，正像放猛虎出深山，祸害无穷啊！"

幕僚王累则以死相谏。他把自己倒吊在益州治所成都的南城门上，表示自己宁肯粉身碎骨，也不愿看到法正一行从城南上船前往荆州。

然而不管是言谏也好，死谏也好，刘璋一概置若罔闻。三天之后，法正与孟达便领着四千兵马离开了成都。

时值初夏，江水盛涨，法正一行顺流东下，船行如飞。虽不说"千里江陵一日还"，却也不到一月的时间即抵达荆州。法正见到刘备，呈上礼物，说明来意，继后又暗中秘密会见刘备，进献计策道："以明将军之英才，对付懦弱的刘璋，再加上我与张松等人为内应，夺取益州易如反掌。成事之后，利用益州之富庶，凭借天府之险阻，便可顺利建立大业了！"

不料，面对送上门来的天大好事，刘备却犹豫不决起来。这也难怪，大凡人们朝思暮想的事物一旦成为现实，反而会产生一种怀疑其真实性的反常心理。刘备想不想得到益州？可以说做梦都在想。在过去将近三十年中，他一直在为夺取一块立足之地而艰苦奋斗。特别是在近数年间，他花了九牛二虎的力气，才算把荆州的五个郡抓到了手中。可是现在而今，有人却捧上整整一州之地请他随便享用，这就不仅使他怀疑自己是不是在做梦，甚而使他怀疑对方是不是有其他的什么动机了。

此时，刘备的首席谋臣诸葛亮，正以军师中郎将的身份，驻节于长沙郡的南部重镇临烝县（今湖南省衡阳市），负责征收调运长沙、零陵、桂阳三郡的税收，以及粮食物资到江陵。临烝距江陵远隔千里，刘备来不及与诸葛亮商量，便和另一位智囊人物庞统密议此事。

庞统，字士元，他是前面已经提到过的襄阳耆宿庞德公的侄儿。其人足智多谋，才干杰出，曾被水镜先生司马徽誉为"南州士之冠冕"。此处的"南州",就是指位于南方的荆州;至于"冠冕",则是顶尖级人才的一种比喻了。当初刘备在荆州访求杰出人才时,庞统已经出任南郡的功曹史。这"功曹史"也简称为"功曹",其职责主要是负责本郡的人事任命,同时也能参与一郡政务,有如郡太守的总务主任。孙权取得南郡,任命周瑜兼任南郡太守,庞统留任原职,变成周瑜的得力助手。周瑜病死时,负责护送遗体回到江东吴县(今江苏省苏州市)安葬者,就是庞统。刘备借得南郡,最初并未看重这位曾在周瑜手下效劳的人物,把他派到偏远的桂阳郡耒阳县(今湖南省耒阳市)去当一名县官。其后又因县务治理不力,被免去官职。这时,鲁肃听到消息,赶忙与刘备去信说:"庞士元岂能让他屈居县令小职啊?出任州政府的主要幕僚,才能使其才能充分得到施展呀!"

与此同时,对庞统极为了解的诸葛亮也再三进言,请刘备不要委屈了这位有"凤雏"美称的奇才。于是刘备亲自召见庞统。一番畅谈之后,对其大为器重,也任命庞统为军师中郎将,与诸葛亮的官职完全相同,让他协助自己运筹帷幄。在当时的幕僚之中,刘备对庞统的尊重和优待,堪称仅仅次于诸葛亮了。

庞统立即鼓励刘备西取益州,他说:"现今的荆州。社会荒残，人物凋零，东有孙权，北有曹操，鼎足之计，难以得志。自当西取益州，以成大业。"

刘备说出自己的担心来："我与曹操势同水火：他用急，我用宽；他用暴，我用仁；他用诈，我用诚；行事都与曹操相反，事情方可成功。如今应人之请进入益州，便要夺取他人的地盘，这种失信于天下之事，我怎么能去做呢？"

庞统不像诸葛亮，遇到刘备把事情提高到义利之辨来认识的时候，就会闭口不言，他继续发抒己见说："凡事在需要采用权变之际，不能固守一途不变。事定之后，给刘璋以优厚之俸禄爵位，不就照顾到信义了吗？今日我们不取益州，日后益州亦将落于他人之手，将军您何必袖手谦让呢！"

在当阳长坂吃了大亏的刘备，这一次不再冒迂腐气了。他立即着手布置，准备西进益州，也来演他一出"鸠占鹊巢"的戏码来。

十日之后，刘备宣布：留关羽、诸葛亮、张飞、赵云等人坚守荆州。由关羽以"董督荆州事"的名分，全权负责处理州务。诸葛亮以军师中郎将为其辅佐。至于荆州官署的内部庶务，则由留营司马赵云总管。刘备自己，则率领庞统、黄忠、孙乾、简雍、魏延等文武僚属和精兵两万，随法正西进益州。

　　江陵城南的长江边，帆樯如林，旌旗蔽天。刘备站在一艘三层楼船的顶层甲板之上，满怀豪情地向岸上送行的人们挥手告别，场面极为壮观。然而就在此时此刻，送行人群中有一个人，心情却寂寞痛苦到了极点，她就是刘备的嫡室孙夫人。为了保守机密，丈夫在决定西上益州的前三天，才告知她一切，并以途中艰危为由，要她留在荆州。性格坚强的孙夫人，强忍一腔哀怨，送别丈夫登上楼船。她望着在烟波中渐渐远去的征帆，心中清楚地认识到：联结这场姻缘的红线已经完全断了。

　　丈夫走后的次日，孙夫人就吩咐下人备船，要移居到东边下游公安的旧府。因为江陵的府署本是周瑜故宅，住在这空荡荡的大庭院中，实在令人不愉快。当时，刘备的侧室甘夫人新死，所生儿子刘禅年仅五岁，由孙夫人带养。孙夫人东下公安，诸葛亮以为她有可能是要回江东，急令赵云领兵前往码头抢下刘禅。孙夫人见刘备部属如此提防自己，更加坚定了自己"不如归去"之心。在江东这一边，暴怒过后的孙权，渐渐冷静下来。这时，他最后悔的，不是推举刘备为荆州牧，也不是出借"荆州"，而是把小妹许配给自己在政治上的这个强劲竞争者。他立即下令：派专使前去迎接孙夫人回来！

不到一月,孙夫人孑然一身回到江东。这场被后世文人艳称为"龙凤呈祥"的婚姻,历时不到两年便以悲剧结束。居于东端"江之尾"的孙夫人,蛾眉紧锁,神情黯然。正如后世一副楹联所描述的那样:

思亲泪落吴江冷,
望帝魂归蜀道难。

然而此时此刻,她的丈夫刘备,雄赳赳,气昂昂,正向着位于西端"江之头"的益州挺进。这正是:

龙凤呈祥成往事,夫妻各自奔东西。

要想知道刘备到了益州,将会受到怎样的对待,他又能不能演成功一出喧宾夺主的好戏,请看下文分解。

第十八章

喧宾夺主

这是建安十六年（211年）盛夏，刘备溯江而上，西上益州。船队一过三峡，便进入了益州的巴郡（治所在今重庆市渝中区）地界。巴郡太守严颜，早已得到刘璋的指示，要热情接待友军，充足供应其生活所需。严颜忠实执行上峰的指示，使得刘备大有"入境如归"之感。但是，当刘备离开巴郡的治所江州县（今重庆市渝中区）时，严颜望着那黑压压的队伍，长长的船队，不禁悲从中来，长叹道："这就像独坐穷山之人，企图放出猛虎来保卫自己呀！"

这边严将军在临江悲叹，那边的刘备已扬帆启程。船队离开江州，经由垫江水（今嘉陵江）向北溯流而上。至垫江县（今重庆市合川区）后取道西北，从涪水上溯六百里左右，便到了成都北面的军事重镇涪县（今四川省绵阳市）。在这里，他受到益州牧刘璋的热烈欢迎。

数天之前，刘璋即已从涪县南面大约三百六十里的治所成都，赶到这里来迎接刘备。现今四川省绵阳市郊的富乐山文化风景区，还有纪念二刘相会的大型建筑群，供游客抒发思古之幽情。当时刘璋随身带来了三万精兵，史书形容是"车乘帐幔，精光曜日"。刘璋不让刘备直接到成都，会面之时又动员了三万人马来为自己保镖，可见他虽然为人"暗弱"，防人之心却还是有的。幸好他也有所防范，不然就可能大祸临头了。

原来，张松与法正急于建功，暗中向刘备献计，要他在和刘璋见面之时，突然动手制服对方。刘备征求庞统的意见，凤雏先生也满口赞成。但是，刘备觉得在他人的地盘上摆鸿门宴，来收拾一个带有三万护卫军的主人家，实在没有多大的把握，于是又拿出大道理来推辞，说道："初入他人之地，恩信未立，此举不可也。"

刘备收住杀心，与刘璋在涪县欢饮百余日。其间，刘璋推举刘备为大司马，兼任司隶校尉；刘备也推举刘璋为镇西大将军，兼益州牧。前面说过，这种相互奉送官衔的做法，在东汉末年群雄割据时期相当常见，而且有一个专门的说法，叫作"相互委署"。

刘璋奉送给刘备的"大司马"，是东汉朝廷的最高军职。两汉时期，京城所在的地区不叫"某州"，而叫作"司隶校尉部"；其负责的行政长官也不叫"刺史"或"州牧"，而叫作"司隶校尉"。刘备被推举为大司马兼司隶校尉，虽然两者都是没有得到东汉朝廷正式承认的虚头衔，但是从中也可看出，刘璋对他是足够尊敬的了。相互委署一番之后，刘璋又资送客人一支精兵，一千匹马，一千辆车，二十万斛米粮，以及大量兵器、物资，然后请刘备北上，进驻到涪县东北三百五十里处的军事要津葭萌县（今四川省广元市昭化镇），在这更加接近汉中郡的地方，以便直接打击汉中的死敌张鲁。

大概是觉得还没有把刘备这只猛虎喂肥，所以刘璋又下令：原来驻守在葭萌以北一百五十里的白水关（今四川省广元市北）守军近万人，全部划归刘备指挥节制。经过这样一场安排，刘璋认为益州北部外患问题的彻底解决，已是指日可待之事。于是，他放心回转成都，静候佳音去了。

刘备整军葭萌，手下可供调遣之兵马已有三万余众，军粮物资足够支持一年之需。消息传出，把盘踞汉中的张鲁吓了一大跳，连忙召集部属商议对策。谁知却是一场虚惊。一个月过去了，一整年也过去了，近在咫尺的刘备却毫无动静。北面的敌人张鲁，连同南面的友人刘璋，都在暗中纳闷：这刘备究竟在干什么呢？形象一点来说，他是在作猛虎扑食之前蓄势聚力的那一蹲。具体一点而言，则是在做以下几件要事。

第一是树立正面的形象。刘备一贯注意在"仁德"和"信义"上下足功夫。如今，他要在刘璋父子盘踞近三十年之久的益州，唱一出"喧宾夺主"的戏码，单凭武力还不够，还必须争取人心和舆论。所以，史书上说他在此"厚树恩德"，以求树立起一个远比刘璋更为可敬、更为可爱的领袖形象。而要想做到这一点，当然不是三天两月能办到的事。

第二是打探益州的虚实。《孙子兵法·谋攻篇》说是"知彼知己，百战不殆。"刘备熟读兵书，当然要在采取重大行动前做好情报工作。他通过随自己到葭萌充任联络官的法正，以及在成都的张松，把益州的地理形势、物资储备、交通距离、军事布置等各方面的机密情况，了解得一清二楚。这当然也需要不少的时间。

　　第三是制定行动的具体方案。究竟这出"喧宾夺主"的戏怎么唱，不能不慎重考虑。因为刘璋这位东道主的力量相当可观，弄不好会把戏唱砸了。解决这个问题是智囊庞统的职责，他提出上、中、下三套行动方案，供刘备来选择。

　　上策是不顾北面白水关守军可能攻击后背的危险，暗中组织一支精兵，昼夜兼程，南下八百里，偷袭成都。刘璋不谙军事，又无防备，必可一战成功。

　　中策是假装荆州有紧急军情，故意收拾行装准备东归，请白水关守军主将杨怀、高沛前来赴宴告别。二人来后，立即扣留。等到把白水关守军近万人抓在手中之后，再南下进取成都。

　　下策则是退到位于三峡西端的白帝城（今重庆市原奉节县东），等待荆州的后援大军来到，再慢慢向西围攻成都。

　　刘备再三比较之后，觉得上策太冒险，下策太缓慢，只有中策最为合适。这一番衡量和选择，也非短时间内能够作出决断的。

　　第四是等待有利的时机。动手抢占主人家的地盘，多少总得有点拿得上台面的借口和理由，何况主人家又对自己十分厚道，而且还是刘姓的皇室本家。对借口和理由的这一等待，又需要耗费时间。

不过,机会终于被他等到了!

建安十七年(212年)十月,曹操出动水步三军十五万,号称四十万,杀向淮南,要雪赤壁败逃之耻。孙权得报,立即动员精兵七万迎战,同时,又派遣专使驰告刘备,请他从荆州方向出击曹操,作为对自己的声援。刘备立即以急需援救孙权为由,写信向刘璋索要精兵一万及大量物资。刘璋批给他四千人马和所求物资的一半。这一下刘备就抓住了刘璋的"小辫子",他立即对部众进行煽动说:"我们为益州讨伐强敌,不辞劳苦,备尝艰辛。而他们却如此吝啬,我们难道还要替他们卖命吗?"

不明真相的兵士们,马上发出一片怨吼声。刘备正在暗自高兴,不料法正走来告诉他一个令人悲伤的坏消息:张松与刘备的密谋被刘璋发觉,被处以死刑。同时,刘璋又通令部属:不得与刘备有任何公文来往。刘备一听,真如俗话所说的"怒从心上起,恶向胆边生",马上以不久以后将回荆州为由,请白水关守军主将杨怀、高沛前来话别。杨、高二将不防刘备起了杀心,只带了少数护兵前来赴约。一到葭萌,二人就变成了刘备刀下之鬼。接着,刘备率军驰赴白水关,接管了全部守军。他把白水关守军将士的家属留在葭萌作为人质,并派心腹部将霍峻率兵两千镇守葭萌。然后,自提精兵三万，南下进攻成都。至此，他的"喧宾夺主"这出戏码，终于正式粉墨登场。

刘备大军的先锋官，乃是黄忠和卓膺两员骁将。刘备刚一杀死杨怀、高沛，即令黄、卓二将领精兵五千，兼程南下，偷袭重镇涪县。两员先锋官得令之后，急行军三昼夜，行程三百余里，来到涪城之下，发起猛攻。涪城守军猝不及防，被打得丢盔卸甲，四散奔逃。黄忠与卓膺攻占涪城后，接管了白水关守军的刘备，也赶来会合。兴高采烈的刘备，下令椎牛飨士，置酒高会，庆祝首战告捷。

席间，刘备满面春风，对庞统说道："今日之会，真是快乐之至！"

不料凤雏先生庞统却严肃地答道："伐人之国而以为欢乐，恐怕不能算是仁者之兵吧。"

这句话不偏不倚，正好击中刘备的痛处。已有几分醉意的刘备勃然大怒道："昔日周武王讨伐商纣，前歌而后舞，这难道不是仁者之兵吗？君言不当，请立即出去！"

庞统也不申辩，随即起立，长揖而退。过了一刻，刘备冷静下来，很是后悔，连忙派孙乾和简雍二人去把凤雏先生请回来。庞统回到自己的座位上，也不道歉，径自吃肉饮酒。刘备开口问他："刚才我们的谈话，究竟是谁有错呢？"

庞统平静地回答道："君臣两人都有错。"意思是刘备高兴得过分，显得轻狂；而自己也直率得过分，显得无礼。

刘备忍不住哈哈大笑，很是赏识凤雏先生直言无隐的性格，于是宴饮如初，尽欢而散。

刘备在涪县休整两日后，挥军南下，直指一百五十里外的绵竹县（今四川省德阳市北）。这时，涪城失守的消息传入成都，刘璋急忙调兵加强北路沿线的防务，同时召集幕僚商议对策。大多数人心中暗想："当初苦口婆心劝你不要引狼入室，你总是不信。如今大祸已经酿成，才叫我们来想法补救，我们还有什么回春的妙手啊！"于是，便都闭口不言。有一位忠心的幕僚名叫郑度，见众人不语，当即挺身而出，献上一计。他说："刘备兴兵来攻，务在急速，故而所带粮草不多。为今之计，不如将沿途百姓全部驱赶至远处，所有粮食仓储，一概烧光，然后凭借高垒深沟，坚守不出。敌军缺粮，不过百日，必定就要退走。届时再跟踪追击，必可全胜。"

郑度进献"坚壁清野"之计的消息，很快传到刘备耳中，他十分担忧。熟谙军事的刘备，深知只有这一招，才是能够制服自己的杀手锏。但是，法正却安慰他，说是此策虽佳，刘璋必不能用。果不其然，这次轮到刘璋来讲求"仁义"二字了。他对郑度说："我只听说过拒敌以安民，还没有听说过扰民以避敌的战法。”

刘璋斥退郑度，不用其计，这就给刘备让了路。刘备集中强大兵力，猛烈进攻绵竹一线守军。刘璋部将李严、费观、吴壹等人，先后率部投降。余下的守军将领刘璝、张任抵挡不住，只得放弃绵竹，接着刘璋之子刘循退守南面七十里处的雒县（今四川省广汉市北）。

这雒县城池是成都北面最后一座军事重镇，距成都六七十余里。刘备挥兵把雒县围定，断绝了它与成都的联络。为了打破包围，保持与成都的联系，雒县守将张任，率军出城向南冲锋。在城南的雁桥附近，张任遭遇伏击，兵败被擒。刘备惜其忠勇，好言劝降。谁知张任厉声答道：“老臣誓死不事二主！”

刘备含泪斩了张任，尽力攻城。他本以为借着攻克涪县、绵竹的胜势，攻克雒县易如反掌，不料却大谬不然。雒县守军凭借坚固高峻的城池和充足的粮食储备，顽强抵抗，刘备竟然久久不能得手。他大为恼怒，督促三军昼夜围攻，军师中郎将庞统也亲自前往城北的前线督阵。战斗正在激烈时，忽然侍从来报：庞军师被暗箭射中，当场身亡了。

这个消息犹如万里晴空之上，陡然响起一声霹雳，把刘备那处于发热状态的头脑震清醒了。此时此刻他才意识到：

刘璋并不是一触即溃的朽木枯枝，益州也不是唾手可得的囊中之物。于是，他立即派遣急使，驰赴荆州，令诸葛亮、张飞、赵云火速率大军前来增援，荆州只留关羽一人镇守。同时，又以隆重的礼仪，安排庞统的丧事。

庞统的遗体，被运回在雒县北面五十里处的鹿头关大本营。祭奠之际，刘备抚棺痛哭，见者无不为之感动流涕。然后，刘备在鹿头关上的桃花溪东岸，选择一处吉地，将庞统安葬于此。这只襄阳的雏凤，正要振翮上腾九霄，却不幸绝命身死，其终年恰好与英年早逝的周瑜，也就是他过去的老上司相同，也是三十六岁。后人叹惜凤雏先生壮志未酬，便将鹿头关下之长坂，称之为"落凤坡"，又在其幕前立祠祭礼，四时不绝。至今墓园周围，依然有数百株参天古柏卫护，气象肃穆。祠前有一副楹联赞之云：

真儒者不图文章名世，

大丈夫当以马革裹身。

观者一览动容，思古之幽情便油然而生了。

刘备迅速安葬了庞统，回过头来又开始攻打雒县城池。这一次刘备不再企求速战速决，而是采用长期围困的持久战术，如是持续了将近一年。建安十九年（214年）夏，雒县守军断粮缺水，无力抵抗，刘备终于攻克了这座北路重镇。至此，益州的政治中心成都，便成门户洞开之势。

就在这时，荆州的援军也从东面打到了成都。诸葛亮、张飞、赵云等人接到刘备的紧急命令后，立即率军万人兼程西上。江州一战，生擒了刘璋的巴郡太守严颜。占领了江州这一军事要津后，他们随即兵分三路，从东面、东南、南面三个方向往成都推进。东面一路，溯涪水而上，经过当时的德阳县（今四川省遂宁市东南）境内，直指成都。东南一路，经江阳溯湔水而上，经过资中县（今四川省资阳市）后也指向成都。南面一路，是从资中分兵西取犍为郡治所武阳县（今四川省彭山县），然后合兵成都。在刘备攻克雒县时，荆州援军的扇形攻势也取得节节胜利，前来会合。当下数万大军，似铁桶一般把成都围定，准备来一个瓮中捉鳖，擒获刘璋。就在这时，又有一员骁将赶来助成。城中的守军闻讯，更加惊慌失措起来。

这员骁将，姓马名超，字孟起，乃关中茂陵县（今陕西省兴平市东）人氏。其父马腾，是东汉名将马援之后。此前马氏父子据兵关陇，称雄一时。曹操在赤壁战败，转而着手扫荡关中，马超立即起兵相抗。激战数年后，马超兵败，只得南奔汉中投靠张鲁，在张鲁那里受到排斥，很不得意。刘备进攻雒县之际，曾派部属李恢至汉中劝马超来归。求之不得的马超，随即改换门庭，投靠刘备。马超到达时，刘备正在合兵围攻成都。刘备立即给他配备一支人马，令他到城北助战。马超作战骁勇异常，三年前的建安十六年（211年）八月潼关一役，几乎生擒了曹操，所以曹操有"马儿不死，吾无葬身地也"的感叹。连曹操都害怕的勇将，现今杀到成都的城下，刘璋部属还能不畏惧惊慌吗？

刘备一面挥军围攻城池，一面又派使者入城劝降，真可谓软硬兼施。充当说客的，是与刘璋私交甚笃的简雍。刘璋一见好友，忍不住泪如雨下。这时，成都城中尚有精兵三万，粮曹军资足可支持一年，所以许多人主张据城死战。在此关键时刻，刘璋倒还真正能够以"仁德"的价值观来指导自己的行动，把个人荣辱置之度外。他说："我父子在益州二十余年，对百姓未施恩德。如今百姓已为我一人苦战了三个年头，血沃草野，我又如何忍心再使他们继续为我牺牲生命呢？"

于是，刘璋派遣帐下司马张裔为全权代表，出城谈判。刘备向张裔保证：只要刘璋投降，一定"礼其君而安其民"。张裔回城禀报之后，刘璋即与简雍同乘一车，出城投降。至此，一出"喧宾夺主"的戏码，终于曲终幕落。

刘备果然遵守诺言，优礼刘璋。他让刘璋依然佩带汉朝"振威将军"的印绶，所有私人财产也全部归还，并派专船将刘璋送至公安，在原荆州的州牧府署安住。另外，又应刘璋本人请求，留其子刘循居住在益州，刘备还给了刘循一个"奉车中郎将"的官位。其后孙权袭取了荆州，刘璋又被孙权任命为益州牧，不久病死，此是后话。这正是：

同姓喧宾今夺主，面临利益难相容。

要想知道刘备拿下益州之后，能不能在此站稳脚跟，又怎样采取措施站住脚跟，请看下文分解。

第十九章

安定西蜀

　　话说建安十九年（214年）炎夏，五十四岁的刘备，夺得益州除汉中郡之外的全部辖地，宣布自己兼任益州牧。这益州的主人家虽未改姓，却是换了人。新主人自己高兴之后，当然也要让属下众人高兴高兴，所谓"独乐乐不如众乐乐"嘛。于是宣布犒赏为自己血战了三个年头的部属，封拜功臣，大犒将士，忙得不亦乐乎。诸葛亮、法正、张飞、关羽四人，各赐黄金五百斤，白银千斤，铜钱五千万，织锦千匹。其余之人，则按功劳大小颁赐奖赏。同时发布任命，以诸葛亮为军师将军，董和为掌军中郎将，法正为蜀郡太守兼扬武将军，关羽为荡寇将军，张飞为征虏将军，赵云为翊军将军，马超为平西将军，黄忠为讨虏将军，麋竺为安汉将军，简雍为昭德将军，孙乾为秉忠将军。其余立功部属亦升官晋爵，皆大欢喜。

刘备以客人的身份夺人之地，唯恐形势出现反复，所以犒赏部属之后，接下来全力以赴者，便是想方设法安定益州，特别是安定益州当地的人心。

第一条措施，是优待刘璋的旧部。刘备深知安定益州的关键，在于能否争取到刘璋旧部的真心支持。道理很简单，刘璋父子在益州经营多年，其部属不仅人数众多，而且在地方上颇有号召力和影响力。如果他们心怀不满，串通起来捣乱，局面是不太好收拾的。再说，这批人中又还有大量的优秀人才，他们熟悉当地的地理民情，富于行政的经验，假使能为我所用，不是一件利莫大焉的好事吗？刘备看准了这一点，所以不遗余力地争取这批"亡国之余"。董和、黄权、李严三人，本是刘璋手下的骨干大员，刘备就分别授予他们掌军中郎将、偏将军、犍为郡太守的重要职务。庞羲、吴壹、费观三人，都是刘璋的亲家，刘备也分别授予他们司马、讨逆将军、巴郡太守的职务。彭羕一直受刘璋的冷落，刘备就任命他为益州州牧府的重要幕僚。但是，最能体现刘备之苦心者，莫过于他对刘巴、许靖二人的礼遇了。

刘巴，字子初，零陵郡烝阳县（今湖南省邵东县东南）人氏。其人出自名门，本身又才干出众，故而在荆州享有很高的声望。当初曹操南下进攻荆州，刘备从樊城仓皇撤退到当阳之时，史称是"荆楚群士从之如云"，可是刘巴却独树一帜，径直向北去投奔了曹操。曹操得了荆州，派遣刘巴去安抚荆州南部诸郡。不久曹操大败于赤壁，刘备出兵荆南。此时刘巴不能北归，干脆继续向南，越过五岭逃往交阯郡（治所在今越南河内市东北）。刘巴一再与刘备保持远距离，使刘备甚为气恼。后来，刘巴从益州南部到达成都，成为刘璋的座上宾。刘璋要请刘备进入益州，刘巴曾以放虎出山为比喻，竭力加以劝阻。对于这样一个素来与自己作对的人物，一般人抓到之后大概要食其肉而寝其皮才能解恨了，但是刘备却不然。在大军开入成都之前，刘备特别下了一道严厉命令："若有伤害刘巴者，诛及三族！"进入成都之后，刘备立即礼聘刘巴为自己左将军府署的主要幕僚。看到刘巴终于成了自己的部属，刘备的脸上禁不住泛起了笑容。

另一位刘备给予礼遇的人物是许靖。许靖字文休，汝南郡平舆县（今河南省平舆县北）人氏。他是东汉末年颇负盛名的一位名士，在宦海浮沉多年之后，流寓成都，做了刘璋的部下。刘备攻打成都时，许靖作为重要行政官员即蜀郡太守，不率众坚守城池，却企图翻越城池前去投降。因被人发觉，逃跑未成，刘璋又正忙着抵抗，暂时没有收取他的老命。刘备进入成都，极为鄙薄许靖的为人，最初想弃而不用，法正劝说道："天下有得虚名而无其实者，那就是许靖了。不过，主公始创大业而抛弃许靖，而许靖之浮名，流播四海，世人不知情况者，将认为主公不能礼贤下士。恐怕还是应当对他加以敬重才好，以便争取天下人士来归。"刘备听了，立即醒悟，马上下令任命许靖为自己左将军府署的长史，充当府署中的主要幕僚。

经过这一番苦心争取，刘璋旧部纷纷归心，史称是"有志之士，无不竞劝"。所谓"竞劝"者，即竞相勉励也，这应当不是虚言。

安定益州的第二条措施，是施行严刑峻法。刘备对益州的士大夫极尽优容尊重，唯恐做得不够，然而他对益州的老百姓就不大客气了。一旦刘璋的旧部纷纷归心，益州的社会上层趋于稳定，各级政府机构完成了调整和更新，他和诸葛亮便开始施行严刑峻法，以求强化对社会下层广大民众的控制。也就是说，刘备接管了益州，在安定社会上采用了软硬兼施、刚柔相济的办法。对上层士大夫用软的，柔的；对下层老百姓则用硬的，刚的，真是界限分明。其刑法之严峻，由下面一件事即可窥见一斑。

有一年出现大旱灾，为了防止谷价腾贵，刘备遂下令境内严禁私家用粮食酿酒，违者严加重罚。同时，又派吏员挨家挨户搜查，甚至家中虽有酿酒工具，但是眼下绝对没有酿酒行为的人户，也同样要被抓到官府判刑。理由很简单，也很荒唐：你有酿酒的工具，就有酿酒的欲望，所以应与确已酿酒者同罪。这样一抓，官府的监狱自然是人满为患了。连刘备的老资格幕僚简雍，也觉得此举实在过分，便想法劝阻。但是，他的劝阻方法很是另类，是采用了极其搞笑的手段。一日，他陪同刘备外出游览，看见路旁有互不相识的一男一女在赶路，立即对刘备叫道："此二人通奸，怎么不把他们捆起来治罪？"

"你怎么知道他们通奸？"刘备大惑不解。

简雍一本正经地说道："他们都有通奸的生理器官，当然应当与已通奸者同罪，这就和家中有酿酒工具而与已酿酒者同罪是一样的道理呀！"

刘备忍不住哈哈大笑，随即醒悟并下令："释放所有因家藏酿酒工具而判刑者。"

这些无辜的"罪犯"算是幸运的，因为有简雍出面救护，而且救护成功。如果没有人为之说话，如果有人进言而刘备不听，他们的命运将是如何，可想而知。另外，因为触犯其他法令而罹罪受罚者又有多少？由此一事也可想而知。史称"诸葛亮佐备治蜀，颇尚严峻，人多怨叹者"，这确是事实，完全无须为之讳言。

为此，法正曾经劝说诸葛亮要"缓刑弛禁，以慰其望"。诸葛亮写了一篇《答法正书》，专门解释为何在刚刚开始治理益州时要施行严刑峻法，他说："秦以无道，政苛民怨，匹夫大呼，天下土崩，高祖因之，可以弘济。刘璋暗弱，自焉以来有累世之恩，文法羁縻，互相承奉，德政不举，威刑不肃。蜀土人士，专权自恣，君臣之道，渐以陵替。宠之以位，位极则贱；顺之以恩，恩竭则慢。所以致弊，实由于此。吾今威之以法，法行则知恩；限之以爵，爵加则知荣。荣恩并济，上下有节。为治之要，于斯而著。"

这段话的大意是说：秦朝为政太严，继起者的刘邦因此要施行宽和之政，以弥补其弊端。而益州的情况则完全不同，刘璋为政过于宽和，结果造成了无上无下的涣散局面。我们接管了益州，必须改行严政，才能使尊卑分明，上下有序，这才是治理之道的要点。

　　诸葛亮在这里是要强调说明，施政究竟是崇尚严厉或者崇尚宽容，都是要根据客观的实际情况而定，没有不变之规。我们之所以施行严政，不是因为我们喜欢它，而是因为客观情势需要它；此前的刘璋父子，施政过于宽容，因而造成了人心涣散的结果；现今我们来主政，必须严厉一点，才能把涣散的局面彻底扭转过来。

　　平心而论，诸葛亮的说法也有道理。儒家经典中早就说过："文武之道，一张一弛。"可见诸葛亮施政从严的认识，是有儒家理论的指引。所以后人曾经就此问题撰写楹联一副，文云：

　　　　能攻心则反侧自消，从古知兵非好战；

　　　　不审势则宽严皆误，后来治蜀要深思。

　　此楹联至今依然悬挂在成都武侯祠内的孔明殿前，供海内外游客品味深思。

　　安定益州的第三条措施，是增加财物储备。刘备初入益州，无钱向刘璋要，无粮向刘璋要，无布也向刘璋要，自己毫不操心。如今接管了益州当了家，当家就要理财，就要筹集钱财物资以满足军政的需要。手中无钱无物，刘备这个益州牧的位子就坐不稳当。解决财源，刘备的主要办法是设置司盐校尉和司金中郎将这两种官员，统一管理盐、铁两项重要物资的生产和销售，从中抽取厚利，上缴国库。

在当时，益州的井盐生产规模已经相当可观。临邛、广都、什邡（分别在今四川省邛崃市、双流区、什邡市）等许多县，都开凿有盐井。人们使用粗大的竹筒，从地下很深的井中汲取含盐的卤水，以火煮去水分，即可得到白花花的食盐。临邛等地，甚至还开凿了能产生天然气的"火井"，并且用管道引导出来，用以煮熬井盐。据史籍记载，卤水是"取井火煮之，一斛水得五斗盐"，产盐率相当高不说，使用天然气来生产，也是世界上最早的发明。现今成都市郊出土的汉墓"盐井"画像砖上，就有描绘当时井盐生产的生动画面，看了令人有身临其境之感。

盐、铁这两项，自来是社会必需的大宗物资。刘备将盐、铁改为官府专产和专卖之后，当然是"财源茂盛达三江"了。刘备不仅垄断了盐、铁的厚利，而且还大量铸造"直百五铢"的铜币，投入社会流通。他一手赚钱，一手又造钱，然后用钱购物，物资也不缺了，所以史书上说是"数月之间，府库充实"。这样大搞特搞，他的库房还能不充实么！

安定益州的第四条措施，则是振兴文化教育。两汉时期的益州中心地区成都一带，堪称是人文荟萃，教化昌明，在全国的地方州郡中属于领先者。论教育，西汉景帝时蜀郡太守文翁，就创先在成都兴立"学官"，即官方学校，大力教育青年学子，乃是中国地方政府建立官办学校的创始，至今还有"文翁石室"的历史文化遗迹留存。论人物，在文翁兴办学校之后，就有司马相如、王褒、扬雄等第一流的文化英杰出现，雄文杰作流传至今。

但是，东汉末年的社会大动乱，造成益州的文化大衰颓，教育大凋敝。人们受教无师，向学无门。刘备入主益州，有感于此，立即下令以通儒许慈、胡潜为学士，负责收集流散的图书典籍，整顿恢复学校，开始传道授业解惑。同时，又特别设置儒林校尉、典学校尉、劝学从事等官职，用以兴办学校，鼓励学子，倡导文风，有利于益州安定的大好事。

刘备进入成都，为安定益州殚精竭虑，很是忙了一阵子。待到形势大定之后，紧张的情绪渐渐松弛下来，心中忽然涌起一种孤寂之感。他顿时明白：已经是该解决自己个人问题的时候了。

自从刘备西入益州与孙夫人分了手，他就是孑然一身，无伴无侣。如今当了荆、益二州的州牧，从政治上的大处来说，内室不可长期虚旷，否则便是纯阳失阴，乾无坤佐，不足以令群下瞻仰；从生活上的小处说，不到十岁的幼子刘禅，也需要有人照顾教育，自己的生活起居，也需一个贴心人来照拂，所以择偶成婚，即是一件迫切要做之事。

主公有意结婚，臣僚忙碌不停。首先当然是要选择合适的对象。在外人看来，刘备贵为两州之主，又有大批臣僚相助，还怕求不到一个"窈窕淑女"来当贤内助吗？其实不然。群臣选过来，访过去，觉得这个不合适，那个不般配，竟然在淑女如云的益州难以挑出一个十全十美的对象来。令人难以置信的是，最后被确定为州牧夫人的这位幸运者，乃是一个闭门独处的寡妇，而且还是刘备本家的遗孀。

为何刘备访求不到一位未婚的淑女呢？原因无他，在于其身份过高且又年龄偏大也。作为荆、益二州之主，刘备的嫡室夫人当然要出自高门名家，而不能在蓬门荜户的小民百姓中选择。可是益州以及荆州的高门名家，其户主大多做了刘备的臣僚。从身份相称的角度而言，刘备只可以迎娶臣僚之姊妹，而不可以迎娶臣僚的千金。否则，身为主公的刘备，就要尊称臣僚为岳父，而自称小婿了。此时的刘备，已经五十有四。他的臣僚，最年轻的也在三十岁以上。到达这种年龄的臣僚，其姊妹犹待字闺中者恐怕是寥若晨星，而其中品貌俱佳够格作州牧夫人的，数量更少，接近于零。既然情况如此，刘备不能求得未婚的窈窕淑女，也就不足为奇了。

有幸中选的这位寡居女子是谁呢？乃是讨逆将军吴壹的胞妹。吴家本是兖州陈留郡（治所在今河南省开封市东南）人氏，为避中原战乱，举家随益州牧刘焉入蜀。不久刘焉萌生出自立为帝的"异志"，他听说命相学家断定吴壹之妹，有大富大贵之相，赶忙聘之为第三子刘瑁之妻。刘璋当上益州牧不久，刘瑁突发狂疾，不治身亡。吴氏小姐尚未享到"大富大贵"，先倒成了一个寡妇。论品行，论容貌，那吴氏小姐是无可挑剔的完美。更重要的，是她还具有一些独有的优越条件。她是刘备臣僚的姊妹辈，又曾经是前任益州牧刘璋的嫂嫂，其兄吴壹还是刘璋旧部中的有名人物。因此，选她作为刘备的夫人，不仅身份完全合适，而且还有团结刘璋旧部的重要意义。群臣把她推荐上去，刘备也很满意，根本没有计较对方是一个俗间所言的"二婚嫂"。不过，刘备仍有一点疑虑，因为他与刘瑁是同族本家，娶本家的遗孀，似乎有违于礼制。

这时，法正站出来说话了，他说："要论亲疏的话，总比晋文公与子圉的关系要远得多吧！"原来，春秋时"五霸"之一的晋文公重耳，乃是晋怀公子圉的亲伯父。当初子圉在秦国作人质，曾娶秦国宗室之女为妻。后来子圉潜逃回国，并被立为晋国的国君，而其妻留在秦国，未能跟随。重耳准备回国夺取侄儿子圉的宝座，遂亲赴秦国求借援兵。秦国君主秦穆公又送了几名宗室之女与重耳为妻室，其中就有那位侄儿媳妇。重耳碍难接受，他的随从劝他说："别人的国家您都想要占有，娶他过去的妻子又算得什么呀！"为了争取秦国的支持。重耳也就坦然把侄儿媳妇拥入怀中。秦穆公大喜，遂出兵支持重耳返国杀死侄儿自立。就这样，春秋时期又增添了一位著名的霸主。

其实，刘备此时的情况，与昔日的重耳并不完全相同。重耳是处于山穷水尽之际，如果不"废礼行权"，就没有出头之路。而此刻的刘备，雄跨荆、益二州，气象开阔，并未面临不娶此女就完全活不下去的地步。不过，刘备自来从善如流，既然群下都说无伤大雅，他顿时心中释然。有关部门的官员连忙去备办一切。不久，刘备就再一次扮演了新郎官的角色。

新婚燕尔，柔情似水，刘备心头的愉悦不需描绘亦可想而知。每当暗室独处之时，他自思自量，总觉得这几年的运气真是好极了。先是娶了孙权的妹妹，又借得孙权的"荆州";接着夺了刘璋的益州,再娶了刘璋的嫂嫂,真是事业运和桃花运一齐来,而且接连上门,挡都挡不住。然而在此以前,自己每逢丢地盘,就要丢家小,今昔相比,真是有若天渊啊!

刘备正在自我陶醉,却不料孙权的特使已经上门,要请他归还"荆州",清偿旧账。这正是:

来了桃花运不断,谁知债主又登门。

要想知道此时的刘备,将会如何应对登门要债的债主,请看下文分解。

第二十章

东邻争利

　　江东的霸主孙权，自从赤壁之战击败曹操之后，便把主攻方向转向淮南一线，企图由此挺进中原。于是，孙权和曹操鏖战淮南，前后长达十年之久，直杀得白骨遍野，赤地千里，仍然不分胜负。其间，孙权曾三次出兵淮南，最后一次还动员了十万大军，也未有所建树。孙权至此才认识到，淮南乃是易守难攻之地，由此向外扩张只能是事倍功半。于是他开始转向西方，企图在上游的荆州发展。于是，孙、刘两家围绕着荆州，开始了进行一场激烈的利益争夺战。

其实，就是在淮南鏖兵之际，孙权心中亦无时无刻不想着荆州。荆州的现实状况，使他不能不想。当初他出借了南郡，甚至又嫁出了同胞的小妹，图的是什么？为的是什么？还不是希望交结一个能与自己同患难、共休戚的可靠盟友吗？可是，自己在淮南与曹操打得难解难分，也没有见到这位盟友出动一兵一卒呼应帮忙。他一心忙着扩张自己的地盘，哪怕你派遣专使登门求援，他也置若罔闻。而且更为严重的是，盟友那位留镇荆州的义弟关羽，还不断在双方的交界线上挑起纠纷，气势咄咄逼人，大有要独占荆州之势。这样看来，真是求友不成，反生祸患了。

刘备成功取得益州的消息传到江东，孙权内心的情绪反应相当复杂。那么大一块肥肉，一下子就被刘备独吞下肚，而自己连边都没有沾上，心里真是酸溜溜的。但是，这样一来，却也给自己索还荆州，提供了充分的理由，他又有些高兴了。他想：当初你刘备要借我的南郡，理由不外两条。一条是说你地方狭小，容不下前来投奔的部属。另一条是说公安的城小地僻，不适合我小妹居住。如今你独占了天府之土的千里沃野，我小妹也早已同你分手告别，这两条理由都不复存在。因此，你借用了五年之久的南郡，也该归还原主了。不过，这南郡的地位实在是太重要了，刘备恐怕是不会还我的。也罢，我就把南郡给他，免得两家大动干戈，让曹操老贼坐收渔人之利。当然，南郡我不能白给，你刘备得拿地方来换。当下孙权打定这样的主意，立即派遣心腹大臣诸葛瑾西上成都，索要"荆州"。

孙权选派诸葛瑾为讨债使者，是经过再三考虑的。诸葛瑾的同胞二弟诸葛亮，现今正在益州担任刘备的首席辅臣，去了可能好办事一些。另外，诸葛瑾对自己极为忠诚。何以见得？有事实为证。赤壁之战前夕，诸葛亮到江东搬救兵，一番宏论激起了孙权的万丈豪情。孙权当时慧眼识珠，即要诸葛瑾去劝说同胞老弟留在江东效力。不料诸葛瑾马上回答道："家弟既已失身于人，义无二心。家弟之不留，犹如瑾之不往也！"这几句有情有义的话，令孙权感动了好久。这次令诸葛瑾出使，让其兄弟见面，也有酬报其忠诚的意思在内。

这边的刘备一听来使是孙吴大臣诸葛瑾，就知道他绝不是来道贺自己取得益州或者新婚的，而是来索讨旧债的。他一面吩咐有关官员厚待来使，一面召集群臣商议对策。

益州的州牧官署议事大厅之内，警卫森严，明烛高照。刘备刚一讲完会议主旨，群臣便纷纷发言，激烈反对归还南郡。有人甚至建议，对孙权提出的任何要求都应当断然拒绝。

从表面上看，这些主张不归还南郡者所提出的理由，都是说土地无姓，唯有德者居之。实际上，他们心中所想的，不过是现今我们力量大增，就是欠账不还，你孙权又其奈我何？一贯重视联孙抗曹的诸葛亮，虽然认为这未免过分，但因来使不是他人，而恰恰是自己的胞兄，不便独树异议，只好勉强附和。散会之后，诸葛亮意识到：为了避免嫌疑，自己绝对不能与胞兄私下见面了，而且这样也可以给大哥一个暗示：即你此行的使命，恐怕难以完成了。

在馆驿等候刘备接见的诸葛瑾，见胞弟一直不来探望自己，立即知道此行很可能要空手而归。既然如此，自己也应注意避嫌，以免回转江东后不好交代。弟既不来见兄于馆舍，兄亦不去见弟于家宅。结果，在诸葛瑾停留成都的十天当中，这一对阔别多年的同胞兄弟，史称是只能"公会相见，退无私面"，即只能在公众场合相见，退下来完全没有私人的会面。从政者往往顾不得私人感情，由此亦可见一斑了。

诸葛瑾到成都之后的第三天，刘备在府署中正式接见来使。华堂之上，分置宾主座位，锦席玉几，气派非常。上午巳时正，诸葛瑾准时来到。他刚刚走上台阶，笑容可掬的刘备，已经从客厅中迎了出来。他一把拉住诸葛瑾的手，使劲地摇动不停，同时又关怀备至地问候对方起居如何。顿时，一股热流就在诸葛瑾胸中涌动起来，他觉得事情可能会有希望。

寒暄了好一阵，宾主才落座。诸葛瑾首先呈上孙权的书信。刘备展开一看，信上要求自己实现诺言，归还南郡；如果南郡不便归还，可以用荆南之长沙、零陵、桂阳三郡作为交换亦可。刘备看完信，脸上漾起微笑。诸葛瑾正要准备和对方进行一番讨价还价，不料刘备却抢先开了口，他缓慢而又清晰地说道："南郡目前确实是不便归还，须得再借用一时。至于荆南的长沙、零陵、桂阳三郡，都是供给我兵员和军需物资之基地，也是不能用来作交易的啊。"

本来还怀有希望的诸葛瑾，犹如当头挨了一棒。他没有想到刘备那张笑口竟然说出这样的答复。你赖着不还南郡，且又不愿作任何的补偿，这种举动只有市井无赖才做得出来，你堂堂荆州兼益州两个州的州牧这样做，也未免太失身份了吧。当下诸葛瑾带着几分气恼问道："那么左将军究竟准备何时归还我方的南郡呢？请给一个确切的回答！"

刘备面不改色，依旧笑容可掬地缓缓说道："子瑜先生，目前我正作好准备，要去攻取凉州（主要地域在今甘肃省、宁夏回族自治区）。一俟打下凉州，即把荆州之地全部奉送给孙将军，如何？"

诸葛瑾一听，心想：你刘备大概是把我当作黄毛孺子来哄骗了罢；那陇西的凉州，与益州中间还隔着曹操现今占据着的汉中，等你打下凉州，不知要到什么时候去了。假如你一辈子得不到凉州，岂必然就一辈子都不还我南郡了么！他正要开口争辩，不料刘备却抢先说道："请子瑜先生就这样回复孙将军吧。"

刘备一面说，一面站起来，依然带着满面微笑，离席走进内室去了。

这边诸葛瑾呆立一阵，怏怏回转馆驿。此后，他多次求见刘备，刘备都托病不出。锦江秀色，玉垒浮云，诸葛瑾全都无心领略欣赏。而胞弟诸葛亮的一家子，包括自己过继给胞弟的亲生儿子诸葛乔，依然不来馆舍看望自己。他知道事情已经毫无希望，只好启程乘舟回转江东。临行之际，胞弟全家都到城南的锦江之滨，在那座后来称作"万里桥"的桥头送别，诸葛瑾才算与诸亲人见了面。此刻的杨柳岸边，诸葛氏的男女老少，真是如后世所描绘的"执手相看泪眼，竟无语凝噎"了。只可惜，"留恋处，兰舟催发"，一江春水，很快就把诸葛瑾的座舟送到了天际。

在建业（今江苏省南京市）等候回音的孙权，已经作好了两手准备。诸葛瑾此行有收获固然更好，若无收获，他就要以武力夺取荆南的长沙、零陵、桂阳三郡，这就叫作先礼而后兵。建安十六年（211 年），孙权又将行政中心从京迁到了秣陵，即今江苏省南京市，并且把秣陵改称为"建业"。"建业"者，建立王霸之大业也。建业东有"钟山龙蟠"，西有"石城虎踞"，气象恢宏，被堪舆家称为是"帝王之宅"。建业比京更为靠近长江的荆楚上游，孙权既已决定移治于此，那么向长江上游扩张即是必然之举，只不过是时间的早晚。

听了诸葛瑾的汇报，孙权恶狠狠地骂道："说什么打下凉州就奉还我荆州，这全是骗人的鬼话！"于是，他立即任命了长沙、零陵、桂阳三郡的行政长官，并且要求他们直接去走马上任。与此同时，他又密令大将吕蒙和吕岱，作好战斗准备，伺机出动，一举攻取荆南三郡。

受命以"董督荆州事"官衔镇守荆州的关羽，听说孙权派了行政官员来接管长沙等三郡，十分鄙夷地一笑，随即出动军队把这批不速之客强行驱逐出境。可怜这些可怜官员们，乘兴而来，败兴而去，连自己的辖地是什么样子都没有看到，就糊里糊涂卸了任。西汉时的张敞，就是替爱妻描画蛾眉的那位贤惠丈夫，因其担任京兆尹的时间很短，故而留下一个"五日京兆"的典故。看来孙权所委任这批官员的任期，连"五日京兆"也不如了。

　　被驱逐的官员刚一返回建业,孙权攻取荆南三郡的军事行动即告开始。在此之前,孙吴负责此次军事行动的指挥官吕蒙,即已在邻近荆南三郡的边境一带,秘密集结了三万精兵。那时候,孙权和曹操在淮南鏖兵已久,孙权的辖境之内,经常出现大规模的军队调动。因此,对于吕蒙的集结兵力行动,关羽并未特别重视。甚至孙吴军队已经越过边界向西侵入之后,关大将军起初也毫无觉察。

　　这是建安二十年(215年)夏天,吕蒙的兵马由汉昌郡进入长沙,直扑长沙郡的首府临湘(今湖南省长沙市)。当时镇守长沙者,乃是武陵郡临沅县(今湖南省常德市)人氏廖立。廖立是荆州的青年名士,受命为长沙太守时还不满三十岁。不料这位被刘备和诸葛亮十分器重的后进英髦,竟然是一个很不中用的"银样镴枪头"。吕蒙的兵马距离临湘还有数十里,廖立就望风而逃,而且一逃就逃到了西面的益州。吕蒙兵不血刃,得了长沙。他毫不停留,挥兵向南沿湘江溯流而上,进攻零陵和桂阳。这两郡地方偏僻,兵力单薄,自知螳臂难以挡车,也就来一个开门迎客,相继举手投降。不到一个月光景,荆南三郡就不姓刘而姓孙了。

　　刘备在益州得到紧急报告,说是荆南三郡被孙权派兵抢占,真有切肤之痛。他当即留诸葛亮镇守益州,自率五万大军东下三峡，同时命令关羽为前锋先行，准备一举夺回荆南。

这边的孙权早有防备，他一面派遣鲁肃统领一万精兵，赶到长沙郡西北部的重镇益阳（今湖南省益阳市东），抵挡关羽前进的道路，一面又从荆南急召吕蒙大军回防长沙，增援鲁肃。他自己则西上陆口（今湖北省赤壁市西北），亲自督阵。一时间，湖湘一带战云密布，形势异常紧张。

就在双方剑拔弩张准备大打出手之际，竟然有人不费一言一语，就把他们的怒火浇灭，以至于双方订约讲和了。此人是谁？就是刘备和孙权的老对手曹操。

原来，此时的曹操，不仅早已平定了关中，而且新近又取得了凉州。西北既定，他就真的是"得陇望蜀"，准备越过秦岭攻取汉中了。建安二十年（215年）四月，曹操亲提大军，取道长安、陈仓（今陕西省西安市、宝鸡市），杀向汉中。早有探子把情报送往成都，留守益州的诸葛亮顿时忧心忡忡。他知道，张鲁割据汉中，地狭人少，绝对不能与曹操抗衡。汉中乃益州北部屏障，一旦被曹操占领，强敌就来到了家门口。现今益州的主力军队又远调荆州，后方空虚，何以御敌？于是，他马上派遣急使星夜东下，把情况报告刘备。

　　此时的刘备,住在公安城中昔时的旧官邸,白天忙着筹划军务,晚上也偷闲回忆一番,当初在此与孙夫人初结伉俪时的温柔乡情景。但是,益州来使送呈的报告,打断了他温馨的遐思,他立刻意识到:自己现今落入两面受敌的险境了!

　　形势是很清楚的,判断也是不难作出的。首先,应当立即摆脱腹背受攻的险境,集中力量对付一面。其次,曹操与自己势不两立,同他毫无和谈的可能。第三,荆南三郡的得失事小,益州一州的安危事大。因此,出路只有一条,即同自己过去的内兄妥协求和,把目前的难关渡过去再说。

　　此时,孙权为了督促前线作战,已经来到汉昌郡的治所陆口。刘备的求和使者来到陆口时,孙权心里十分快意,心想:你刘备原来是敬酒不吃吃罚酒的角色。不过,他依然能够保持冷静,没有为难刘备。当下两家暂息干戈,对坐议和。

　　经过一番激烈的讨价还价,双方终于议定出和平解决荆州问题的方案。该方案规定:以南北流向的湘水为边界,中分荆州;湘水以东的江夏、长沙(含汉昌)、桂阳三郡,归孙权所有;湘水以西的南郡、零陵、武陵三郡,则归刘备管辖。这个方案很妙,不仅因为它的分配结果是三对三,看起来很公平，而且在于双方都觉得通过它捞取到了实惠：对孙权而言，是以一个南郡换到了长沙、桂阳两个郡，似乎白赚了一个郡；对刘备而言，则从谈判桌上要回了被对方占据的零陵，似乎也白赚了一个郡。双方都认为能从中捞得实惠的战争和约，在历史上可是不多见的。

和议既定，刘备仍然留关羽镇守荆州三郡，自率五万大军赶回益州，与曹操争夺汉中去了。这正是：

刘郎赖债孙郎怒，先动刀兵再讲和。

要想知道刘备赶到汉中之后，与生冤家、死对头的曹操，一番较量究竟胜负如何，请看下文分解。

第二十一章
汉中称王

话说这个汉中郡，早在战国时期就已经由楚怀王设置了，这是公元前 3 世纪初叶的事。东汉末年隶属于益州的汉中郡，辖境相当于现今陕西省的秦岭以南，留坝县和勉县以东，湖北省的十堰市、襄阳市以西，四川与陕西两省交界线以北的大片地区。其地四面环山，汉水从西向东横贯全境，沿岸为小片冲积平原，组成了郡内的中心地带。全郡下辖九县，兴盛之时在册民户五万七千，男女二十六万七千余口。

汉中的重要，在于它的地理位置和地形。它是由关中进入巴蜀的咽喉要道和休整之地。关中方面占据了汉中，进取巴蜀就有了可靠的跳板；而巴蜀方面取得了汉中，攻击关中也就有了坚固的前沿阵地。所以汉中虽然地狭人少，却是刘备和曹操着力相争之处。自建安二十年（215 年）十一月起，至建安二十四年（219 年）五月止，双方围绕汉中之地，先后较量角逐了三年半，最后是刘备占了上风。他不仅夺得了汉中之地，而且还为自己挣到了一顶"汉中王"的王冠。

话说建安二十年（215 年）三月，曹操亲提大军，威风凛凛出了长安，杀向汉中。四月，他取道陈仓（今陕西省宝鸡市），经散关（今陕西省宝鸡市南）翻越秦岭。先奔往西南的武都郡河池县（今甘肃省河池县西北），夺取了此地氐族居民的存粮十余万斛，获得军粮上的充足保障之后，然后掉头转向东南方向的汉中。七月，曹操大军抵达汉中西边的大门即阳平关（今陕西省勉县西）。割据汉中接近三十年的张鲁，自知不是曹操的对手，率部南奔，越过南山（今四川省北部的米仓山脉），逃入巴郡（治所在今重庆市）的北部。曹操兵不血刃即取得了汉中。

当年九月，巴郡北部的少数族首领朴胡、杜濩、任约等人率部投降曹操。逃亡在此的张鲁立足不住，也于十一月举手投降。曹操除了厚待张鲁外，又宣布把地域广大的巴郡，分为巴、巴东、巴西三郡，并且任命上述三名少数族首领为各郡的太守。这样一来，曹操的势力就进一步深入名义上属于刘备益州统治下的巴郡。

就在这强敌压境的紧急关头，幸好刘备已经率军从荆楚撤回到巴郡的治所江州县（今重庆市渝中区）。他不敢迟延，立即派遣将军黄权率军北上，以迅雷不及掩耳之势，击败朴胡、杜濩、任约，控制了巴郡的北部地区。曹操闻讯，赶忙令大将张郃再度南侵。刘备也马上调派征虏将军张飞，率精兵万余人迎击来犯之敌。两军相持五十余日后，瓦口（今重庆市渠县）一战，张飞大败张郃。张郃见自己的这一"张"，敌不过张飞的那一"张"，只好率军退回了汉中。至此，刘备终于把曹操的势力驱逐出了"三巴"，即巴、巴东、巴西三郡。

但是，"三巴之战"仅仅是刘备本人亲自出兵汉中前的序幕。

序幕拉开之后，主角之一的曹操却退了场。他留下夏侯渊和张郃两员大将镇守汉中，自回邺城。不久，他就因平定关陇及汉中有功，被封为魏王，曹操由此了却一桩巨大的政治心愿。接下来他征调兵马，开始大练兵，并且"亲执金鼓以令进退"。大练兵一结束，曹操即率大军奔赴淮南，前去收拾孙权去了。

曹操离开汉中之后，刘备立即加紧战备，准备出兵汉中。备战工作的中心，是整治成都通向汉中的军用主干道路，沿途设置物资、粮食的转运仓库，以便充足保障前方的一切需要。

那时候，由成都北上至汉中，沿途要经过新都、雒县、绵竹、涪县、梓潼等城而出剑门关。出了剑门关继续北上，至白水关折向东北，再翻越七盘岭，即到了汉中的西大门阳平关附近。由此再沿汉水东下，经定军山、沔阳，最后就抵达汉中的治所南郑县（今陕西省汉中市）了。这一大段道路，此时属于刘备辖地之内者，是成都至七盘岭部分。其中，最为险阻而急需整治者，是剑门关至七盘岭的古蜀道。这段蜀道，相传开凿于战国秦惠文王伐蜀之时，不仅崎岖狭窄异常，而且多由栈道连接。所谓"栈道"，即是在壁立的山岩上开凿出一排排深洞，横向插入粗木，然后在露出洞外的横木之上，架设木板而形成的简易通道。栈道下临深谷，上接云天，行之者莫不战战兢兢，心惊目骇，难怪后世的诗仙李太白要为之发出"噫吁戏，危乎高哉，蜀道之难难于上青天"之惊叹了。俗话说得好："兵马未动，粮草先行。"这一段通道要是不整修好，兵马也罢，粮草也罢，都进入不了汉中，攻取汉中就如同痴人说梦了。

刘备与得力助手诸葛亮，用了将近两年的时间，才完成蜀道的整治，还有沿途仓库的建设，以及物资的积贮等一系列备战工作。

到了建安二十二年（217年）冬，进取汉中的一切准备已经就绪，谋臣法正劝说刘备抓紧时机北上争利。刘备立即派大将张飞与马超先行，抢占阳平关西面的军事重镇下辨县（今甘肃省成县西北），以便为后续大军作侧翼的掩护。次年孟夏四月，刘备留下诸葛亮镇守大后方的中心城市成都，自己率领赵云、黄忠、魏延等数十员骁将，以及精兵三万，浩浩荡荡杀向北面的汉中。一场斩将拔旗的大战，便在崇山峻岭之间展开。

四月底，刘备大军顺利通过数百里栈道，进屯阳平关。那曹营的主将夏侯渊，字妙才，乃是上文所说"盲夏侯"夏侯惇的族弟。其人作战不但勇冠三军，而且行动快速，出击迅疾异常。当时曹营中流传的话说："典军校尉夏侯渊，三日五百，六日一千。"三天行军五百里，六天行军一千里，这种速度他人望尘莫及。夏侯渊既然是搞"出敌之不意"的强手，所以陡然间数万敌军出现在汉中的西大门，金鼓动山谷，旌旗蔽云天，他也毫无惧色。当下夏侯渊派遣麾下大将张郃、徐晃，在前依险拒守，自己统率大军为其后盾。由于曹军是以逸待劳，凭山守险，刘备几番进攻都未能得手。随从刘备出征的智囊法正，认为长期僵持，不利于远道来攻的自己一方，于是建议加强兵力，以求速战速决。刘备也有同感，于是送出十万火急文书，命令镇守益州的诸葛亮紧急调派大量援兵。

诸葛亮接到文书，暗自思量：如果大发援兵，后方势必空虚，万一有什么动乱出现，岂不是动摇根本？卧龙先生的谋略智计盖世无双，此刻竟然也犹豫起来。好在真正的智者是不耻下问的，诸葛亮便向一位得力的下属杨洪征询意见。这杨洪当即明确回答道："汉中乃益州之咽喉，存亡之关键。若无汉中，则无蜀地。可见这是家门口的祸患，大举发兵还有什么可犹豫的啊！"

诸葛亮心中豁然开朗，立即大举征调各郡兵丁，北援刘备。刘备得到后方派来的数万援军，势力大振。夏侯渊的军情报告送呈曹操后，曹操心想：看来此番大耳儿对汉中是志在必得，须当亲赴长安声援夏侯渊才是上策。于是，这年七月间，曹操挥兵西进关中。九月到达长安后，他也调派援军，支援汉中。这样一来，西线曹、刘两家之争，就比东线曹、孙两家在淮南的争夺，更加热闹了。

不过，曹操对夏侯渊的支援，在实际的效果上却远不如诸葛亮支援刘备。首先是曹操的动作慢了一步，等他赶到长安，那边的刘备早已得到数万生力军，并且将其投入第一线的战场。另外还有一个更为重要的原因，就是关中到汉中的道路，通行的难度还要比刘备翻越剑门蜀道更加困难。

当时，要从关中穿越秦岭山脉进入汉中，主要有四条南北走向的道路。最东边的一条叫作"子午道"，它北起长安，径直向南穿越子午谷，即可到达汉中郡的西城县（今陕西省安康市西）的西边。这条道路开凿于西汉末年。子午道以西是"骆谷道"。由长安以西的武功县（今陕西省武功县西）东南，向南穿越骆谷，即可到达汉中郡的成固县（今陕西省城固县东）的东边。骆谷道以西是"褒斜道"。由武功县以西的郿县（今陕西省眉县东），向南穿越斜谷和箕谷，即可到达汉中郡的褒中县（今陕西省汉中市北）。褒中县南距汉中郡的首府南郑县（今陕西省汉中市），仅有五十里左右。褒斜道以西，也就是四条通路中最西边的一条，则是"故道"。故道又名"陈仓道"。它北起郿县以西的陈仓县（今陕西省宝鸡市东），西南出散关，沿故道水的河谷行百余里后，再折向东南进入箕谷，与褒斜道相会而至箕谷褒中县。

以上四条通道中，以险阻的程度而论，前三条都陡峻崎岖异常，唯有故道稍微平缓一点；而以直捷的程度而论，则以褒斜道最为近便。所以曹操支援夏侯渊，人马、粮草、物资都是经由故道和褒斜道。但是，这两条道路，不仅其"危乎高哉"足可和汉中以南的古蜀道相比拟，而且战前曹操又没有大力加以整治过。因此，一旦需要承受大战期间的交通重负，就都像高血压患者的血脉一般，堵塞难通了。曹操对夏侯渊的支援实际效果不如敌方，其主要原因即在于此。

建安二十四年（219年）春正月，朔风犹劲，积雪满山。刘备凭借其优势兵力和强大后援，由阳平关南渡汉水，沿着南岸的谷地一路向东，推进到了定军山下。刘备之所以要沿着汉水南岸东进，乃是出自避实就虚的考虑。如果从阳平关沿汉水的北岸东进，其间要经过沔阳、褒中（分别在今陕西省勉县、汉中市北）两县的城下，才能到达南郑。而沔阳、褒中两县，城坚兵精，攻之未必能够速决，舍之则守敌将在后背追击。而反观汉水南岸，则是一两百里之间没有一座城市，自可放心向前推进而无后顾之忧。夏侯渊见刘备要乘虚而入，忙同张郃赶到定军山下去阻挡，殊不知他这一去，便葬送了自己的性命。

汉水南岸的定军山,是一条东西走向的起伏山岚。山下有一条东西走向的狭长谷道,名叫"走马谷"。走马谷的地势,是西端高而东端低。如果从阳平关方向向东策马,在西端谷口顺势松缰,则一路下坡,四蹄生风,迅疾如飞。出了东谷口后,地势开阔低平的汉中平原就在眼前了。

刘备大军刚刚推进到走马谷的西端,夏侯渊的兵马也占据了东谷口。双方马上安营扎寨,立住脚跟。夏侯渊见自己处于不利的低下地势,便在营盘之外大量设置"鹿角",作为外围的屏障。所谓的"鹿角",即是砍取粗大树枝,将其尖端向外安放,有如雄鹿之头角向外刺向来敌。夏侯渊在营外足足安置了五重鹿角之后,认为自己的大营虽不算"固若金汤",抗御一时却是绝无问题的了。但是,他完全没有想到,自己的想法错了!

在谷道西端的高处,刘备与部属把敌方的部署看得一清二楚。老谋深算的刘备,已经胸有成竹,他在心里暗暗说道:夏侯渊呀夏侯渊,你的死期就在明天!

次日凌晨寅时,一支两千人的"放火大队",在大将魏延的带领下,悄悄摸近了曹营。此刻正是黎明前的黑暗时分,曹营的哨兵在长时间的严寒包围下,困倦异常,完全没有发觉敌人的动静。魏延的放火队伍接近曹营的鹿角后,立即沿着鹿角安放的沿线散开。接下来，又在曹营正面长百余丈的鹿角沿线，放置随身带来的易燃之物。大约在寅时与卯时之交，也就是现今的早上五点钟左右，魏延一声令下，两千名兵士一齐放起火来。走马谷中的劲风再一助势，曹营的鹿角围墙顿时燃成一片火海！

最先被惊醒的曹营哨兵，还以为自己一觉睡到了红日东升。及至发现那炫人眼目的竟然是烈火而非霞光，而且来自西边而非东边之后，他立刻狂呼告警。待到中军帐里的夏侯渊穿衣下床，披挂上马，点起兵马赶到大营正面时，五重鹿角都快要化为一圈灰烬了。

这时，天色已经微明，曹营正面毫无屏障的形势被对方看得清清楚楚。夏侯渊急忙命令士兵从他处移来鹿角，暂时应急。正忙乱间，忽听得谷道西边鼓角齐鸣，杀声震天，刘备挥军进攻，人马如潮水一般从高处倾泻下来。为首一员大将，年纪在六十左右，须发如雪，目光似电。这员老将不是别人，正是刘备麾下的先锋官老将黄忠。

夏侯渊见领兵抢寨的敌军先锋，乃是一个垂垂老矣的将军，心中先就有几分轻视之意。他跃马挺戟，率领帐下两千卫队径来接战。他刚与黄忠一交手，就觉得这员老将不是等闲之辈，不仅其武艺神出鬼没，而且力重千钧。夏侯渊稍一慌神，黄忠已经乘隙而入，在他的坐骑的后腿上劈开一条半尺长的血口，那匹黄骠马立时前颠后跳起来。夏侯渊立身不稳，赶紧控制坐骑。不防黄忠一个大斜劈刀，登时将其斩杀在马下。曹军见主将落马身亡，纷纷四散逃命。夏侯渊的副将张郃阻拦不住，只好率领少数亲兵逃回北岸的南郑县城。

这边的刘备乘胜推进，强渡汉水后登上北岸继续向前，兵锋直指汉中郡的首府南郑县。此时，曹军众将一致推举张郃为代理统帅。富有实战经验的张郃，眼见大势已去，南郑难守，便收合余众，向西面的阳平关方向撤退。这样一来，敌对双方恰好调换了位置，刘备占领了东面的南郑、褒中和沔阳三城，而张郃则率军据守西面的阳平关口一带了。

曹军失利的消息，迅速传到长安。曹操大为震惊，继而泪如雨下，泣不成声。他心痛汉中这块战略要地，更加心痛夏侯渊这员赳赳虎将。他与夏侯渊既有血缘之亲，又是从小在一起长大的总角之友，即现今所说的"发小"，而且还是娶了同胞姐妹的连襟。此前曹操平定关中和陇右，立功最大者即是夏侯渊，史称他是"虎步关右，所向无前"。所以曹操之有夏侯渊，正如孙策之有周瑜，真有超逾骨肉之亲。当下曹操立即传令：兵发汉中，为夏侯将军报仇雪恨！

这年三月，曹操亲率精兵五万，经褒斜道直扑汉中。刘备闻讯，毫无惧色，对众位部属说道："曹操此番自来，他也无法挽回败局，我必将取得汉中全郡之地。"他那胸有成竹的神情和气势，使部下将士大受感染，莫不振奋自励。曹军出了箕谷之后，刘备采取坚守不战的方针，聚集兵力，据守坚城，断绝险阻，一直不与曹军正面交锋。与此同时，又调派黄忠、魏延等将领，率领敢死健儿潜入箕谷，偷袭曹军的粮草运输通道。曹军战不能战，食不能食，渐渐恐慌起来。一个月后，曹营开始出现大批兵士逃亡的糟糕现象。曹操眼见军心涣散，情知前景不妙，想要断然放弃汉中，又还舍不得这块战略要地，陷入此前罕见的犹豫不决状态之中。

这一日，下属请曹操指定当晚军中的联络口令，他随口说出"鸡肋"二字。他的幕僚杨修听到之后，立刻收拾行装准备撤离。众人迷惑不解，杨修却对他们解释说："鸡之肋骨，食之没有多少肉，弃之又觉得可惜。大王用鸡肋来比喻汉中，当然是想要离开这里了！"果不其然，当年五月间，曹操即命令全军退出汉中，把边境的防线向后撤到关中平原南面的秦岭一线。在三国之际，这是最早出现的相对稳定疆域线了。

刘备据有汉中全郡地盘之后，借着胜势，又派大将刘封、孟达率军东进，把汉中东面的上庸、房陵二郡（治所分别在今湖北省竹山县、房县),又从曹操手中夺了过来。至此,刘备终于算是拥有了益州的全部辖地。

杀死了曹军的名将,又击退了曹操本人统率的数万大军,最后还夺得了一大片战略要地,刘备自认为在声势上已经压倒了曹操。接下来要做的要紧事,就是把自己政治上的名位,提高到足以和曹操比肩抗衡的地步。此时,曹操已经晋升了魏王,因为他的王国封地,是冀州下属的魏郡(治所在今河北省临漳县西南)等十个郡,所以得了一个"魏"字。刘备也依样画葫芦,把益州下属的汉中、巴、蜀、广汉、犍为五个郡,划为自己的王国封地,并且在当年的七月,建立坛场于沔阳城南的汉水之滨,举行仪式,自己晋封自己为"汉中王"。

整个隆重仪式的第一道程序,是先行宣读一篇由刘备的臣僚一百二十人,共同写给东汉皇帝的表章。表章由当时臣僚之中,官阶和封爵都最高的平西将军、都亭侯马超领衔,先是洋洋洒洒列举了刘备的多种功勋,然后特别强调了刘备应当晋爵封王的充分理由。表章的全文,被陈寿《三国志》引录在《先主传》之中。

表章宣读完毕,便是第二道程序,即群僚奉上王冠,恭恭敬敬给刘备戴上。于是乎,刘备就在群僚的"逼迫无奈"

之下，不得不"勉为其难"，正式称王了。

第三道程序，则是刘备再以自己汉中王的名义，上奏给东汉皇帝表章一篇，说明自己既然在"群僚见逼"之下晋爵为王，那就不便再继续担任朝廷过去授予自己的左将军官职，继续享有过去朝廷授予自己的宜城亭侯封爵了，所以决定派遣特使，将左将军、宜城亭侯的两枚印章，原物奉还给朝廷，以示交接手续从此两清。

其实，当时的献帝是处于曹操的严密控制之下，而曹操与刘备是势同水火的仇敌，所以奉送上面两篇表章和两枚印章的特使，不要说能否到达当时献帝所在的临时都城许县（今河南省许昌市），就是想安全进入对方的边境，也是绝无可能的事情。但是，可能不可能无所谓，而上述这些政治上的程序性过场，却是非走不可，万万不能缺少的。官样文章做够了，刘备便心安理得地当起汉中王来。他一心想借助当初汉高祖刘邦在汉中当"汉王"时留下的神灵气运，所以依然把"汉"字作为政治上的旗号，从汉中起步，开创汉朝再度中兴的新篇章。

现今陕西省勉县城东郊高潮乡的旧州铺，还有当年刘备自称汉中王时所建造的坛场遗迹留存。鸡犬之声相闻的小村之内，一抹夕阳残照的芳草之中，赫然有清代光绪年间刻立的斑驳石碑一通,其上隶书"先主初为汉中王设坛处"十个大字,似乎还在给人们述说着一千八百年前历史的变幻沧桑。

翻过这一年,刘备正好满一个花甲,虚岁整六十岁。这正是:

汉中鸡肋今朝得,且看刘郎变汉王。

要想知道刘备拿下汉中之后,又怎么会乐极生悲,痛失关羽,更痛失荆州这一大块战略要地,请看下文分解。

第二十二章

痛失荆州

刘备戴上"汉中王"的王冠之后，当月就返回了成都。

古往今来，"衣锦还乡"一直被视为男子汉大丈夫的无上荣光。在这种情况下，当事人是在熟悉自己过去的人们面前，展示自己现今所拥有的一切，所以成就感和自豪感特别强烈。一年前刘备出成都，不过是左将军兼荆、益二州州牧的头衔。如今回转成都，却已是距离皇帝仅仅只差一步的汉中王了。所以当欢迎的群臣把他簇拥着进入成都的时候，他确实有一种近乎衣锦还乡的欣快充溢于胸中。

　　回到成都,刘备立即设置百官,建立朝廷,正经八百地称孤道寡起来。称王之后就有这点特别的好处,若不称王,任随你官居极品,诸如丞相、相国、三公、大司马、大将军之类,也没有设置百官、建立朝廷的资格,因为你本身就是百官之一。称王就不同了。王位是在百官之上,上距帝位相去不过一阶,可以自立门户。所以自西汉至东汉,都要规定异姓不得封王。而异姓称王者,必是有问鼎之意的野心权臣。

　　当下汉中王刘备宣布任命:以许靖为太傅,麋竺为安汉将军,诸葛亮为军师将军,法正为尚书令兼护军将军,李严为辅汉将军,廖立为侍中,赖恭为太常,黄柱为光禄勋,王谋为少府,以上是文臣;又以关羽为前将军,张飞为右将军,马超为左将军,黄忠为后将军,赵去为翊军将军,魏延为镇远将军,以上是武将。其余的次要人物,亦各有委任,莫不欢欣振奋,得其所哉。

　　至此,蜀汉政权的国家机器,就正式开启了第一页。

　　但是,如果以为刘备"一人得道",其臣下就全数都能随之"鸡犬升天",那就大错特错了。也有因此倒了大霉的,比如过于显示自己聪明的张裕就是如此。

　　张裕,字南和,蜀郡(治所在今四川省成都市)人氏。

其人天才绝顶，尤其擅长于"占候"。所谓"占候"，即占星候气的简略说法，是根据天空中星象和云气的变化，来对人间某件事情的前景作出预言。张裕占星候气的预言，往往能够很快得到验证，故而名闻蜀中。起初，他在刘璋手下当幕僚，又以谈吐诙谐、口辩敏捷而震惊四座。张裕本人颇以上述两项擅长自负，不料正是这两项擅长，最后断送了他的性命。

那还是当初刘备应刘璋之邀进入益州时，与刘璋在涪县（今四川省绵阳市）相会欢聚。一日，宾主会饮，张裕在旁作陪。酒酣耳热之际，素来爱开玩笑的刘备，针对张裕那满口的胡须，说了一个笑话来进行嘲弄取乐："我过去在涿县老家时，姓毛的人家特别多，可以说是东南西北皆毛姓也。所以涿县的县令对此感叹说：'诸毛绕涿居乎？'"

刘备这一句"诸毛绕涿居乎"，念起来的谐音，很像是"猪毛绕啄居乎"，也就是猪嘴巴上绕满一圈都是毛了。诸位酒客会意之后，不禁大笑哄堂。刘备十分得意，满饮一大杯后，顾盼自雄。

那张裕岂是肯服输的角色，瞪了刘备一眼，马上也回敬了一个笑话说："过去有一位并州上党郡潞县（今山西省潞城县东北）的县令，后来调到贵地的涿县任职。此人离职回家之后，有人想写信问候他，觉得单称之为'潞君'或者'涿君'都不够完美，最后只得称之为'潞涿君'了。"

众人听了，又是一阵哄堂大笑。原来刘备其人，嘴巴四周几乎没有胡须，这个"潞涿君"，听起来的谐音就是"露啄君"，露出光嘴巴的猪，不是指你刘备，还能是指谁呢？

嘲笑他人可以，他人嘲笑自己可就忍受不住了。刘备虽然当时没有说什么，但是从此就把张裕这笔账记在心中。

刘备攻入成都，张裕随着大流投到刘备的麾下。他竟然又高调炫耀自己的智商，向别人泄露他占星候气时所观察到的"天机"说："主公现今虽得益州，九年之后的寅卯之交，又将会失掉它。"这话传入刘备耳中，又给张裕记上一笔新账。刘备出征汉中之前，命令张裕预测结果如何，他根据占候所见回答道："切不可去争汉中，出兵必定不利。"

哪知道这一次他的神机妙算，完全没有应验。汉中王刘备回到成都，马上给张裕来一个总算账，把他丢监下狱，要砍他的脑袋。诸葛亮痛惜张裕之才智，同时认为处以死刑未免过分，遂上表为张裕求情。刘备的批复只有寥寥八个字："芳兰生门，不得不锄。"什么意思呢？芳香的兰草花偏偏生长在大门口，也不得不把它锄掉。诸葛亮看后，登时默默无言。

　　数日之后，张裕这株不前不后、不左不右正好长在在别人门口挡路的"芳兰"，就被刘备锄掉，一命呜呼了。

　　与此同时，在北方的长安，那位一听说"鸡肋"二字即猜透主人心思的杨修，也因经常泄漏"天机"，特别是再加上其反对曹操的复杂家世背景，也被曹操下令处死。看来不论是猜疑心重的曹操，还是气量宽宏的刘备，都容不得长在家门口的"芳兰"。世间上自命为"芳兰"者，能不慎重选择生长之地吗？

　　汉中王刘备收拾了张裕，心情为之一舒。此时，王宫内清池之中荷花初放，美景宜人，但他无心欣赏，却将幕僚费诗召入王府，委任他为特使，前往荆州。

　　费诗字公举，益州犍为郡南安县（今四川省乐山市）人氏，其人识大体，善言辞，具有出使四方的外交之才。他此番受命到荆州，有两项重要任务。其一是在当地举行封拜仪式，正式授予关羽"前将军"一职的委任状及印绶。其二是送交刘备签署的命令，命令关羽乘西边汉中大捷的胜势，在东边的荆襄一线，向曹操发动猛烈的攻势，从而攻城略地。

　　秋风吹绿水，舟下去如飞。七月中旬，顺江而下的费诗即已抵达江陵县城（今湖北省荆州市荆州区）。关羽接到北伐命令,兴奋得捻须大笑。汉中大捷的消息传来后,他就在江陵秣马厉兵,准备在东线的荆州大干一番,也杀他一两个如夏侯渊之类的敌军上将过过瘾。但是,在举行前将军官职封拜仪式的事情上,费诗却遇到了麻烦。原来,按照东汉的官制,前、后、左、右这四将军,属于同一个等级。出任右将军的张飞,是关羽的义弟,关羽当然对之无意见。出任左将军的马超,曾经雄踞凉州,独霸一方,关羽对他与自己并列也无异议。唯独对于出任后将军的黄忠,因为其人此前曾是荆州牧刘表的下属,后来才投降刘备,不仅资历浅,而且名声远不及关羽,所以关云长才对他极度轻视,提起来就火冒三丈,他怒气冲冲地说道:"大丈夫岂能与那个老兵同列!"坚决不肯接受"前将军"职务的封拜。

费诗见关羽不肯接受封拜仪式,立即语重心长地劝解这位心高气傲的关将军说道:"昔日的萧何、曹参,与我大汉高祖是少小的亲旧,而陈平、韩信却是后来的投奔者。然而在平定天下后排列位次时,以韩信之位为最上,没有听说萧、曹二人有什么怨言。现今汉王虽以斩将之功优待黄汉升将军,但是汉王内心之中对君侯的眷顾和看重,哪里是黄将军所能比得了的啊!而且君侯与汉王犹如一体,同休戚,共祸福,又怎么能够斤斤计较官号的高下和俸禄的多少呢？在下仅仅是一名使者，奉命传达汉王之意，君侯如果不受封拜，在下自可径回成都复命。只不过担忧君侯此举，或许会后悔啊！"

费诗这一番情理兼备的话语，说得关羽汗湿颜面，愧疚难当，当即吩咐下人备办安排一切，以便尽快举行封拜仪式。数日之后，关羽正式就任前将军。同时，发布了战斗动员命令，北攻襄阳和樊城（分别在今湖北省襄阳市襄城区、樊城区）。费诗圆满完成任务，回转益州复命去了。

建安二十四年（219年）七月，关羽留下部分兵力戍守后方的江陵、公安两处军事重镇，自率精兵三万北攻襄、樊。养精蓄锐已有五年之久的荆州兵马，在叱咤风云的大将关云长率领下，真如下山的猛虎、出海的蛟龙，一往无前，势不可当。这个月的月底，关羽兵马即已推进到汉水一线，并且强渡汉水，把北岸的樊城团团包围。

自从赤壁之战结束以来，镇守襄阳和樊城一带的曹军主将，一直是曹操的堂弟曹仁。曹仁见襄阳位于汉水之南岸，容易受敌兵锋，便把防御的重心移往北岸的樊城，以便凭借滔滔汉水阻挡敌军。关羽前来进攻，曹仁自率精兵八千固守樊城，同时命令大将于禁、庞德，率军两万屯据樊城的北郊，互成掎角之势。至于汉水以南的襄阳，只派了一支偏军驻守，虚张声势而已。

大概是老天爷有意帮忙。关羽大军刚一围住樊城，就连下了十余天的特大暴雨，汉水猛涨数丈，溢出江堤之外，地势较低的樊城附近，顿时变成一片泽国。关羽手下本来就有上千艘战船，用以运送兵员和物资，因为自襄阳以下，汉水几乎取正南流向，通过江陵的东北，这段近四百里的水道足资运输之用。平地起大水，关羽的兵马立刻上船，步兵变为水军，安然无恙。但是对此毫无准备的曹军可就苦也。

首先遭殃的是樊城北郊的驻军。于禁麾下的七支分队，营帐中的粮食、物资、兵器，全部被洪水淹没冲走不说，人马亦溺死大半。侥幸未死的将士，各自游往高处逃命。关羽望见于禁率领麾下卫士，登上了一座小山头，立即乘坐大船包围猛攻。于禁虽然在曹营中素有"虎威名将"之称，这时也无计可施，老虎变成老鼠，只得举手投降。关羽俘虏了于禁，回转船头来又攻击庞德。

此刻，庞德率领千余人站在汉水北堤的高处，披甲持弓，顽强抵抗。他瞋目怒吼，箭不虚发。自清晨战至午后，庞德等人矢箭用尽，关羽的军队才靠拢上去。一阵短兵相交，庞德部下或死或降，支持不住。庞德急忙跳上一条小船，准备逃入樊城。不料水急浪大，小船翻覆，他随之落水，遂被对方擒获。那庞德不愧为一条好汉，他的老上司马超和堂兄庞柔，此时都在刘备手下效力，他却拒绝投降求生。不仅不投降，而且在关羽面前挺身站立而不跪，关羽遂将其杀死。至此，曹军屯据樊城北郊的兵马，全军覆没，这就是后世所说的"水淹七军"传奇故事。

　　紧接着，关羽挥兵急攻樊城。这时，汉水的洪峰已经上涨到最高点，只差不到一丈即可淹没城墙的顶端。关羽的船队密密麻麻，团团围住樊城，夯土城墙在洪水的浸泡下不断崩塌，城内的数千守军就像热锅上的蚂蚁一般恐惧不安。这时，有人劝曹仁晚上乘船弃城逃走，结果遭到汝南太守满宠的坚决反对，他说："关羽已经派兵偷袭我军后方，自许都以南，百姓扰动不安。然而他之所以不敢大举北进者，是怕我们偷击其后背的缘故。如果现今我们抛弃樊城北撤，则黄河以南的大片土地，将不复归我们所有了！"

　　曹仁此刻，才深感自己肩上责任之重大，遂下定决心与城池共存亡。他依照古制，沉溺白马于汉水以祭祀江神，祈求洪水速退。同时又召集部属歃血为盟，同心固守。

　　关羽一面加紧围攻樊城，一面派兵围攻南岸的襄阳。曹操所任命的荆州刺史胡修、南乡郡太守傅芳，先后投降关羽。北方洛阳南面的梁县、郏县、陆浑县（分别在今河南省汝州市西、郏县、嵩县东北）等地，也有人举兵响应。一时间，关羽声势夺人，史称其"威震华夏"，以至于曹操一度想从许县迁都于黄河以北，以躲避关羽的犀利锋芒。

在此紧急关头，曹操从洛阳南下，驻军摩陂（今河南省郏县东南），派遣大将徐晃，率军十余营驰援曹仁。与此同时，又施展外交手段，促使孙权从背后去偷袭关羽的荆州。

中国古代有许多富有哲理的寓言，《吴越春秋》所载的"螳螂捕蝉，黄雀在后"即是其一。就在关羽行将捕捉到曹仁这只大"蝉"之际，他却冷不防被"黄雀"孙权端了老巢。

上文说到建安二十年（215 年），孙权与刘备订立和约，以湘水为界，中分荆州，两家暂息干戈。两年之后，孙吴的主将鲁肃因病去世，终年四十六岁，其职位则由青年将军吕蒙接任。吕蒙接任主将之后，孙吴的对外方针便出现了明显的变化。

吕蒙，字子明，豫州汝南郡富陂县（今安徽省阜南县东南）人氏。其人从小在军旅中长大，但在孙权的点拨和督促之下，十分好学，是孙吴后辈将领中智勇兼备的出色人物。在对待刘备的荆州势力这一点上，吕蒙和周瑜一样，属于

"吞刘"派，而与主张"和刘"的鲁肃截然不同。至于孙权本人，则因在淮南方向的扩张受阻，也有意转向西面的荆州来谋求发展。因此，从吕蒙接任孙吴主将后起，孙吴就一直在暗中谋划夺取荆州，而对方却对此毫无觉察。

关羽出兵襄阳、樊城，威震华夏，孙权也对上游关羽势力的上升感到了担忧。当年十月，关羽因为收容了数以万计的曹魏降兵，出现严重的军粮不足，竟然派人越过边境，抢夺了孙权贮存在湘水边关仓库的大批稻米。这样一来，更使孙权直接感受到西面邻居那咄咄逼人的气势。于是，他密令吕蒙：乘关羽率领主力北上之难得机会，出兵偷袭荆州。就在这时，曹操的密使也来到江东，劝说孙权西攻关羽，并且许诺：事成之后，将以汉朝的名义把长江以南的地域，作为王国封地赏给孙权。孙权大喜过望，便毫无顾忌地向西出击。

吕蒙得令，立即将三万精兵分成若干批，分散出发。船队经过寻阳（今湖北省武穴市东），来到荆州东界时，他又命令战士进入船舱之内隐蔽起来，舱面的少数水手均穿上当时商人才穿的白色衣服，这样就把战船伪装成为商船，顺利进入了关羽控制下的荆州南郡。

南郡境内的长江防务重点，是公安和江陵，分别由关羽的部将士仁和麋芳镇守。士、麋二将，都曾因为失职而受到过关羽的痛责，一直耿耿于怀。吕蒙大军突然抵达城下，二将兵力单薄，哪里还有什么斗志？相继献城投降了。于是，吕蒙在十多天内，兵不血刃就夺得了荆州的核心地区南郡。

此处要说明的是，士仁其人，姓士，名仁，字君义，这在陈寿《三国志·杨戏传》中记载得清清楚楚。后来罗贯中《三国演义》第七十五回，将其说成是傅士仁，即姓傅，名士仁，这是为了谐音"弗是人"加以贬斥而做出的随意性改动，并不符合历史真实。另外，麋芳的"麋"，《三国演义》误为糜烂的"糜"，也是误写。他是前面所说麋竺的弟弟，算是刘备的内弟。

前方的吕蒙一得手，孙权即亲率后援大军抵达江陵。刘备所委任的荆州各级行政官员，纷纷改换门庭，投降孙权。接着，孙权又命大将陆逊率军向西推进，攻占了江陵以西直到三峡中段秭归（今湖北省秭归县）这一大片沿江的地区。如此一来，关羽退还益州的归路就被完全堵死了。

在襄阳、樊城一带浴血奋战已达四月之久的关羽军队，听说后方荆州的大本营已经丢失，无处可归了，顿时人心扰动，士兵不断逃亡。威风八面的关将军，这时也只好收合余众，撤退到江陵西北一百里处的麦城（今湖北省当阳市东南）。这年十一月底，地冻天寒，朔风呼啸，关羽率少数亲兵，溃围而出，沿着漳水直奔西面的荆山深处，企图越过荆山逃回益州。十二月初，关羽不幸在漳乡（今湖北省荆门市西）被俘，当场被杀。其头颅由孙权派遣特使送至洛阳，曹操以诸侯的礼仪，将其头颅安葬于洛阳的南郊。这处墓地至今尚有古柏千株护绕，故而当地的老百姓呼之为"关林"。

关羽一死，刘备的荆州辖地即全部落入孙权之手。在这一年里，刘备先是夺得了汉中，继而又丢失了荆州，真可谓是大起大落，出人意料。随着荆州的丧失，诸葛亮在隆中对策中所设计的两路夹击中原的战略，就再也难于实现了。

丢失荆州，对于年近六十花甲的刘备而言，无疑是其事业上极其巨大的损失。但是，造成损失的主要责任者是谁？后世的论者，有的归咎于骄傲自大的关羽，有的归咎于毁盟失信的孙权，有的归咎于挑拨离间的曹操。其实，倒是俗话说得好："会怪的怪自己，不会怪的就怪别人。"荆州之失，说来说去还是要怪刘备自己。

道理很简单。对于义弟关羽的骄傲自大性格，刘备了不了解？当然了解。就连诸葛亮都晓得"关羽护前"，自视甚高，情同手足相随数十年的义兄刘备就更不消说了。对于前内兄孙权与自己貌合神离的关系，刘备清不清楚？当然也清楚。远的不论，当初吕蒙偷袭荆南的长沙、零陵、桂阳三郡，不过是四年前的事，真可谓"殷鉴不远"。最后，对于仇敌曹操的狡诈机警，刘备知不知道？当然也知道。过去数十年中，他吃曹操的亏难道还少吗？既然你刘备对什么都了解，都清楚，都明白，那么为何不采取相应的措施来防止呢？你亲自北攻汉中，都晓得请诸葛军师坐镇成都，以便稳定后方，保障供给，那么你下令关羽尽锐北征，为何不调派合适之人前往镇守江陵，而让麋芳、士仁之类的跳梁小丑担此大任呢？你在西上益州之时，曾留诸葛亮、张飞、赵云助守荆州。其后召三人进入益州助战，也是很自然之事。但是，益州夺了，汉中得了，汉中王也当了，这三人却全都没有调回荆州去镇守。当关羽奉命北上进攻襄阳、樊城之时，且不说调诸葛亮前往江陵去运筹帷幄，就是派行事一贯谨慎而又威名远扬的赵云去镇守江陵一带，吕蒙"白衣渡江"的戏码，也就很难唱得成功。从襄、樊之役开始的七月，直到关羽被擒杀的十二月，在这将近半年的时间里，孙权和曹操两方面，从前线到后方大本营，可谓是活动频繁，上下齐心，战争机器全速开动。反观蜀汉方面，只有关羽孤军奋战，在荆州唱独角戏，益州方面竟然没有一点点实质性的援助行动，令人大惑不解。在这种情况下，丢失荆州就毫不奇怪了。

结论很明确，是盲目乐观的刘备，自己丢失了荆州。当然，首席辅臣诸葛亮未能尽到思考建议的责任，也是原因之一。这正是：

顾得此来惊失彼，追根责任在刘郎。

要想知道刘备接下来会有什么重大的举措，是称帝大典，还是兴兵复仇，请看下文分解。

第二十三章

蜀中天子

　　建安二十五年（220年）的新春伊始，关羽不幸身亡，荆州辖地全部失陷的噩耗传到了成都。

　　六十岁的汉中王刘备当即痛哭失声。他心痛，心痛那一大片好不容易打下来的土地，更心痛自己患难与共数十年的义弟关云长。他后悔自己未能给予荆州强有力的支援。他愤恨碧眼儿孙权阴险毒辣。各种感情在他的胸中涌动，酸楚的眼泪在他的脸上流淌。群臣是不劝不妥，劝又无话好说，只得陪同他一起悲泣，哭得王宫上下如丧考妣，弥漫着一片悲凉之雾。

　　哀痛充分表达之后，接下来刘备便一心考虑如何兴兵复仇。此事说起来容易，实际上要付诸行动则大费斟酌。孙权兼并荆楚之后，势力大增，若要夺回失地，非全力出动益州兵力不可。但是，眼下曹操在关中屯聚了雄兵数万，虎视巴蜀，一心想报汉中失利的一箭之仇。如果动员益州的全部精锐兵力东下荆州，曹军势必要从北面乘虚而入，关羽因后背被突袭而招致覆败的悲剧就将再一次重演，只不过剧中的角色和地点变换了而已。荆州丢了还有益州，益州丢了又何以立足呢？

　　说来也奇怪，刘备这辈子吃的大亏，都好像是在被人偷袭这一点上。第一次是被吕布偷袭了徐州，第二次是被孙权偷袭了荆南，第三次是被孙权偷袭了荆西，总不能在花甲之年又让别人把最后一块安身立命之地益州偷袭去吧？有鉴于此，所以刘备口中虽然大喊要复仇，实际上却按兵未动。

　　就在这时，情报人员呈上一份报告，说是曹操本月在洛阳病死，其子曹丕继位为魏王，控制东汉朝政。刘备看了报告，心中陡然一亮：或许这是一个天赐良机？于是，他写了一封吊唁和祝贺兼而有之的友好书信，又准备了蜀锦之类的丰厚礼品，派遣特使韩冉，专程送往洛阳。刘备的如意算盘，是想借此机会缓和与曹魏的关系，稳住北面，然后再去进攻东邻, 就比较放心一点。不料使臣韩冉自认为此行是前往素来交兵不断的敌方, 怕是凶多吉少, 所以经汉中抵达上庸郡(治所在今湖北省竹山县)之后, 他就称病不前。这样一来, 刘备的如意算盘实际上就落了空。

缓和曹魏之事尚无回音, 上庸地区发生动荡的消息却先传到了成都。原来, 驻守上庸的将军孟达, 素来与其顶头上司刘封不和, 刘封自恃是刘备的养子, 不断欺凌孟达。孟达气愤不过, 干脆领着部下投奔了曹魏。这上庸郡和曹魏控制下的荆州南阳郡(治所在今河南省南阳市)相邻接。孟达前往投奔, 曹丕喜出望外, 立即给予官爵的重赏不说, 又令大将夏侯尚、徐晃, 领兵跟随孟达杀回上庸。刘封招架不住, 狼狈逃回成都, 被刘备下令处死。而汉中以东的西城、上庸、房陵(分别在今陕西省安康市, 湖北省竹山县、房县)一带的大片土地, 又重新归入曹魏的版图。北线的局势剧烈动荡, 刘备东下的打算也只好暂时放一放了。

上庸既然归了曹魏, 在此称病不前的使者韩冉, 也就有了正当的理由不再前行, 直接把刘备的书信和礼品就地转交给了曹魏方面。当地官员接手之后, 立即送往洛阳。新上台的魏王曹丕, 没有想到刘备这个老对手竟然也对自己的继位有所祝贺, 不禁莞尔一笑。他礼品照收, 书信却暂时未作答复，因为他现今很忙，正在为自己升格当皇帝的大事操劳呢。

这年十月，曹丕废黜了汉献帝，自立为天子，改元"黄初"。心满意足的曹丕，坐在皇帝的宝座上，拿腔使调地命令有关官员，给刘备回了一封信函。信函中，曹丕以天子的口吻，把汉中王刘备作为下属，勉励嘉奖了一番，同时也"赏赐"刘备一批珍稀之物。信函和赏赐，不久就送达成都。曹丕这封书信，不仅没有能对刘备东下复仇起到促进的作用，反而又还造成此事被向后推迟了大半年之久，这是怎么一回事儿呢？

原来，曹丕这封信函，使刘备知道了东汉朝廷已经寿终正寝，曹家的小儿冠冕堂皇，当了新朝的开国皇帝。这下子，把年过花甲的刘备，弄得来心头酸酸复又痒痒，他那潜藏多年的皇帝瘾也猛烈发作了。于是，他把东下复仇的事暂且放到一边，也要学学曹丕那样，专心专意地张罗起自己做皇帝的大事来。

不过，这件事又不好由自己开口明说。其实，在中国古代的历史上，凡是臣僚自立为天子者，往往都不好意思说自己想当，而要说成是下属官员"强迫"或者"劝说"自己来当，所以才有所谓的"劝进"一词出现。曹丕强迫汉献帝让位，其间在他本人的一手导演之下，群臣一再劝进，曹丕则一再推辞，以至于劝进达到十七次之多，才算把他"劝"上了皇帝的宝座。刘备是何等精明老练之人，怎么会不懂得这一套潜规则呢？他马上通过一个特别举动，把内心的企望微妙地表达出去，从而引燃了群臣劝进的导火索。

这一日，刘备在王府召集群臣。众人到齐之后，刘备从内室步入议事厅堂，一脸悲戚之色。他在座位前站定，向肃立的群臣缓缓说道："逆贼曹丕，湮灭汉室，窃据神器，劫迫忠良，人鬼忿毒。近日许都传言，天子已为曹丕所害，委弃万邦。着令有司：依礼发丧致祭，并议定已故天子的谥号。"

说毕，刘备便大放悲声，嚎啕痛哭起来。肃立的群臣，或先或后，也跟着悲泣不已。当天会散之后，刘备就带头穿起了丧服。不久，又煞有介事地给"被死去"的汉献帝，追加了一个"孝愍"的谥号，算是按照传统礼制，对其一生作出了总结。此时此刻，东汉行政区划的全国十三州中，唯有一个益州，上上下下在正经八百地为汉献帝办丧事。如果说，这一年的年初，因关羽之死而造成的悲凉之雾，还只是弥漫在汉中王府邸之内的话，那么这一次因汉献帝之"死"而人为制造出来的哀悼气氛，则笼罩在刘备的文武百官们头顶上了。这一年，对益州来说，真可谓是"流泪之年"。

丧事热热闹闹地办到了年底。其间从北边不断传来的消息证实：汉献帝并未驾崩，而是被废黜为山阳公，送到洛阳东北二百里外的山阳县（今河南省焦作市东）终老余年了。事实上，汉献帝的命还长，又活了十四年才死去。

但是，刘备似乎还没有下令终止治丧的意思。到了这时，终于有那些头脑敏捷之角色，开始听懂了刘备的"丧"外之音。原来是大王自己想当皇帝，以便接续刘姓汉朝的国运啊！

主上想当皇帝，臣下自当效劳，何况这还与自身的利益密切相关呢。效劳的首要大事，是要为此大造政治舆论，证明主上当皇帝乃是天命所归，神灵授意。在中国古代，制造这种政治舆论是有成规定法的，按照当时的习惯性表达，叫作是"称说符瑞"。

所谓"称说符瑞"，即是寻找一些当时人们认为是预示皇帝将要出现的吉祥征兆，以此证明一切出自天意。具体而言，"符"是指"符谶"，"瑞"是指"祥瑞"，二者并不相同。

符谶，是一种假托神灵所说的预言性诗句，例如东汉光武帝刘秀称帝的符谶，是"刘秀发兵捕不道，卯金修德为天子"，"卯金"暗指繁体的"刘"字，即"劉"。而魏文帝曹丕称帝的符谶，则是"鬼在山，禾女连，王天下"，"鬼、禾、女"，三者合起来即是一个"魏"字。符谶大多记在一些书中，这些书统称为"纬书"，以便与五经之类的"经书"相提并论。

至于祥瑞，则是指象征吉祥征兆的各种具体事物，而非抽象的文句。诸如天上的凤凰飞，水中的蛟龙起，地上的醴泉涌，树上的甘露降，等等，都算是祥瑞之物。

如果把自立为皇帝比作舞台上的演戏，那么上述的符谶和祥瑞，就好比是大幕拉开前的开场锣鼓。锣鼓一响，好戏就将开场了。

冬去春归。以议郎刘豹为首的十二名官员，在此一元复始而万象更新之际，向汉中王刘备献上了第一通劝进表章。他们慎而重之地指出：在纬书的《洛书》之中，早已有"赤三日德昌，九世会备，合为帝际"，"天度帝道备称皇"，"帝三建九会备"等文句；而上述文句中的"备"或"德"字，正是应了大王本人的名讳。于是，符瑞中的"符"或"符谶"，就算是具有了。接下来他们又提到了符瑞中的"瑞"或"祥瑞"，说是近年以来，"西南数有黄气，直立数丈"，又"时时有景云祥风，从璇玑（即北斗七星）下来应之，此为异瑞"。最后的结论，自然是一致殷切期望刘备"应天顺天"，早登皇帝的宝座。

这十二位善于见机者开了先风，其余的臣僚岂能落后？于是称说符瑞者如雨后春笋，接连不断，史称是"群下前后上书者八百余人"，真是好不热闹也！

最后，是一批重量级臣僚出现了。年高资深的太傅许靖领衔，安汉将军麋竺、军师将军诸葛亮，以及太常赖恭、光禄勋黄柱、少府王谋等，联名上书，说是最近在成都以南约一百里的武阳县（今四川省彭山县）的大江之中，有黄龙出现，九日之后才隐去；又说关羽围攻襄樊时，有玉玺在汉水之中焕发光辉，以至于"灵光彻天"。最后仍然一致敦促刘备尽快登上皇帝之位，上继汉家的帝统，下慰臣民之心愿。

这里插一句，上面所说的黄龙出现，就是现今成都旅游名胜古镇黄龙溪的文化起源。

就在这沸沸扬扬之时，竟然有几个不识时务的角色，站出来唱反调。尚书令刘巴、司马费诗、主簿雍茂三人都上表刘备，请求暂缓称帝。他们认为：当初高祖刘邦与楚霸王项羽相约，先破秦者为关中之王，其后刘邦率先破秦，到封王时却再三谦让，因而使得天下归心。如今"殿下未出门庭，便欲自立"，将使天下人觉得大王胸怀不广，实在是使不得。

刘备览表，大为生气。刘巴位重名高，刘备对他手下留情，未加深责。名位较低的费诗、雍茂，马上就倒了大霉。前者被贬到边荒之地，后者则因莫须有的罪名丢掉脑袋。还有一些想率直陈言的人士，立时闭口不言。

反调无人再弹，舆论空前统一，照理说刘备就该登台就位了。不料此刻的他，却一再谦让起来，执意不肯登上九五之尊。群下无奈，只得公推军师将军诸葛亮去劝说。

孔明先生毕竟智商高出众人一大截，出言不凡，他对刘备说道："昔日吴汉、耿弇等人敦劝世祖（指东汉光武帝刘秀）登上帝位，世祖一再推让。此时耿纯前来进言道：'天下英雄之所以一致促成此事者，还不是因为都想从中得到好处吗？如果不从众议，士大夫即要各寻新主，何必要跟随主公不舍呢！'世祖认为耿纯之言深切之至，立即俯从众议。如今，曹氏篡汉，天下无主。大王乃汉室之胄，继起为帝，是十分合适的事情。而士大夫吃苦耐劳追随大王者，也正如耿纯所言，是有所期望的啊！"

这番话的高明之处，就是把刘备自己想当皇帝，变成是臣僚想得到丰厚的好处，因而逼迫他来当皇帝的，而且这种逼迫的出发点很自然，很可理解，甚至还有祖宗皇帝当初的先例可循。至此，刘备终于被"说服"，同意称帝登基，以接续汉家天下的帝统。

主公开了金口，臣僚立即忙着筹备一切。修筑坛场，确定仪式，议定年号，选择吉日，书写文告，制作冠服，建立宗庙，这一应的准备工作，足足费了将近两个月才全部完成。至此，告天即位这最为关键的一幕就可以演出了。

公元 221 年四月初六日丙午这一天的清晨，刘备焚香沐浴之后，率领文武百官，来到成都城内西北部武担山南麓的即位坛场。在宽平的场地正中，建造起一座土坛。坛形正方，有阶八级。坛上的中央位置，设立天地神位。天地神位之外，又设立赤帝、青帝、黄帝、白帝、黑帝五处神位。五帝之位的外围，又设日、月、北斗七星和上天诸神之位。坛场四周，数千精兵严加护卫，气象肃穆，令人一望而生敬畏之心。

巳时正，仪式正式开始。刘备身着汉中王的冠服，缓步登坛就皇帝之主位。接着，文武百官鱼贯登坛，就陪同之位，君臣全部背南向北而立。

这时，在坛上的君臣前方，开始燃起一堆熊熊的柴火。浓黑的烟气缓缓上升，直达云天。在这天上与人间相互沟通之际，刘备以极其虔敬的语调，朗朗宣读告天之文，文曰：

惟建安二十六年四月丙午，皇帝臣备，敢用

玄牡，昭告皇天上帝、后土神祇：

汉有天下，历数无疆。曩者王莽篡盗，光武皇帝震怒致诛，社稷复存。今曹操阻兵安忍，戮杀主后，滔天泯夏，罔顾天显。操子丕，载其凶逆，窃居神器。群臣将士以为社稷堕废，备宜修之，嗣武二祖，龚行天罚。备虽否德，惧忝帝位。询于庶民，外及蛮夷君长，佥曰："天命不可以不答，祖业不可以久替，四海不可以无主。率土式望，在备一人。"备畏天明命，又惧汉邦将湮于地，谨择元日，与百僚登坛，受皇帝玺绶。修燔瘗，告类于天神，惟天神尚飨，祚于汉家，永绥四海！

文告的大意是说，建安二十六年四月丙午日，作为皇帝的为臣刘备，斗胆使用黑色的公牛作为祭品，公开禀告苍天上帝、大地神灵：过去王莽篡位，光武帝奋起讨伐，重建了汉朝。现今曹操、曹丕父子相继作逆，杀害君主、皇后，窃据皇位。我的部下将士都认为我应当站出来，兴复先汉高祖、后汉光武帝两位祖先相继开创的大业。我自感缺乏德泽，难以承当重任，但是考虑到广大民众的强烈要求，又担心汉朝的命运从此断绝，于是选择今天的吉日，与百官登坛接受皇帝权位，特此燃起柴火，禀告你们伟大神灵，希望享用，并保佑我汉家天下，永远安定四海。

刘备把这篇由尚书令刘巴撰写的二百字告天文，念得抑扬顿挫，荡气回肠。坛场上下，万众安静，他的声音显得格外嘹亮。六十一岁的刘备，在数十年创业生涯中备受艰难困苦，为的就是这一天。宣读完毕，刘备捧上文告，将其投入那堆柴火之中。片刻，写有文字的绢帛化作一缕青烟，腾空而去。至此，刘备的皇帝名义和权力，就得到皇天、后土上帝诸神的承认和批准了。于是，刘备脱去悬挂九根冕旒的王冠，戴上前后各悬挂十二根冕旒的皇冠，身上的袍服亦随之更换。新皇帝在群下的欢呼声中，再一次注视柴火烟气，完成最后的礼仪程序，这叫作"视燎成礼"。至此，燎祭告天的仪式正式结束，刘备成为至尊无上的皇帝。

至此，这个乱世涿县村庄中的穷家苦儿，终于实现了他少年时期的天子梦。

新登基的皇帝，还有好多事情要做。

首先是宣布大赦天下。凡是犯死罪以下刑法条款的罪犯，都可得到赦免，这是让老百姓们沾光高兴。大赦之后又宣布更改年号，不再用汉献帝的"建安"，改用自己的"章武"

了。章是彰显之意，所以"章武"者，既含有彰显武力重振汉家江山之意，又显示出自己是继承光武帝光辉先例，接续皇朝命运之意，可谓是一语双关。

其次是大置百官，封赏功臣。首席臣僚诸葛亮，出任朝廷百官之首的丞相，许靖出任司徒，张飞升任车骑将军并封西乡侯，马超升任骠骑将军并封斄乡侯。其余众官，或加官，或晋爵，都有好处可得，皆大欢喜。

接下来开始让亲属们沾光高兴了。刘备的祖宗先人，一律在新建的皇家宗庙中树立神主牌位享受隆重祭礼。五月，宣布立吴夫人为皇后，刘禅为皇太子。六月，封皇子刘永为鲁王，刘理为梁王。其余的宗亲，也有种种优待，无须细说。

就这样，前后忙碌了半年，才算把称帝的大事办妥帖了。至此，东下复仇的军事行动，又再度提上议事日程。新年号章武元年（221年）七月，蜀汉皇帝刘备，亲率大军五万以上，东下荆州。顿时，荆楚的长江一线战云密布。这正是：

刘郎先要当皇帝，然后兴兵大报仇。

要想知道刘备此番亲自倾国出征，能不能夺回荆州的大片失地，从而为关羽报仇雪恨，请看下文分解。

第二十四章

兵败夷陵

　　刘备刚一下达全力东征荆州的紧急动员令，即有不少臣僚上言劝阻。其中，以翊军将军赵云所阐述的理由最为正当，他说："国贼本是曹操，而非孙权。如果我们先灭掉曹魏，孙权自然会受到震慑而降服。现今曹操虽死，但是其子曹丕篡汉自立，我们应当利用人们对曹丕篡汉的不满情绪，早日出兵北向进占关中，控制黄河和渭水上游，讨伐凶逆。当地主张正义之人一定会裹粮策马迎接我军。因此，现今不应当把曹魏放在一边，先和孙吴交战，因为战争一旦爆发，短时间内不可能解决，让曹魏在北方从容旁观，这绝对不是上策！"

这位"一身都是胆"的忠勇将军赵子龙，性格正直，常常要忍不住说几句理端辞切的真话。例如当初刘备刚刚攻占益州，准备把成都城内的房屋和城外的土地，分赐给有功诸将。赵子龙立即反对这种掠夺百姓财产以自肥的做法，还以西汉大将霍去病的名言"匈奴未灭，无用家为"来劝告刘备。大概因为他爱说真话，而真话往往又不容易受到别人的喜欢，所以在刘备称王、称帝这两次大封赏中，赵云竟然既未加官亦未晋爵，依然是攻破成都时就当上了的翊军将军。后世人常常说刘备手下有"五虎上将"，其实，就刘备所给的名位和待遇而论，赵子龙是其中最为逊色的一位。关羽生前担任前将军兼董督荆州事，张飞担任车骑将军兼司隶校尉，又封西乡侯，此二人的名位赵云自然望尘莫及。就是马超和黄忠这两位后来的投诚者，前者担任骠骑将军并封斄乡侯，后者担任后将军并封关内侯，也比赵云这个属于杂号将军一类的翊军将军地位明显要高。但是，赵子龙从不在意自己名位的高下，依然正派直言如故，其品格与其勇敢，都属出类拔萃的第一流。可惜后世的人们大多只知道他的武勇，而不了解他的高尚品格，实在是遗憾得很呀！

　　不过，赵云等人的直言进谏，并未起到丝毫的作用。须知此番刘备兴兵东下，除了想夺回荆楚的战略要地之外，还有一个更为要紧的目的，这就是维护自己的尊严和脸面。奉命董督荆州的关羽，不仅是刘备手下的第一员大将，而且又是其义弟。关羽死于非命，刘备如果不能有所行动，无异于被人唾面而让其自干，不免显得丢人之至。要是换在以往东漂西荡的困穷之时，刘备或许还勉强忍得下这口气。如今他已经位登九五之尊，君临天下，脸面和尊严问题就显得异常重要了。加之蜀汉现今的辖地，在三国之中又是最小，小国之君往往更怕他国之人看不起。关于这一点，远在洛阳的魏国谋士刘晔，就已经大体看出来了。魏文帝曹丕曾经召集群臣，推测刘备是否会东下复仇。绝大多数人都认为蜀国弱小，不敢出兵与孙吴一决雌雄，唯有刘晔认为不然，他说："蜀虽弱小，但刘备一心想以威武自强，势必大举用兵以示国力有余。再说关羽与刘备的关系非同寻常，刘备如若不能兴兵复仇，将显得情分不够深厚啊！"

　　作为朝廷百官之首的孔明先生，自始至终都没有劝阻过刘备，其中的玄机何在呢？这将留到下一章再说。

　　赵子龙既然反对东下，刘备也就不要他到第一线去作战，而派他在后方镇守江州（今重庆市渝中区）。此时蜀汉的"五虎上将"，关羽和黄忠已经作古，马超则重病缠身，不能随军前往，能够依靠的只有赵云和刘备的义弟张飞。此刻张飞正驻守在巴西郡的首府阆中县（今四川省阆中市），刘备即命令他率精兵万人沿阆水南下，到江州和自己会合。至于成都的大本营，仍然交给诸葛亮镇守。

炎夏六月，酷热难当。刘备冒着溽暑完成了一切行军准备，正要率领将士从成都出发上路，不料从阆中传来紧急报告。刘备一看报告的署名者不是张飞，而是张飞大营的都督，顿时有一种不祥的预感，情不自禁喃喃而语："噫！飞死矣，飞死矣。"

结果确实如此。原来，车骑将军张飞作战虽然勇猛异常，万军之中取敌酋首级直如探囊取物，但是其性急如火，对待部属态度粗暴。他与关羽的个性不同，关云长是厚待底层的士兵而傲视上层的士大夫，张飞则相反，是尊敬上层的士大夫而严厉对待底层的士兵。刘备也经常告诫他说："你刑杀过分，又经常鞭打侍从健儿，过后仍令他们跟随在左右，这是取祸之道啊！"张飞听了依然行事如故。这一次，张飞接到命令前往讨伐孙吴。临出发前，帐下卫队将领张达、范强，因平素受到责备而心怀不满，便伺机刺杀了张飞，割下其头颅顺流而下，前往东吴向孙权邀功去了。这真是：五万精兵犹未动，一员虎将已归西！

张飞之死，不仅没有打消刘备东下的计划，反倒使他更加渴望与孙权一决雌雄。关羽的头颅，是孙权手下将领割下来送到洛阳去的。张飞的头颅，现今又被刺客割下来送到了江东。两位义弟惨遭身首异处的下场，都与碧眼儿孙权直接相关，这双重的血债此刻不讨还，更待何时！

秋七月，暑热稍减。刘备亲提大军五万余众，离开成都，东下荆州。随从的部属，武有黄权、吴班、冯习、张南、傅肜诸将军，文有侍中马良、从事祭酒程畿等人。不难看出：刘备麾下兵马虽多，却缺乏出色的谋臣和骁勇的名将。他手下的智囊人物，出色者只有三位，即一龙一凤再加法正。凤雏先生庞统和法正，已经长逝不存，而健在的卧龙先生诸葛亮又必须承担留守大后方的重任，所以刘备此行，只好亲自兼任总参谋长了。至于从行的武将，同样也缺乏如关羽、张飞、赵云、黄忠之类"绝伦逸群"的角色。所以这个文武班子，给人以"软弱"的印象。这样一出重头戏，全靠主角刘备一人支撑台面，其效果如何可想而知。

七月下旬，大军进入三峡。入峡不远，就是孙吴荆州宜都郡的属城巫县（今重庆市巫山县）。刘备的前锋吴班、冯习二将，乘新出之锐势，一举击溃吴将李异、刘阿守军，攻占了巫县的县城。接着，吴、冯二将乘胜进击巫县以东的江防重镇秭归（今湖北省秭归县）。在此巡察的孙吴军队主将陆逊，见蜀军来势凶猛，随即命令吴军主动向东面的后方撤退以避其锋芒。刘备进驻秭归后，命令全军暂停前进，原地休整待命。

这秭归虽然位于高峡之下的大江之滨，却是一处钟灵毓秀之地。其城东郊有著名的香溪，乃是长江北岸一条小支流。香溪的入江口附近，有楚国三闾大夫屈原的故乡乐平里。沿着明丽的溪水上溯不到一百里，又到了西汉时王昭君的故乡明妃村。刘备驻军于此，未必然是要凭吊一番古人吗？非也。此时此刻，他还没有这等的闲情逸致。他之所以暂停不前，是因为有别的打算。

首先，他要在此等候情报人员把敌方的军事部署打探清楚。刘备在荆州多年，对长江沿线的地形地理相当熟悉，但是，现今的敌军布防状况如何，他心里却弄不清楚，须得派人打探打探再说。长江流入三峡西端的夔门之后，依次经过瞿塘峡、巫峡、西陵峡这三峡，就进入平坦的江汉平原。而秭归城正在西陵峡的西口上。也就是说，只要由此放舟东下，就只有出峡之后才能收棹止舟了。此刻不把敌情弄清楚，那就来不及了。

其次，他还需要时间来争取外部的援助。刘备攻占了孙吴的巫县、秭归一线后，就可通过江南岸的高山地带，进入荆州南部的武陵郡。刘备统治荆州时，曾与武陵郡沅水流域的"五溪蛮"，建立起良好的关系。所谓"五溪"，即雄、樠、无、酉、辰五条支流。居住在这片地域的少数族人数不少，而且武勇善战。刘备派遣侍中马良为特使，到武陵郡向少数族首领沙摩柯求援。如果成功，则长江南岸一线的侧面防备就更加放心了。

转眼之间，半年时光已经消逝。章武二年（222年）新春，寒气渐消，江风日暖。在秭归按兵待时的刘备，心情也如天气一般开朗。出使五溪的马良，新近也回转秭归，随来者尚有少数族的首领沙摩柯及其部众数千人，算是此行不虚。至于孙吴军队的情况，刘备亦弄得一清二楚。

孙吴的抵抗部队，号称五万，由主将陆逊率领，部署在秭归以东的宜都郡（治所在今湖北省宜都市）境内沿长江一线。宜都乃是孙吴新设立的一个郡，它位于南郡以西，是江陵西部的重要屏障。长江在秭归以下的宜都境内，流程约三百里，其中西陵峡即占流程的二分之一左右。江水出峡口后在平原上缓缓东流一百五十里，即进入南郡境内了。在这三百里的江防线上，吴军的防御重点主要有两处。首先是位于峡口北岸的夷陵县（今湖北省宜昌市区）。这夷陵县城池坚固，形势险要，正当要津，被吴人视为"国之关限"，"失之非徒损一郡之地，荆州可忧"。因此，陆逊把吴军主力的大部分都摆在夷陵这里。其次则是夷陵下游一百里处的夷道县（今湖北省宜都市）。夷道县位于长江南岸，是宜都郡的治所。一过夷道，到江陵就畅通无阻，所以陆逊在此亦设有重兵。敌军布防情况明确之后，刘备经过反复慎重考虑，最后终于把下一步的作战方案定了下来。

这年二月，桃花水就要来临之际，刘备在秭归犒赏三军，并且下达了大举进攻孙吴的命令。他此时的部署，是水路三军齐头并进，向敌境纵深地带发起强攻的阵势：居中为水军战船，同时载运军事辎重、粮食物资，由主将吴班、陈式统领。北岸的各路步兵，由将军黄权统领，任务有二，一是防备北方曹军的南下偷袭，二是扫荡长江北岸，保护主力的侧翼。至于刘备自己，则和南岸的步兵战略机动部队一起，同步向前推进。

对于刘备这种两岸步兵深入敌境沿岸推进的行动，后世曾有论者加以批评，认为完全属于轻敌冒进的战略；应当采取全军上船，扬帆东下，乘舟径前，才能稳操胜算。但是，只要对秭归至夷道这三百里左右的沿江地理状况，进行过一番细致的实地考察，就会觉得上述说法完全属于纸上谈兵，站不住脚。西陵峡中江水湍急，猛浪若奔，一旦解缆放舟，大部队的船队，不出峡口是难以停止的。五万人马乘坐数千艘战船，一齐出发则难以保持完整的队形，分批出发又削弱了攻击的力量，你说如何是好？就算数千艘战船在惊涛骇浪之中还能保持完整的队形并统一指挥，一旦离开秭归，不出西陵峡是无法有序停靠的，而西陵峡口的夷陵要塞，数万吴军主力正在那里严阵以待。如果在夷陵城下停泊，对方以逸待劳，居高临下，正是求之不得。如果绕开夷陵而停靠其下游，立刻又处于夷陵、夷道两处重镇的前后夹击之中。显而易见，这才确确实实是轻敌冒进、孤注一掷之举。

反观刘备的行动方案，倒真的是一种谨慎持重的战法，甚至谨慎持重得有些过分了。他让步兵部队沿着长江两岸的山地进军，至少有以下多方面的好处。

第一，可以避开敌军主力的锋芒，因为敌军主力精心营建的要塞夷陵城池，是在三峡东口的长江北岸。刘备所在的步兵战略机动力量，从南岸绕过夷陵，犹如第二次世界大战德国军队从比利时绕过"马其诺防线"一样，纵然要塞防守再坚固，也是鞭长莫及。

第二，陆地行军，可进则进，可止则止，完全能够作到根据需要而定。由于武陵一带的少数族在南侧充当掩护，而北侧又是大江，所以担任主帅的刘备随同南岸的步兵行动，可以保障其绝对安全无虞。

第三，由于大批步兵的离船上岸，水军的船只载重量大为减轻，这就比较容易在三峡激流的沿岸进行停泊，于是步兵和水军就能够很好地进行相互呼应和人员调动，使得水陆之间的战斗力形成一个理想的整体联动阵势。

第四，水战是孙吴军队所擅长，在双方主力接触之前舍舟就陆，水陆并进，正好可以避长就短。

第五，敌方的注意力最初是会集中在水面之上，而今从岸上和水上一齐深入敌境，将取得出其不意的作战效果。

第六，沿岸行军时，万一失利易于撤退。如果放舟江峡，前进时倒是痛快无比，要想后退就困难得很了。

当然，沿岸进军也有一大缺点，就是行进相当艰难费力。但是，秭归以下的长江南岸山地，其陡峻程度比北岸山地要小得多，而且山间常有小片谷地，可供休整安营。总而言之，刘备从秭归发起总攻时所采用的水陆呼应、三路并进部署，自有其深远的考虑，绝非所谓的"轻敌冒进"之举。如果因为他后来受到火攻而败退，就完全否定其最初的部署，难道乘舟径前就绝对不会遭到火烧了吗？须知火烧曹操战船于赤壁，这一"杰作"的创造者正是孙吴的将士而非他人呀！

事实上，孙吴主将陆逊最为担心的，恰恰就是刘备的上述部署。而他处心积虑所想出来的取胜绝招，也恰恰就是在打破了刘备军队的水陆相互联动呼应之上。这一点下面就会清楚看到。

二月底，刘备大军冲出三峡东端的峡口。居中的水军，充当了进攻敌方夷陵要塞的主力，相当顺利地攻占了在峡口的夷陵城地。但是，当蜀军继续沿着长江两岸向前推进时，却遭到吴军接连不断的猛烈抗击。为了保护后方的峡口通道，蜀军被迫在沿江一线，修建了连片的军事营寨，并留下相当的兵力进行守卫，形成了所谓"连营七百里"的不利形势。

进入夏季，蜀军终于推进到峡口以东一处叫作猇亭（今湖北省宜昌市猇亭区）的地方。敌军坚决不肯继续退却，蜀军被迫在此与对方对峙相持下来。陆逊为何会把猇亭选定为自己最后的立足破敌之地呢？

原来，这与猇亭极其特殊的地理形势密切相关。这猇亭位于长江北岸，夷陵和夷道两处要塞之间，上距夷陵七十里左右，下距夷道约三十里。猇亭所在的长江北岸，是一段笔直插入江中的坚硬岩壁，而与上、下游比较平缓的沙坡江岸完全不同。由于江岸壁立，水流汹涌，船只在此完全不能停靠，刘备水陆呼应的联动阵势部署，在此就被彻底打破，被迫只能单纯用步兵来与对方决战了。

此时，刘备本应集中全力，尽快攻克长江南岸敌军防守力量不足万人的夷道县城，然后以此为凭借，伺机渡江进攻北岸的吴军主力。可惜他只派了一支偏师去围攻夷道，却亲自率领步兵的主力，过早渡过长江，去和北岸的敌军主力对战。这样一来，南岸既未得到可靠的根据地，又使兵力分散到了两处，实在是一步败着。

刘备驰骋疆场数十年，何以会走出这一步臭棋呢？究其原因，乃是对夷道城的吴军守将孙桓过于轻视所致。孙桓，字叔武，乃是吴主孙权的侄儿，此时年方二十五岁。当初刘备娶了孙夫人后，伉俪同回江东省亲，曾经见到过孙桓。那时，刘备早已经闻名天下，而孙桓不过是十三岁的顽皮少年。所以刘备一听夷道的守将是孙桓，就觉得派偏师取之也指日可下了。不料孙桓并非不成器的纨绔子弟，而是已经成长为一员深得军心、尽忠职守的骁将，蜀军的偏师根本把他降伏不住。如果说刘备有轻敌之心，其初始的表露就在这一失误之举之上。

吴军的主将陆逊，字伯言，扬州吴郡吴县（今江苏省苏州市）人氏。吴郡陆氏是江东第一等的世家大族，而陆逊又是陆氏家族的精英人物。其人外表看来如一介文雅书生，其实胸中富于韬略，智计无穷，是继周瑜、鲁肃、吕蒙之后，孙吴最为杰出的主帅级将领。当初吕蒙偷袭荆州，陆逊就充当了吕蒙的得力副手，多建功勋。孙吴夺得荆州后，陆逊以镇西将军兼任宜都郡太守，一直扼守孙吴的西大门。蜀军大举来攻，孙权慧眼识珠，不用那些沙场老将，偏偏选中陆逊，委以统率全军的大都督重任。此时的陆逊，不多不少正好四十岁。

陆逊受任之后，最初确定的战略方针，是以夷陵要塞为防御中心，紧紧扼住三峡东端的峡口，令对方难以扬帆东下侵入荆州，并且作了相应的部署。但是，刘备采取水陆三路联动并进，而且亲自率领步兵战略机动力量，沿长江南岸山地推进的军事部署之后，却使陆逊这一"堵塞瓶颈"式的战略方针落了空。我们从他亲自写给吴主孙权军情报告中所说的"臣初嫌之水陆俱进，今反舍船就步，处处结营"语句中，就可以看出陆逊的意外之感。

不过，陆逊的应变能力极强。他一看对岸的主力敌军已经绕过了他的防御中心夷陵，并且大步向东深入，立即果断放弃夷陵要塞,一面阻截敌军,一面率领主力直奔下游,防止敌军进袭自己的腹心重镇江陵。所以刘备大军刚一渡过北岸,陆逊已经在自己精心选定的绝好战场猇亭恭候他了。

陆逊堵住了刘备的前进道路,便放下心来与刘备的步兵,打一场比赛耐心和耐力的持久战。任刘备的将士在大营前面千般怒吼万般辱骂,陆逊就是不派军队出来交手。就这样,双方各自四五万兵马,你盯着我,我盯着你,一僵持就僵持到了夏天。

炎夏六月,骄阳似火,暑热熏蒸。曝露在疆场之上的将士,赤着上身亦大汗淋漓,哪里还穿得住防身的甲胄?尤其是蜀军将士,在外风餐露宿已经整整一年,早都是疲惫不堪,更经受不住江汉水乡的湿热熏蒸。加之又处于欲战不得、欲退不能这种令人烦躁的状态,所以全军上下斗志逐渐涣散,士气日益低落。在长江南岸,围攻夷道城的战事持续了半年,蜀军依旧未能得手。在大帐之中苦苦思索良策的刘备,彻夜不眠,辗转反侧,仍然想不出什么回春的妙手来打破僵局。

无可奈何之中,刘备开始对表现不佳的指挥系统,加以改组和整顿,重新进行部署,希望以此提振全军的士气和信心。前线总指挥改由冯习担任,称为"大督"。当初冯习与吴班充当全军的先锋官时,他的列名地位还在吴班之后,可见他这时是受到了刘备的破格提拔。先头部队安排了两支，一支由张南统领，另一支由吴班统领。大督下属的多支部队，由辅匡、赵融、廖淳、傅彤等担任指挥官，称为"别督"。原水军主将吴班降格为先锋，原水军副主将陈式，以及原督领江北各路步兵的黄权，都未能在新的指挥体系中列名。调整完毕之后，刘备便下令全军暂时就近转移到山林中安营扎寨，借助浓密的树荫遮蔽烈日，待高温季节过去后再说。

平心而论，刘备此举并无大错。关键在于，转移到山林立营后，应当特别警惕一个"火"字，必须辅以切实的措施来防备对方的火攻。纵观汉末三国之间的战争史，可以得到一个非常突出的印象，即这是火攻盛行的时代：在广袤的平原上作战，就烧对方的粮草；在浩渺的长江上作战，就烧对方的舟船；在狭窄的山谷中作战，就烧对方的鹿角或营寨。真可谓"火"字当头，所向披靡！至于刘备本人，对于此道已经是老手了。当初他攻取汉中时杀了夏侯渊，不就是得力于焚烧对方鹿角的一把火吗？可惜已经是老江湖的他，恰恰把这一条疏忽了，结果让比自己年轻二十二岁的陆逊，演出了一出班门弄斧的火烧大戏来。

这年的闰六月，陆逊指挥吴军，人人一手持武器，一手提上干燥茅草一束，蜂拥冲进蜀军的大营。他们先放火，后杀人，势如破竹，接连扫荡敌军四十多座营寨。蜀军大将冯习、张南，还有少数族首领沙摩柯，都当场阵亡。蜀将杜路、刘宁，则率部投降。在江北大营土崩瓦解之后，在南岸围攻夷道的蜀军亦登时溃散。

蜀汉皇帝刘备，在侍卫将士的保护下，纵马向西逃奔。陆逊岂肯让这条大鱼从网中溜走，马上派遣得力将领紧紧追赶。当天傍晚，刘备一行越过夷陵，到达峡口北岸的马鞍山下。这时，孙吴追兵已经咬住了蜀军的尾巴。刘备见情况危急，赶忙登上山顶，以蜀军环绕数重以保护自己。吴军不给刘备喘息的机会，在暮色苍茫之中不断向蜀军发起冲锋，史称蜀军是"土崩瓦解，死者万数"。混乱之中，刘备在少数御林侍卫的掩护下，突破重围，沿着北岸的江边小径继续向西逃命。

吴军发觉之后，仍然穷追不舍，那领头的青年将军不是别人，正是夷道城的守将孙桓。他麾下的一千铁骑健儿，人人高举火把，催马疾驰，火光在江面上映成一条赤练，煞是壮观。刘备见后面的火光越来越近，情急智生，连忙命令部下把藤甲之类的易燃军用器物，堆积在山道最为狭窄险隘之处，然后纵火焚烧。靠着这个在没有办法之时想出来的自我火烧之法，刘备才算摆脱追兵，捡回自己的老命。

这一战，蜀军大败亏输，陈寿在《三国志》中的描绘说是："其舟船器械，水步军资，一时略尽，尸骸漂流，塞江而下。"六十二岁的刘备，忍不住老泪纵横，望着滔滔长江长叹道："我竟然被陆逊摧折侮辱，这岂非天意么！"到了这步田地，他大概也只有用"天意"来做解释了。这正是：

兴兵雪恨成虚话，老泪纵横挽不回。

要想知道刘备经受了此番沉重的打击之后，还能不能够恢复元气，有所作为，请看下文分解。

第二十五章

白帝长恨

　　话说章武二年（222 年）的闰六月下旬，蜀汉皇帝刘备，率领少数残兵败将，狼狈逃回自己地盘中的鱼复县，入住县城的治所白帝城（今重庆市奉节县东）。年过花甲的刘备，身体上是极度的疲劳，精神上又遭受巨大的打击，再加上因饮水不洁而引起的痢疾日趋严重，所以他一到白帝城就病倒了。

　　这鱼复县是由三峡向西进入益州之后的第一站。"鱼复"的得名颇有其地方特色。发源于巍巍昆仑的万里长江，把万千支脉汇聚成一江春水，直奔三峡。在三峡的最西端，有两山壁立如削，江水从中倾泻直下，这就是著名的天险夔门。夔门北岸之滨那座高山，名叫白帝山。山下的碧波汹涌回环，常有大鱼出没其间，而山顶的白帝城即是当时的县治所在，故而县名取为"鱼复"。所谓"鱼复"者，鱼群游动往复之意也。

刘备到达白帝城后，觉得此处山高风急，地方狭小，不宜于养病，便在城西七八里处的冲积平原上另修行宫一座。同时，又改鱼复县名为"永安"。"永安"者，永远安定平安也，无非是祈愿敌军的攻击到此为止，自己的病躯早日安康之意。而这座永安的新行宫，也就被称为"永安宫"了。

刘备移居永安宫后，才发觉改了"永安"的名称，并不能真正求得永远的平安。因为孙吴的追击部队跟踪而至，前锋李异、刘阿二将，已经抵达白帝城附近对岸的南山。眼看躺在病榻上的蜀汉皇帝就要成为阶下之囚，幸好有了两员蜀将领兵前来救驾，刘备才算转危为安。这两员将军，其一即是镇守江州的赵云赵子龙，另一位则是镇守巴西郡的马忠。二将都是听到东线失利的消息后，各领五千人马赶来救援的。几乎成为光杆司令的刘备，有了这上万生力军，大感欣慰。他一把拉住赵子龙的手，望着这位总是在自己危难之时尽忠效命的元老级部下，满面热泪纵横，口中却说不出一句话来。

　　七月间，从东面传来消息，说是吴军主帅陆逊仍然屯兵于三峡东口，大有乘胜西进之意。刘备听了不免有些心惊，因为永安现今虽有赵云、马忠二部驻守，然而一万人马是不大可能抵得住孙吴大军进攻的。无可奈何之中，他只好放下面子，给孙权写了一封请求和好的书信，先缓和缓和一下形势再说。这封书信送到江东后，孙权见刘备的信中，口口声声自称"皇帝"如何如何，不禁又好气又好笑。此时，孙权正在和北方的魏文帝曹丕虚与周旋，大耍外交手腕，所以这封书信被他丢到一边，未作回答。

　　到了九月，情况发生了变化。魏文帝曹丕发觉，孙权是在对自己搞假称臣而真独立的把戏，不禁大怒，立即下达动员令，准备派遣几路大军讨伐孙吴。孙吴察觉了动静，陆逊急忙从西陵峡口撤出重兵，回防江陵。同时，一直屯聚在白帝城附近南山一带的吴将李异、刘阿，亦主动收兵退回荆州界内的巫县。这样一来，蜀、吴双方事实上已经脱离了军事接触。不久，曹魏三路大军一齐南下攻吴，孙吴拼全力与之相抗。在白帝城西永安宫养病的刘备闻讯，心中不禁感到几分快意，他马上给陆逊送去一封信，上面说道："曹军直逼江陵，我也打算再度东下，将军你说我办不办得到呢？"

当年十一月，为了避免两面受敌，孙权此刻也放下胜利者的架子，派出特使前往永安，表面上说是问候刘备，实际上是想正式结束两国间的战争状态，以便专力对付曹魏。这下子又该刘备来劲了，他一见孙吴的使臣郑泉，劈头就先发问道："上一次吴王为何不答复朕之书信？莫非是认为朕不该正名称帝吗？"

那郑泉也不是好欺负的角色，毫不慌张，侃侃答道："曹操父子凌辱汉帝，篡夺其位，殿下既然是大汉宗亲，理应率军讨贼，为天下臣民作出表率。令人失望的是，殿下并未作出如此义举，却反而忙于称帝正名，吴王深以殿下之举措为羞耻，故而不予回复。"

素来以大汉皇亲自居，以"兴复汉室"为己任的刘备，被郑泉抓住要害施以反击，反倒弄得有些惭愧难当了。于是，赶忙展开书信阅读。此时此刻的刘备，既无力上路回首都成都（今四川省成都市），更无足够的兵力东下复仇，独卧穷城，处境困窘，当然巴不得与东邻暂时中止敌对状态，以便静下心来考虑身后之事，因为他自知在世之日已经不多了。于是，刘备当下应允和议，并设宴款待郑泉。郑泉过足三天酒瘾之后，随同刘备派出回报孙吴的使臣宗玮，一路东下，回到武昌。至此，吴蜀两国化干戈为玉帛，正式中止了交战状态，相互有了外交往来。

秋去冬来，朔风阵阵。处于"高江急峡"之滨的永安宫，寒气萧瑟，景象凄凉。蜀汉皇帝刘备，静卧在简陋行宫的病榻之上，精神萎靡，面色苍黄，眼眶深陷，目光呆滞，哪里还有一年前由白帝城挥师东下时叱咤风云的雄风英姿？不过，他身体虽然衰弱之至，但思维却还相当清晰活跃，数十年的往事不断浮现于脑海。

回首一生，他不免要伤感，因为经历的坎坷实在是太多太多了。自从二十四岁举兵创业起，至今已有三十九个年头。其间，几乎每有所得，不久就要有所失，小得之后有小失，大得之后有大失，总是一上一下，命途多舛。我躬行仁义，却落得局处西州；曹操专行残暴，反而把统治扩张到了大半个天下，这皇天后土的神祇，对我也实在太不公平了！

回首一生，他也不免要后悔，后悔自己在处理荆州问题上掉以轻心。孙权垂涎荆州，自己当然是清楚的。既然清楚，当初关云长北进襄阳，自己为什么不派遣得力将领前去为他巩固后方的江陵大本营呢？如若江陵不失，关云长就不会死，张益德也就不会死，我今天又何以会陷入如此悲惨的境地呢？

不过，他反过来一想，又不免感到有几分释然。虽说此生历尽坎坷，如今不大不小，总算当上了堂堂蜀汉皇帝，天下又还有哪一个织席贩履的贫苦小儿，能够享有这等的福气啊？荆州丢了，总还有益州。益州地方千里，人口百万，也足以称帝一方嘛！至于云长、益德两位老弟之仇，虽未能亲手报雪，然而自己看来行将与他们同游于地下，也算是以生命回报他们的深情厚谊了。总之，此生马马虎虎过得去，倒是身后之事令人不免忧心，须得好好加以思考和安排。

经过一番慎重考虑，刘备首先下诏，要求辅汉将军兼犍为郡（治所在今四川省彭山县）太守李严，速至永安宫晋见。李严星夜驰往永安宫后，立即被提升为蜀汉的尚书令。

尚书令一职，在当时乃是朝廷中一个至关重要的位置。光武帝以来，君主为了削弱当朝大臣的权力，便把军国机要的处理承办，交给尚书台去负责，这就是所谓的"光武虽置三公，事归台阁"。台阁者，即尚书台的习称也。此前的尚书台，性质是皇帝私人的秘书处。其长官为尚书令，亦即皇帝的秘书长。光武帝把军国机要的处置权放到尚书台之后，原来的朝廷执政大臣，即太尉、司徒、司空这三公，就成了位高而权不重的角色。尚书台既然是机要所在，尚书令的出任者自然是皇帝最为信任之人。蜀汉的尚书令，最初是法正，接着是刘巴。刘巴新近死于永安，接任者即是这位李严。

李严，字正方，荆州南阳郡（治所在今河南省南阳市）人氏。他起初在荆州牧刘表手下任职。曹操南下荆州，他西上益州去投奔刘璋，历任要职。刘备攻克成都，李严在绵竹率众投降，备受刘备优礼。为了争取刘璋势力的支持，同时也为了使自己下属中荆楚旧部的力量受到制约，刘备在考虑尚书令人选时，都是从刘璋的部属中选拔。法正、刘巴、李严的出任，都有这样的政治考虑。特别是在当前大片国土丧失、军队严重挫败、皇帝本人病危的情况下，刘备认为提升李严为尚书令，对于益州的安定有重大意义，同时自己身边也要有一位得力的臣僚来处理机要的公务，分担自己的压力，故而有此举措产生。

安顿好永安行宫这边的事务之后，刘备才下诏要丞相诸葛亮前来永安。

奉命镇守成都的诸葛亮，早已得到皇上东征失利的消息。作为蜀汉皇帝的首席辅臣，刘备创业方针的制定者，他当时的心情极为复杂，只说了一句意味深长的话："如果法孝直（即法正）还健在，将能制止主上的东征；即使东征，有他随行，主上也一定不会倾危如此的。"

为何诸葛亮自己没有出面阻止刘备倾国远征呢？难道他自己说话的分量，还比不上法正吗？后世多有人对此疑惑不解，甚至责难诸葛亮过于世故，是明哲保身的不粘锅，不能直言进谏。其实，诸葛亮不是不想劝阻，而是特殊因素造成他有难言之隐，不能够出面去劝阻。他的难言之隐会是什么呢？拙著《诸葛亮传》曾对此进行了深入的破解，此处只能简要加以介绍。

首先，占有荆州和益州，然后两路夹攻北方的曹魏，从而扫除奸凶，兴复汉室，这是当初孔明先生在隆中草庐就设计好的发展战略总方针。现今荆州丢失了，他却劝阻皇帝不要去收复荆州，这就变成了建议攻取荆州的是他，劝说放弃荆州的还是他，反复无常，没有定准，他能够这样做吗？当然不能。

其次，他的胞兄诸葛瑾，现今正在孙吴当大臣。他说话时，是站在蜀汉这一边，还是站在孙吴那一边，他只要一开口，就会有动机和立场的原则性问题。

更为重要的是，孔明先生的同胞大哥诸葛瑾，在荆州的问题上实在介入得太深。据《三国志》记载，当初来到益州索还荆州的特使是他，此后协助吕蒙攻取荆州、袭杀关羽的骨干将领也有他，而且刘备大军东下复仇之后，兵锋所指的敌军将领也有他。在刘备眼中，诸葛瑾就是手上沾满关云长鲜血的主要凶手之一。在这种情况下，孔明先生如果贸然去劝阻刘备,你说刘备会怎么想?不仅不会听从劝告,还会对诸葛丞相产生很大的不满,你只顾你的兄弟情谊,却全然不顾朕的兄弟情谊吗?一旦如此,就要影响到蜀汉的政局稳定。因此,在刘备下达战斗命令的前后,这位蜀汉丞相并未出面谏阻。与其劝而无益,不如尽量为出征做好后勤,保障皇上的出征圆满成功,这应当是他真实的内心想法。两国相争,兄弟二人各为其主,又有几人能够体会孔明先生内心的为难和痛苦啊!

章武三年(223年)春二月,诸葛亮和刘备的两个儿子,即鲁王刘永和梁王刘理,奉命星夜兼程,从成都来到永安宫,太子刘禅则留守成都。君臣父子相见,自有一番感情流露,也无需细说。刘备听了诸葛亮的报告,说是成都局势平静,人心安定,憔悴的脸上也算有了近日难得的笑意。

暮春三月来临,峡江两岸的岩壁上,山花烂漫,古藤苍翠,在一江碧波的映衬下,显得生机盎然。但是,在永安宫内,气氛却如死一样的静寂和沉重,因为六十三岁的蜀汉皇帝,其生命之树的最后一片绿叶也将枯萎了。

有生必有死,这是尽人皆知的道理。然而世人往往又好生恶死,畏惧死亡。"好死不如赖活"这句俗语,即是此种世态人情的简练总结。不过,也有不少人能够镇静地面对死亡,

"视死如归"的志士仁人自不必论，单就面临老病之类的自然性死亡而言，能够保持通达态度者亦比比皆是。在这一方面，把孙权、曹操、刘备加以比较是很有趣的。他们是魏、吴、蜀三国的开创者，年富力强时都是叱咤风云、豪气盖世的角色，然而到老来面临死神的召唤，各人的表现就不尽相同了。其中，孙权享寿最高，七十有三，然而他却又是最怕死的一个，为了能够延年益寿，求神、祈天等等，什么花样都愿意干。在其晚年，孙吴宫中被一片怪力乱神的气氛弥漫。曹操享寿其次，六十有六，对死亡就比较通达，不仅预留了遗嘱，禁止厚葬，而且自制了入葬衣物，从容而去。至于刘备，其享寿虽然最短，仅六十有三，态度却是最为超脱的一位，他竟然还能在遗诏中抒发对死亡的感慨，说是"人五十不称夭，年已六十有余，何所复恨，不复自伤"。是不是他对烦恼人生已经有所厌倦，以至于期望来一次彻底的解脱呢？

总之，刘备开始有条不紊地安排一切。

首先，他把诸葛亮和李严二人召入卧室，委以辅佐太子的重任。他特别面对丞相诸葛亮，缓缓交代自己的遗嘱说：

> 君才十倍曹丕，必能安国，终定大事。若嗣子可辅，辅之；如其不才，君可自取。

上面"君可自取"一句的"取"字，后世几乎都将其解释为取代之意，认为刘备的意思是，如果刘禅不成器，诸葛亮就可以直接取代刘禅，自己去当皇帝。罗贯中的《三国演义》就是这样解释的，从此误导了无数的读者。但是必须指出，这种解释是很成问题的，单以情理而论就说不通。因为刘备遗嘱的核心要点，是要求诸葛亮继续完成自己"终定大事"的远大政治目标。而刘备一直高举的政治旗号，毕生为之奋斗的终极目标，具体而言就是诸葛亮《出师表》中所说的"攘除奸凶，兴复汉室"。如果现今为了攘除北方曹丕这个代汉篡位的奸凶，刘备不惜要诸葛亮也去仿效曹丕，再来当一回代汉篡位的奸凶，以便让此奸凶再去攘除彼奸凶。如此一来，岂非彼奸凶尚未攘除，而蜀汉的江山反而先改了姓变了色吗？此奸凶又有什么道义上的理由和伦理上的高度，带领大家去攘除彼奸凶呢？可见情理上就完全站不住脚。

据笔者的专文研究，古代的"取"是一个多义词，还有一个三国时期极为常用的含义，就是选取、择取或采取。例如《三国志》记载，诸葛亮与法正，"虽好尚不同，以公义相取"，即以公正的道义作为彼此相处的选取标准。费诗不赞同刘备自称汉中王，说是"愚臣诚不为典下取也"，即愚臣确实不愿意殿下您采取这一举措。此处刘备遗嘱所言的"取"，也正是这一含义。

因此，刘备上述遗嘱的准确意思是：丞相您的才智比曹丕强十倍，必定能够安定我们的国家，最终完成兴复汉室的大业，因此我现在将国家的辅佐治理大权交给您。今后如果接替我帝位的嗣子刘禅可以辅佐，您就好好辅佐他；如果他不成器，表现恶劣，您也可以根据情况对他采取各种适当的处置措施。

什么是符合辅政大臣职责和身份的处置措施？从此前的历史记载中看，常规的措施有劝谏、告诫，非常规的有放逐、废黜，如商朝的伊尹放逐太甲，西汉的霍光废黜昌邑王刘贺改立汉宣帝。如果刘禅被废黜，继承人选还有他的两个弟弟，即跟随诸葛亮前来永安的鲁王刘永、梁王刘理。总之，刘备的安排，是在蜀汉皇朝的皇权归于刘备后嗣不变的前提下，将国家的治理大权完完全全交给了诸葛亮。这样一来，既能充分发挥诸葛亮优于曹丕的才智，又能保持刘备一直高举的"兴复汉室"政治旗号不倒。后来诸葛亮在其《出师表》中，之所以能够对刘禅发出种种异乎寻常的严格劝诫，正是他忠实遵循刘备遗嘱而采取相应处置措施的实际表现。

总之，把"取"字理解为选取，才能充分体现刘备遗嘱开诚布公的"真善美"性质；一旦解释成取代，就会变成奸凶重现、违背伦理的"假丑恶"了。

其实在中国古代，即便是赋予执政大臣以废立君主之权，如同西汉之霍光，那也是非常之罕见的最高等级信任了。所以这几句话刘备虽然说得很安详，但是恭听之人却大受震动。诸葛亮不禁涕泪横流，连忙回答道："臣敢竭股肱之力，效忠贞之节，继之以死！"

刘备很满意地点了点头。接着，他又对李严宣布：李严以尚书令兼任中都护，全权处理永安前线的军事事务，协助丞相诸葛亮辅佐少主。这又是一个令当事者感到有些意外的决定，不过李严来不及细想，赶紧叩头如仪，并表示忠心。

把国家行政、前线军事两项权力分别交付给两位大臣之后，刘备又当场口述了一份给太子刘禅的遗诏，他缓缓说道：

朕初疾但下痢耳，后转杂他病，殆不自济。人五十不称夭，年已六十有余，何所复恨？不复自伤，但以卿兄弟为念。射君（指蜀汉官员射援）

到，说丞相叹卿智量甚大，增修过于所望。审能
如此，吾复何忧？勉之！勉之！

勿以恶小而为之，勿以善小而不为。唯贤唯
德，能服于人。汝父德薄，勿效之。

可读《汉书》《礼记》，闲暇历观诸子及《六
韬》《商君书》，益人意智。闻丞相为写《申》
《韩》《管子》《六韬》一通已毕，未送，道亡。可
自更求闻达。

刘备作完这一切，已是满身虚汗，气息奄奄。从此之后，
他即陷入昏迷状态，再没有清醒过来。

章武三年（223年）四月二十四日癸巳，蜀汉皇帝刘备在
永安宫弃世长逝，终年六十三岁。

诸葛亮立即上奏在成都的嗣君刘禅，请求向全国发布治
丧文告。紧接着，诸葛亮偕同鲁王刘永、梁王刘理，护送皇
帝遗体灵柩回转成都。尚书令兼中都护李严，则留在永安前
线镇守。当载运遗体灵柩的专船在长江边解缆升帆之时，岸
上和船上的人们都不禁大放悲声。可谓是：曾怀席卷吴江志，
岂料魂归蜀道难！

五月，刘备遗体灵柩运抵成都，暂厝于皇宫之内。十七

岁的太子刘禅，在丞相诸葛亮的主持之下，先在遗体灵柩之前举行仪式，袭位为帝；接着，给先帝奉上谥号。在中国古代，皇帝死后，照例要根据其一生行事特点，给他选定一个具有褒贬色彩的称号，这叫作"谥号"。有的王侯大臣亦然。议定谥号时，有专书可资依据，此种专书即是《谥法》。《谥法》有云，"圣闻周达曰昭""昭德有劳曰昭"；又云，"有功安民曰烈""秉德遵业曰烈"。蜀汉臣僚一致认为：先帝明察秋毫，创业劳苦，最后终能继光汉业，建功安民，谥号定为"昭烈"二字最为恰当不过。于是，刘备便被追谥为"昭烈皇帝"，其亡妻甘夫人，即后主刘禅的生母，亦随之被追谥为"昭烈皇后"。

不过，汉魏时期的皇帝死后，所享有的名号照例有两种，即庙号、谥号。谥号上面已经说了，再就庙号而言，开国皇帝照例称为某祖，其后的皇帝照例称为某宗；其确定的原则，就是所谓的"祖有功而宗有德"，意思是功勋卓著的开国皇帝可称为"祖"，德行突出的后起皇帝则称为"宗"。如东汉的刘秀，庙号"世祖"，谥号"光武皇帝"；他的儿子刘庄，庙号"显宗"，谥号"孝明皇帝"。刘备是蜀汉皇朝的创立者，照例除了谥号之外，也应当有庙号。但是据《三国志·先主传》所载，他有谥号"昭烈"，却没有庙号的记录。刘备未能享有庙号，最有可能的原因，是因为在他去世之时，还没有能够完成"兴复汉室"的伟大功业，如以"祖有功"的原则来衡量，其功业尚有遗憾而未达圆满之故。

蜀汉政权没有给刘备奉上庙号，但是后来却有人这样做了。据《晋书·刘渊载记》记载，十六国时期建立汉国政权的匈奴族首领刘渊，在其称王之时，宣称自己上承西汉、东汉、蜀汉三代刘氏汉家皇朝的统绪，不仅追尊蜀汉后主刘禅的谥号为"孝怀皇帝"，而且还确立了自己的"三祖"，即高帝太祖刘邦、光武帝世祖刘秀，再加上蜀汉先主刘备。而刘渊给刘备所追加的庙号，据《晋书·王弥传》记载，乃是"烈祖"二字。

当年八月，刘备与甘氏皇后两人的遗体，合葬于成都西南郊的惠陵。陵旁建有昭烈皇帝神庙，供人四时祠祭。

刘备之死，标志着蜀汉政权创业阶段的结束。刘禅继位后，丞相诸葛亮当朝秉政，并兼任益州牧，史称"政事无巨细，咸决于亮"。从此，蜀汉政权的历史，翻开了新的一页。不过，尽管诸葛亮"鞠躬尽力，死而后已"，内修政理，外伐中原，此后蜀汉的疆域和国力，并无太大的扩张和发展。四十年之后，蜀汉皇朝被曹魏大军攻灭，成为魏、蜀、吴三国之中最早结束历史表演者。

关于刘备生前的故事,至此即已叙述完毕。但是,有关他的遗体安葬地的问题,却还有一些轶事。这正是:

刘郎死后安身处,众说纷纭有趣闻。

要想知道关于刘备遗体安葬地,有何传说和争论,其可靠性究竟如何,请看下文分解。

第二十六章

身后之谜

刘备的遗体究竟安葬在哪里？这是一个长期争论不休的有趣谜团。

认为刘备的遗体，与其甘氏夫人、吴氏夫人合葬在成都南郊的惠陵，态度严谨的正规史籍，比如陈寿的《三国志》中，就有多处明确而可信的记载，这只要翻一翻其中的《先主传》《二主妃子传》就会明白。比如其中的《先主传》，对于刘备逝世前后的具体细节，就有如下清晰的档案记录：

> 三年春二月，丞相亮自成都到永安。……先
> 主病笃，托孤于丞相亮，尚书令李严为副。夏四
> 月癸巳，先主殂于永安宫，时年六十三。……五
> 月，梓宫自永安还成都，谥曰"昭烈皇帝"。秋八
> 月，葬惠陵。

意思是说，章武三年（223年）春天二月，丞相诸葛亮应召从成都来到永安。不久刘备病重，对诸葛亮留下遗嘱托孤，由尚书令李严充当其副手。夏天四月癸巳这一天，刘备死在永安行宫，时年六十三岁。五月，刘备的灵柩由诸葛亮护送，从永安回到成都，给刘备奉上"昭烈皇帝"的谥号。秋天八月，刘备的遗体被安葬在成都新建的惠陵。

此后东晋常璩《华阳国志》、北宋司马光《资治通鉴》也有同样的记载。

到了南宋初期的高宗绍兴三十年（1160年），蜀地学者任渊所撰写的《重修先主庙记》，文中有如下一段话："成都之南三里所，丘阜岿然曰'惠陵'者，实昭烈弓剑所藏之地。"意思是说，成都城区南边三里远的地方，有一处岿然耸立的土丘，被称为"惠陵"，这其实就是蜀汉昭烈皇帝刘备的"弓剑所藏之地"。这段文字问世之后，就开始导致了刘备遗体安

葬地争论的发生。

于是有人就说，文中所谓的"弓剑所藏之地"，意思是刘备遗物，比如弓、剑之类的安葬地。因此就认为，当初诸葛亮在成都南郊大事营建的"惠陵"，其实只是一座埋藏其遗物衣冠冢，即没有骸骨的空墓，而真正安葬刘备骸骨的地方究竟位于何处，还是一个有待破解的谜团。

但是，也有人反驳了以上的看法，认为任渊文中的"弓剑所藏之地"，并非是指墓冢之中，只有弓弩、宝剑之类的遗物，而是在使用典故，属于一种文学性的写作手法。传说轩辕黄帝成仙升天之时，身边带了常用的"乌号弓"，而其墓穴中则留下了常用的宝剑，在司马迁《史记》中的《封禅书》和《五帝本纪》中，其注释都有这样的记载。因此，后世就将"弓剑"一词，用来代指对死去帝王的哀思。所以任渊所说的"弓剑所藏之地"，其实就是代指帝王遗体的安葬地，而不是指什么空空的衣冠墓冢；硬要说这是刘备的衣冠空墓冢，就过于粘执和迂腐了，是对古代文士喜欢使用典故的文学手法完全不熟悉而引起的误解。

平心而论，后一种说法是很有道理的。喜欢使用典故，是古代文字作品中常见的现象。比如说，本书开头第一章提到，刘备惠陵之前的寝殿上，至今还悬挂着一副著名的对联：

> 一抔土，尚巍然！问他铜雀荒台，何处寻漳
> 河疑冢？
> 三足鼎，今安在？剩此石麟古道，令人想汉
> 代官仪。

其中的"一抔土"，表面上的意思是一双手所能捧起的泥土，代指惠陵的这座高大陵墓。但是，如果真的就据此以为，惠陵的土堆，只有一双手就能捧起的那一点点泥土，从而得出惠陵体量非常之小的结论，同样也是过于粘执和迂腐了。其实，这里也是在用典故。《汉书·张释之传》记载，张释之曾经对汉文帝说："假令愚民取长陵一抔土，陛下且何以加其法乎？"意思是说，如果有愚蠢的老百姓去盗掘汉高祖长陵的一抔泥土，又该怎样对他判刑呢？于是后世的诗文作品，就常以"一抔土"来代指皇帝的巨大陵墓。此处任渊使用的"弓剑之地"，也正是这样的情形，是在代指刘备的遗体安葬地。任渊处于文风鼎盛而爱用典故的宋代，他这种笔法完全可以理解。

事实上，只要认真去阅读任渊的这篇文章，就会发觉他对刘备的陵墓和祠庙，真是充满了浓厚的敬仰之情。他写此文的背景是这样的：绍兴二十八年（1158 年）九月，南宋高

宗委派王刚中为四川地区的行政长官。第二年四月，王刚中来到成都就任，看到惠陵旁边的昭烈皇帝神庙，破败损毁非常严重，于是下令地方官府，动用二百万钱的税收经费，进行大规模重修。绍兴三十年（1160 年）三月，重修工程完成，庙貌焕然一新，于是委托擅长文笔的任渊，写下这篇《重修先主庙记》，记载此事以广流传。任渊是新津县（今四川省成都市新津区）人氏，蜀地本土的文化名流。他的这篇千字长文，对于蜀汉皇帝刘备充满了景仰之情，所以写下了"后世有读其遗书，过其陵庙者，未尝不咨嗟流涕，尊仰而怀思之也"的深情文句。如果此处的陵墓仅仅是一座衣冠空冢，他应当不会表现出如此倾心和动情，而主持四川政务的王刚中，也不可能动用国库的一笔税收巨资，来进行这项重修的巨大工程了。

如果说，任渊的文章只是引起了少数人的误解，因而影响还不大的话，那么接下来发生在 20 世纪 60 年代的一场争论，影响面就大为扩张了。

1961 年 9 月，郭沫若先生路过三峡西端的奉节县。这奉节县就是三国时期刘备病逝的永安。在抒发思古之情的同时，郭老也提出一种看法，认为当初刘备死在气温很高的夏天，当时交通不便，从奉节到成都，逆水而上至少要 30 天时间, 以当时的技术条件而言, 尸体肯定会出现腐坏, 因此刘备的遗体, 很有可能是就近安葬在奉节, 并未运回成都。由于郭老的身份特殊, 他的说法披露之后, 此后刘备遗体的安放地, 便有"成都说"与"奉节说"两者出现, 并且相互争论不休。

但是, 郭老的说法正确吗? 理由充分吗? 由于本书是刘备的专篇历史传记, 而且坚持"正说"而非"戏说", 所以必须作出相应的明确回答。笔者认为, 如果客观而理性评价的话, 郭老的说法非常值得商榷, 下面陈述具体的理由。

首先, 当年郭老在奉节停留的时间很短, 而且只在当地进行过简短的口头表述, 此前和此后并无正规的史学文字论著发表。这就表明了两点: 第一, 这不是他长期潜心研究的学术课题, 也不是在坚实史料基础上得出来的可靠结论。第二, 他只是提出一种可能性, 并未断然认定这就是"无可怀疑"的结论。

其次, 郭老路过奉节的年代, 是他在历史名人身上做翻案文章的高潮时期。此前的1959年为曹操翻案, 1960年为武则天翻案; 此后的1971年又在杜甫身上翻案。为此, 他发表了大量的文字作品, 包括剧本、专著、论文等。然而令人不解的是, 在刘备遗体是否运回成都的问题上, 他的"翻案"

却仅仅限于口头上这一次简短的谈话，事后并未发表正规的考证性论著。史学考证，全靠证据说话。他之所以没有发表这方面的考证性论著，最有可能的原因，就是没有找到足以支持其论点的可靠证据。

与此相反，我们却能列举出三大类确凿可靠的证据，说明刘备的遗体不仅确实运回了成都，而且还必须运回成都，也能够将遗体完好运回成都。

其中，第一类的确凿可靠证据，即刘备的遗体确实运回了成都，这在陈寿《三国志》等正规史籍中已有明确的多处记载，上面已经提到，此不赘述。而第二与第三两类的证据，涉及当时的丧葬文化，相当有趣，所以在此作一通俗性的介绍。

先说第二类，即刘备遗体必须运回成都安葬的确凿可靠证据。

刘备的蜀汉皇朝，自称上继两汉，并以"汉"作为正式的国号，则其礼仪制度，特别是其中最重要的内容之一，即皇帝的丧葬礼制，定然要承袭祖宗朝的汉家制度。加之刘备病逝之后，执掌朝政的诸葛亮，又是深受儒家礼仪思想的熏陶，对于汉家正统极其忠诚，对于刘备知遇之恩极其感念的人，因而他所主持操办的丧葬大礼，更是会竭尽心力按照汉家的传统礼制进行操办，不会有一丝一毫的纰漏和欠缺。

东汉皇帝的丧葬礼制，《后汉书》所附司马彪《续汉礼仪志下》的"大丧"条，有非常详细、明确而可靠的记载。按照记载，当时为皇帝办理丧事，按照时间顺序的先后，一共有如下六项法定的正式礼仪程序。

第一项，由皇后亲眼看到皇帝的遗体，确认其已经死亡的客观事实之后，再以皇朝临时主宰者的身份，下达正式诏书，将具体操办治丧事宜的重任，委托授权给朝廷的首席执政大臣去操办。

第二项，皇帝家庭的直系亲属，借同各位高级朝廷大臣，对皇帝遗体第一次集体性见面，共同确认皇帝已经死亡的客观事实，然后向皇帝遗体哀哭诀别，类似于后世小范围内的遗体告别仪式。

第三项，皇帝家庭的直系亲属，同姓皇族的男性和女性，朝廷的百官，上自执政大臣，下至宫廷的侍从官员，以及外地前来的各类来宾，都汇聚在皇宫大殿之下的广场之中，向皇帝遗体哀哭诀别后，举行盖棺大殓，类似于后世大范围内的正式遗体告别仪式。

第四项，在已经盖棺的遗体灵柩之前，举行新皇帝的继位大典，从而显示皇权在生者、死者之间连续无缝的传承和交接。

第五项，在已经盖棺的遗体灵柩之前，举行由新皇帝向先皇帝奉上谥号的典礼。

第六项，在新皇帝的率领之下，朝廷百官护送灵柩，前往陵墓安葬。新皇帝亲自放入重要的殉葬物品，作最后的告别，开始墓穴填土密封，全部丧葬仪式，至此才算全部完成。

不难看出，上述全套的六项正式礼仪程序，设计非常之严密，其目的主要有三：一是要充分保障两大群体，即皇帝的亲属群体和朝廷的官员群体，对于皇帝死亡的亲眼确认权、悲情表达权，以及丧葬事务办理的委托授予权；二是要充分保障上述两大群体，对于新皇帝继位登基的共同见证权和由衷拥护权；三是要充分保障皇权从已死皇帝到继位皇帝之间的贴身无缝性交接，从而使得新皇帝的皇权继承，具有无可怀疑的公开性、合法性和神圣性。

对于此次蜀汉皇朝的君主更替而言，由于当时刘备的皇后吴氏、继承人儿子刘禅，以及朝廷的大多数官员，都一直留在成都，并未前往永安的作战前线，因此在刘备遗体没有运回成都的情况下，以上所列的六项正式法定礼仪程序，全部都无法进行，没有任何一项能够例外。如果诸葛亮一意孤行，坚持要将刘备遗体就地安葬在永安的话，那将会产生什么样的极端严重政治后果呢？那就意味着，上述两大群体的全部合法权利，都要被诸葛亮一人强行剥夺了，而且还要造成在成都的合法继承人刘禅，根本无法在父皇遗体面前合法继位登基，即便硬要继位登基，也没有充分的公开性、合法性和神圣性。如此极端严重的政治后果，诸葛亮一个人能够承担得起吗？能够完全忽视不予考虑吗？回答是五个字：绝对不可能！

因此，尽快将刘备的遗体安全护送回到成都，是诸葛亮当时必须作出的唯一选择，毫无任何更改的余地和可能。

下面再说第三类，即说明刘备遗体完全能够运回成都安葬的确凿可靠证据。在列举证据之前，先要把当时的有关情况都弄清楚。

关于刘备死亡的准确时间。据《三国志·先主传》记载诸葛亮对后主刘禅的上言，是在夏历的四月二十四日。按二十四节气而论，是在"小满"之后，"夏至"之前。此时天气开始变热，但还不是一年当中气温最高的季节。气温最高的时节，是再过两个月后的"大暑"前后。

关于从永安到成都的交通方式。从古至今，这两地之间一直都有直接连通的水路交通。装有刘备遗体的灵柩，体量较大，又很沉重，所以最为便捷、安稳、省力和适合的运输方式，非水路运输莫属。船只的载重量很大，而且可以日夜兼程前进。从永安就地上船，从长江上溯，经江州（今重庆市）、江阳（今四川省泸州市），到达僰道（今四川省宜宾市）之后，向北转入岷江，继续上溯，即可到达成都的城下，总里程约为 2 000 华里。

关于诸葛亮护送遗体灵柩回成都的耗费时间。根据《三国志·先主传》的明确记载，刘备夏历四月二十四日死亡，五月诸葛亮就护送遗体灵柩从永安回到了成都，历时约为一个月左右，平均每天前进将近 70 华里，速度完全在正常范围之内。

弄清楚了上述情况之后，下面就来列举这第三大类的证据。古代皇帝的遗体，从死亡之后到下葬前的保存时间，早于刘备的就有下面诸多例证可资比照。

其一，比照秦始皇。司马迁《史记·秦始皇本纪》记载，秦始皇三十七年（前 210 年），始皇出巡，七月丙寅，病死在沙丘平台（今河北省广宗县西北太平台）。李斯、赵高护送遗体灵车，从陆路取道西北，穿过井陉关，抵达九原郡（治所在今内蒙古包头市），再从九原郡转向正南，沿着专用的"直道",赶回京城咸阳。九月,遗体安葬于骊山。

从距离上说,上述陆路的长度,总里程约为 3 000 华里左右,比从永安到成都的水路总里程,要多出百分之五十。从耗时上说,从七月到九月,耗时两个月,比诸葛亮从永安到成都的时间,要多出一倍。从工具上说,运送秦始皇遗体的是车辆,运行没有船只平稳,空间没有船只宽大,因而对遗体的保护条件就比不上船只完善。从气温上说,秦始皇死亡的七月,在节气上是立秋、处暑之时,气温要比刘备死亡的四月更高。在距离、耗时、工具、气温这四方面因素都更为不利的情况下,秦始皇的遗体都能够运回京城咸阳,那么将刘备的遗体运回成都,诸葛亮也完全能够做到而无任何问题。

其二,比照西汉诸帝。西汉是流行厚葬的皇朝,因而导致遗体保存技术的长足发展。两千年后长沙马王堆汉墓女尸的完好出土,就是确凿的考古实物铁证。反映在文献的记载上,则是西汉皇帝死亡之后,其遗体大多能够根据当时的需要,保存一定的时间,然后才入葬皇陵;而且年代越往后,遗体保存的时间越长。例如,根据《汉书》中臣瓒的注解,西汉诸帝的遗体保存时间是:汉高祖二十三天,汉惠帝二十四天,汉武帝十八天,汉昭帝四十九天,汉宣帝二十八天，汉元帝五十五天，汉成帝五十四天，汉哀帝则长达一百零五天。保存时间超过一个月，即超过从永安乘船到成都所需时间的，就有昭帝的四十九天，元帝的五十五天，成帝的五十四天；超过三个月的，还有哀帝的一百零五天。

从死亡的月份上说，上面这四位遗体保存时间超过一个月的皇帝当中，昭帝死在夏历四月，与刘备的死亡月份相同。而元帝死在夏历七月，哀帝死在夏历六月，气温都比刘备死亡的夏历四月要高。最为典型的是哀帝，不仅死在一年当中气温最高的夏历六月，而且遗体保存时间竟然又还最长，达一百零五天之久。这就极其充分地表明，早在西汉武帝之后，凭借皇家所具备的遗体保存技术和条件，即便在一年当中气温最高的月份，保存到四五十天以上，早已经不是什么难事。当时间从西汉哀帝死亡的公元前 1 年算起，又过了 223 年之后，在气温并不算最高的夏历四月，将刘备遗体完好保存一个月以上，使之能够完好和及时运回京城成都，对于蜀汉皇朝而言，更应当不是什么难事。何况上述西汉诸帝遗体保存的史事，又正是汉家祖宗朝的丧葬文化传统。刚刚接受托孤重任的诸葛亮，在完全能够将先帝遗体完好运回成都的情况下，却执意要以交通不便、遗体难以保存为由，匆匆将其就地安葬在边远的前线永安，只运一口空棺材回成都去交差的话,蜀汉朝廷上下,不单单会发出激烈反对的声音,更要怀疑到其动机和用心究竟何在,甚至会怀疑到先帝之死是不是与诸葛亮有什么关系了。

其三,比照张纲。范晔《后汉书·张纲传》记载,汉顺帝建康元年(144年),犍为郡武阳县(今四川省彭山县)人张纲,在广陵郡太守的任上病死。由于他生前亲民爱民,所以当地民众悲痛异常,竟然有五百多人,自愿将其遗体护送回家乡武阳县安葬。当时广陵郡的治所,在今江苏省扬州市西北。从扬州市到彭山县,先要由水路溯长江而上,至永安之后,再沿上述永安到成都的水路,直达彭山县城之下。全程的距离,至少在5 000华里以上,足足是永安到成都水路距离的两倍半,而且此事还发生在刘备死亡之前仅仅八十年。如果纯粹由民众自发而形成的行为,都能够成功完成的话,那么由诸葛亮主持的国家行为,就更不会有何问题了。

其四,比照高柔之父。陈寿《三国志·高柔传》记载,曹魏大臣高柔,其父亲在东汉末年死在蜀郡都尉的任上。他从故乡陈留郡的圉县,即今河南省杞县西南,前往蜀郡的治所成都,用了整整三年的时间,终于将遗体灵柩运回家乡安葬。当时从成都到圉县是走陆路,先要翻越秦岭北上关中,再向东取道函谷关，全程距离至少在 2 500 华里以上。不仅距离比永安到成都要长 500 公里，而且翻越秦岭步行运送遗体灵柩的艰难程度，也远甚于乘船直通成都。此事就发生在刘备去世之前的二三十年间。高柔仅仅凭借自己家族之力，都能承担更为艰难的任务，诸葛亮拥有蜀汉国家的雄厚资源，更没有理由说自己没有办法完成护送先帝遗体回成都的任务了。

其五，对比刘备自己的甘皇后。陈寿《三国志·二主妃子传》明确记载，刘备的妻子甘氏，乃沛县（今江苏省沛县）人氏，当初刘备当了豫州牧驻屯在沛县时，娶她为小妾。后来她随从刘备到了荆州，在刘备三顾草庐的建安十二年（207年），产下了儿子刘禅。刘备进入益州之后，甘氏留在荆州，去世后也安葬在荆州。章武二年（222 年），当了皇帝的刘备追念甘氏，怜惜她的"神柩在远飘摇"，特别派遣特使前往荆州，将其遗体灵柩迁回成都安葬。甘氏的遗体灵柩到达成都之后，刘备的遗体灵柩也正在运往成都的途中。所以诸葛亮与大臣商议之后，上奏请求将甘氏的谥号确定为"昭烈皇后"，然后与谥号为"昭烈皇帝"的刘备一起，合葬在成都南郊的惠陵之中。

这一例证特别值得注意的细节有四：一是甘氏死亡，是在刘备死亡之前，要论遗体的保护，难度比刘备更大；二是她遗体的安葬地，又是比刘备死亡地永安更远的荆州，她的遗体溯长江而上迁回成都时，中途刚好就要经过永安，要论遗体的运输，距离也比刘备更长。三是刘备下令迁葬甘氏在何时呢？是在章武二年（222 年），也就是刘备病死的前一年。四是刘备下令迁葬甘氏的理由是什么？据诸葛亮自己的上奏所言，是"神枢在远飘摇"，意思是担心她遗体在远方孤苦无依。上面四点细节凑在一起，就非常具有说服力了：上一年迁葬甘氏，是可怜她的遗体在远方孤苦无依，翻过年刘备死亡了，诸葛亮却执意要把他葬在永安，难道就不怕先皇帝刘备的遗体在远方孤苦无依了吗？甘氏死得比刘备早，安葬地又比刘备更远，都要把她迁葬回成都，怎么到了处理刘备遗体的时候，上一年的现成规矩就完全都不作数了呢？显然，如果孔明先生执意要将刘备遗体就地安葬在永安，他是绝对无法自圆其说的。这就反过来证实，号称"卧龙"的他也绝对不可能做出这样的蠢事来。

事实上，东汉末年天下大乱期间，将在外地死亡者的遗体运回故乡安葬，或者将死者遗体迁葬他处的事例还很多，以上张纲、高柔父亲的事例，仅仅是其中对比性较强的而已。

面对以上一系列确凿无疑的证据，对于刘备的遗体，究竟诸葛亮是否必须运回成都，又能不能运回成都，自然会得出非常明确的肯定性结论了。

据说以往曾有人建议，可以对惠陵实施考古发掘，以便确认刘备是否长眠在此，卧龙先生是否愚弄了后世之人，但是因故未果。不过，刘备的遗体究竟安葬在何处，这对于历史学家、文博专家而言，或许很重要，然而对于大多数的普通人来说，并不具有非常特殊的意义。历史名人之所以令后世的芸芸众生，发生兴趣，触动感情，心存向往者，完全在于他们生前的活动，而不在于他们死后的枯骸。此处饶舌叙述之，亦不过借此为读者展示一点点古代丧葬文化的风俗画面而已。

40年前的公元1984年暮春时节，笔者畅游成都昭烈陵庙之后，乘舟东下。此时，长江之上的三峡大坝尚未开工修建，奉节县城尚未被淹没，因而能够在此登岸，小住数日。此间，相继畅游永安宫故址、八阵图遗迹、杜甫瀼西草堂、宋代锁江铁柱等多处名胜。最后，登上城东八里外的白帝山，俯视天险夔门。但见高江急峡，猛浪奔腾；古木苍藤，掩映绝壁。因思昔人往事，慨然有感，遂高吟诗圣杜甫《咏怀古迹五首》之四以抒怀。此诗杜甫写于唐代的夔州，即蜀汉的永安，现今的奉节，而且咏叹的正是刘备史事，可以引录为本书之终曲，杜诗云：

> 蜀主窥吴幸三峡，崩年亦在永安宫。
>
> 翠华想像空山里，玉殿虚无野寺中。
>
> 古庙杉松巢水鹤，岁时伏腊走村翁。
>
> 武侯祠屋常邻近，一体君臣祭祀同。

全诗气象高古，情思深挚。这正是：

> 刘郎千古悲欢梦，尽在诗人咏叹中。

　　本书到此结束，如果读者诸君意犹未尽，请看本系列的其他作品。

附录一

刘备大事年谱

公元	干支	帝王年号	大　事
161	辛丑	汉桓帝延熹四年	出生，虚岁一岁。汉景帝后裔。祖籍幽州涿郡涿县。祖父刘雄，父亲刘弘。因父亲早死，家庭贫寒，依靠与母亲贩履织席为生。
175	乙卯	汉灵帝熹平四年	十五岁。依靠宗族刘元起资助，在经学名家卢植门下受学。
184	甲子	汉灵帝中平元年	二十四岁。黄巾军起事，率众参加镇压黄巾军有功，得任安熹县县尉，开始创业生涯的第一步。

续 表

公元	干支	帝王年号	大 事
190	庚午	汉献帝初平元年	三十岁。天下大乱，跟随关东群雄起兵讨伐董卓，战败后投奔占据辽西的学长公孙瓒，任公孙瓒麾下别部司马。
191	辛未	汉献帝初平二年	三十一岁。随同公孙瓒部将田楷，进攻袁绍于青州，因功被任命为平原国相。因出兵解救北海国相孔融，丢失了平原国，但从此受到士大夫群体的看重。
193	癸酉	初平四年	三十三岁。随同田楷出兵，援救徐州牧陶谦。
194	甲戌	汉献帝兴平元年	三十四岁。陶谦资助其人马，并向朝廷上表推荐其为豫州刺史，驻屯沛县。又接受陶谦临终嘱托，接任徐州牧，驻屯下邳。
195	乙亥	兴平元年	三十五岁。收容前来下邳投奔的吕布。
196	丙子	汉献帝建安元年	三十六岁。曹操上表推荐其为镇东将军，封宜城亭侯。率军与袁术对战，被吕布偷袭后方，丢失徐州，妻室儿女第一次成为俘虏。被迫投降吕布，驻扎沛县。被袁术部将纪灵进攻，吕布出面营救，以辕门射戟方式进行调解。不久又引起吕布疑忌与进攻，逃往汉朝临时首都许县，投奔曹操。被任命为豫州牧。补充兵员后，又回到沛县。
198	戊寅	建安三年	三十八岁。受到吕布进攻，妻室儿女第二次成为俘虏。与曹操合力反击徐州，攻破下邳，擒杀吕布。

续　表

公元	干支	帝王年号	大　　事
199	己卯	建安四年	三十九岁。随同曹操回到许县，升任左将军。因暗中参与推翻曹操的密谋，担心事情败露，借机离开许县回到下邳，杀死徐州刺史车胄，再次占据徐州。
200	庚辰	建安五年	四十岁。被曹操进攻，败逃投奔袁绍，妻室儿女第三次成为俘虏，关羽同时被俘。袁绍与曹操在官渡对战，关羽从曹军逃回。刘备也借机离开袁绍，南下荆州襄阳投奔刘表。刘表使之驻屯襄阳北边的新野县，以抵御曹操。在荆襄蹉跎七年的岁月自此开始。
207	丁亥	建安十二年	四十七岁。三次前往襄阳西边二十里的隆中乡下，礼聘平民身份的诸葛亮，亮为其分析天下大势，进献割据荆、益二州以图取中原的战略发展总方针。从此接受诸葛亮的尽心辅佐，开始创业的新阶段。嗣子刘禅出生，生母为沛县人甘氏。
208	戊子	建安十三年	四十八岁。曹操南下荆州，形势危急。听从诸葛亮的建议，派遣诸葛亮联合江东孙权，在赤壁大破曹操的南下大军。曹军败退北方后，乘胜占据荆州南部的长沙、武陵、零陵、桂阳四郡，在南方打下了自己第一块较大根据地。
209	己丑	建安十四年	四十九岁。被孙权推举为荆州牧，建立州牧官署于油江口，改名公安。迎娶孙权之妹，两家和亲。

续　表

公元	干支	帝王年号	大　事
210	庚寅	建安十五年	五十岁。偕孙夫人至江东，见孙权于京。同年，向孙权借得荆州之军事要地南郡。
211	辛卯	建安十六年	五十一岁。应益州牧刘璋之邀，率军向西进入益州；孙夫人自回江东，夫妇从此分离。驻军葭萌，为刘璋抵御北面汉中的张鲁。
212	壬辰	建安十七年	五十二岁。自葭萌举兵向南进攻刘璋，攻破涪县，围攻雒县。
214	甲午	建安十九年	五十四岁。攻破雒县，进围成都，刘璋出降，取得益州除北部汉中郡以外的辖地。
215	乙未	建安二十年	五十五岁。孙权特使诸葛瑾到达成都，索还南郡等地，未果。孙权出兵争夺荆州，亲自统兵五万，东下与吴军对抗。双方议和，以湘水为界，中分荆州：湘水以西三郡属刘备，湘水以东三郡属孙权。
219	己亥	建安二十四年	五十九岁。斩杀曹军主将夏侯渊，夺得汉中、上庸、房陵三郡。七月，在沔阳称汉中王。关羽率军围攻襄阳、樊城，水淹曹魏七军。孙吴出兵袭杀关羽，丧失荆州。
220	庚子	建安二十五年	六十岁。因曹丕代汉称帝，传言汉献帝被害，为献帝发丧致哀。朝廷百官开始劝说其称帝。
221	辛丑	蜀汉先主章武元年	六十一岁。四月初六日丙午，即帝位于成都武担山南，改元"章武"，立吴氏为皇后，刘禅为太子，任命诸葛亮为丞相。张飞被下属杀死。七月，亲自统帅大军东下伐吴，进驻秭归。

续　表

公元	干支	帝王年号	大　　事
222	壬寅	章武二年	六十二岁。二月，从秭归大举东下，与吴军长期相持于夷陵之猇亭。闰六月，遭遇对方主帅陆逊火攻，大败，退回蜀汉境内鱼复县，改鱼复县为永安县，重病不起。
223	癸卯	章武三年	六十三岁。二月，托孤于诸葛亮。四月，病逝于永安宫。五月，诸葛亮护送其遗体灵柩回到成都，谥为"昭烈皇帝"，太子刘禅继承帝位，诸葛亮全面执掌国政。八月，遗体安葬于成都南郊惠陵。刘禅生母甘氏被谥为"昭烈皇后"，与之合葬在惠陵。
225	乙巳	蜀汉后主建兴三年	诸葛亮出兵南中，平定益州南部四郡的动乱。
227	丁未	蜀汉后主建兴五年	诸葛亮向后主上奏《出师表》，统领大军北上汉中，建立大本营，准备北伐中原。
228	戊申	建兴六年	诸葛亮第一次进军敌境北伐，攻祁山，街亭失利退回。当年冬，第二次进军敌境北伐，经散关，围攻陈仓，粮尽退兵。
229	己酉	建兴七年	诸葛亮第三次进军敌境北伐，遣将陈式攻占曹魏武都、阴平二郡。
230	庚戌	建兴八年	诸葛亮第四次出兵，在己方境内的赤坂，迎战来犯魏军，魏军遭遇大雨而退回。
231	辛亥	建兴九年	诸葛亮第五次进军敌境北伐，围攻祁山，粮尽退兵。

续 表

公元	干支	帝王年号	大　　事
234	甲寅	建兴十二年	二月，诸葛亮第六次进军，深入敌境北伐，通过斜谷，屯兵渭水之滨五丈原。八月，诸葛亮在前线病死，时年五十四岁，全军退回。
263	癸未	蜀汉后主炎兴元年	冬，曹魏大军攻占成都，后主刘禅投降，蜀汉皇朝灭亡，上距刘备死亡正好整四十年。

附录二

三国知识窗·政体篇

皇帝后妃

按照儒家礼制，天子后妃为 12 人。三国之时，能否遵循儒家礼制，各国情况并不相同。蜀汉后妃较少，刘禅想多选，被大臣董允正言阻止，他也就不再坚持。曹魏明文规定的后妃等级，曹操时是 6 等，曹丕时是 11 等，曹叡时是 13 等，等级迅速增加不说，每一等还不止一人。孙吴的后妃也多，到末帝孙皓时，完全乱了规矩，多达上千人。大体说来，宫廷的后妃数量越多，朝廷的政治就越败坏，这几乎是铁定的规律。

皇位继承

为了保证君位的继承稳定有序,儒家早有明确的继承制度:正室之妻的长子,即"嫡长子",是名正言顺的继承人。正室之妻无子,则从侧室之妾的儿子中,按如下顺序选择:先比年龄,年长者优先;年龄相同比品德,德高者优先;年龄、品德都相同,就比占卜结果,占卜结果吉祥者优先。规则总结起来是四个字,依次为嫡、长、德、卜。尽管有明确制度存在,三国的帝王,往往会感情压倒理智,破坏规矩。或因宠妃的枕边风,就想将其子立为接班人;或因某子才貌出众,也想让他插队,挤掉嫡长子哥哥。曹操几乎这样做,孙权就径直这样做了。割据群雄的袁绍、刘表也是如此。破坏礼制必定搞乱政局,这也几乎是铁定的规律。

万一皇帝没有亲生儿子,则要在皇室近亲支系男性中,选择贤明的继承人,即所谓"大宗无嗣,则择支子之贤者"。魏明帝曹叡放纵性欲的恶果,自己34岁就短命不说,还断子绝孙,造成死后一连出现近亲支系之中三个小皇帝在位,为后来司马氏夺权铺平了道路。孙吴后期,辅政大臣说是外部威胁严重,要在皇族支系中另选成年男性来当皇帝,东选西选,却选中了一个荒淫无道之极的孙皓,同样也为司马氏顺利平吴统一天下铺平了道路。两个敌国的不同举措,竟然都在为同一个司马家族创建新皇朝做贡献，可谓诡异之至。

谥号和庙号

东汉皇帝死后享有的名号，有谥号和庙号两种。谥号是对死者生平带有褒贬含义的评价，有《谥法》之类的专书供选择确定，通常为一个字或两个字。新君在死者灵柩前举行继位大典时，就会对外公布谥号，作为此后对死者的正式称谓，此前则暂时称死者为"大行皇帝"，简称"大行"。庙号是在皇家宗庙祭祀中对该皇帝的尊称，其传统的确定原则，是"祖有功而宗有德"，即开国皇帝照例称某祖，其后的皇帝照例称某宗，但到三国，情况则各有不同。

曹操死时谥号为"武王"。曹丕称帝后追尊为"武皇帝"。魏明帝时，又追尊武帝曹操庙号为"太祖"，文帝曹丕庙号为"高祖"，还预先确定自己的庙号为"烈祖"。一连三代称"祖"，而且生前就定自己为"祖"，都是打破传统礼制的罕见做法。据当时《谥法》解释，"武"的含义是平定天下祸乱，即"克定祸乱曰武"；"文"的含义是规划治理天下，即"经纬天地曰文"；"明"的含义是光辉照耀四方，即"照临四方曰明"。客观而论，曹操、曹丕的庙号还算符合实际，曹叡的庙号就自我夸大得太不靠谱了。

《三国志》记载刘备的谥号为"昭烈", 却未确定庙号。原因应当是他生前尚未完成"兴复汉室"的大业, 以"祖有功"的原则来衡量, 功业尚有遗憾而未圆满所致。如果后来诸葛亮兴复汉室获得成功, 则会追尊其庙号为某祖。有趣的是, 十六国时期建立汉国政权的匈奴族首领刘渊, 宣称自己上承西汉、东汉、蜀汉三代汉朝正统, 不仅追尊蜀汉后主刘禅谥号为"孝怀皇帝", 而且还给刘备追加庙号为"烈祖"。至于刘备谥号"昭烈"的含义, 是显扬德泽建立功勋, 遵循祖业安定民众的意思。

孙权的谥号,《三国志》记载为"大皇帝"。"则天法尧曰大", 意思是遵循上天的准则并且效法唐尧的行事。至于其庙号,《三国志》失载, 但唐代许嵩《建康实录》, 记载孙权的庙号是"太祖", 可补《三国志》之缺。

另外, 对于重要大臣, 朝廷也会赐予谥号, 如诸葛亮的"忠武侯"、关羽的"壮缪侯"、张飞的"桓侯"、陆逊的"昭侯"、张昭的"文侯"、夏侯惇和曹仁的"忠侯"、钟繇的"成侯"等。

官员级别

三国是古代职官制度承上启下的变革期, 各国官员的级别制度有所不同。大体说来, 蜀汉、孙吴两国, 还沿袭东汉制度，分为 17 等。例如，最高的 1 级是中央执政大臣，即大将军、三公。2 级是中央九卿，级别叫"中二千石"，中字读音同"仲"。3 级是地方的州牧、郡太守，级别叫作"二千石"。最低的 17 级是底层小办事员，叫作"佐史"。至于曹魏，前期也沿袭东汉。曹丕代汉称帝之后，逐渐改用简化的九品新官制。最高是一品，有三公、大司马、大将军等。最低是九品，包括中央和地方的低级办事员等。九品官制后来一直被历朝所沿用，甚至传到东面的邻邦。

官员俸禄

三国官员俸禄制度，上承东汉。东汉俸禄制的制定者是光武帝刘秀，那时国家草创，百废待兴，物价不稳，实物为主，所以光武帝的办法有点原生态。上面提到的 17 等官阶，就是按每月能领多少米粮的实物性俸禄来划分。最高的 1 级，每月领 350 斛米粮。最低的 17 级，每月领 8 斛米粮。到了东汉中期，全国经济发展，物价相对稳定，于是发米也发钱，而以发钱为主。例如 3 级的郡太守，从原来的发米 120 斛，变为发 6 500 钱和 36 斛米。5 级的县令，从原来的发米 90 斛，变为发 4 000 钱和 30 斛米。进入三国的正式阶段，官员俸禄制度大体也是现金与实物并发，物价平稳时现金比重大一点，物价飞腾时实物比重大一点。官员集中的都城，发放俸禄米粮的现场，排队领取，车载斗量，应当是热闹有趣的场景。

丞相和三公

中央行政体制，有丞相制与三公制之分。前者上承西汉，以丞相为行政系统首脑，或称相国。一人执掌朝政，对皇权有威胁，所以光武帝刘秀建立东汉，改行三公制，以太尉、司徒、司空为执政大臣。三人分权，对皇权的威胁就减小了。但是，皇权萎缩时，权臣就会自任相国或丞相，独揽大权，董卓如此，曹操也是如此。曹丕代汉称帝，立即废除丞相改设三公，依然挡不住后来的司马昭又自任相国。

蜀汉是两种制度混用，以丞相制为主。刘备以诸葛亮为丞相，同时又以许靖为司徒。不过，刘备在世时，诸葛亮虽然位为丞相，却并未完全获得首席执政大臣的权力。只有在刘备死后，他"开府治事"，即正式开设丞相府办公厅，全面接管国家政事起，才真正获得了执掌朝政的充分大权。因此，对于他的辅政生涯而言，"开府治事"是新阶段开始的标志。

孙吴也是两种制度混用，以丞相制为主。孙权称王，即设置丞相，称帝之后依然不改。先后担任丞相者有孙邵、顾雍、陆逊、步骘等人。后来孙皓时，一度设置过左、右丞相，又曾设置太尉、司徒、司空等职务。

三公又称三司，享有"开府"即设置自己办公厅的特权，从而分管各类公务。太尉主管军事，司徒主管民政，司空主管重大水土建设工程。

九卿的名称和职责

三国九卿的名称和主要职责如下。太常：主管皇家礼仪祭祀，天象观测，学校教育等。光禄勋：主管皇宫之内各处殿堂门户的警卫。卫尉：主管皇宫之内殿堂外围地带的流动巡查，以及皇宫大门的警卫。太仆：主管皇帝的仪仗车队、马队。廷尉：主管重大案件的审理和判决，以及地方案件审理中疑难问题的裁决。大鸿胪：主管分封各地的王侯，以及四方边境归顺王朝的少数族群。宗正：主管皇族各支系成员的相关事务。大司农：主管国家货币、金银、粮食、布帛等的储备、统计、核查和调拨。少府：主管宫廷皇家日常生活所需一切，侍从皇帝，对外联络，保管玉玺、符节。

大体说来，三国当中经济实力最强的曹魏，九卿的配置也最齐整；蜀、吴二国，国力较弱，故时有空缺。其次，九卿的职责和名称,随时也有所变动和调整。最后,九卿的职责,大多是为皇家服务,涉及老百姓者,仅有太常的教育、廷尉的审案、大司农的钱粮而已。

尚书台与录尚书台事

三国的尚书台,上承东汉。东汉光武帝改行三公制,同时又特别赋予宫廷内尚书台以处理机要的重任,进一步削弱三公的实权。原本的尚书台,为九卿中少府下属的宫廷生活服务机构,是皇帝身边的文件收发室,并不特别重要。光武帝将其提升为军国机要文书的处理和草拟机构之后,尚书台变成国家机器的中枢,皇帝就把军国大事的决策权和审批权,紧紧抓在自己手里。

进入三国正式阶段,各国均设尚书台,性质大体沿袭东汉,但人员配备有所不同。其长官为尚书令,均设一人。副长官为尚书仆射(射字读音同"夜"),蜀汉、孙吴设一人,而曹魏或设二人,称左、右仆射。下设分支机构,称为"曹",主管官员为尚书。曹魏的尚书台,配备最齐整,下有尚书五人,而蜀汉、孙吴则没有定数,经常少于五人。

由于尚书台成为国家机器的中枢,所以皇帝特别倚重的大臣,会给予"录尚书台事"的头衔,简称"录尚书事",意思是总领尚书台公务。享有这一头衔者，才是真正的执政大臣，曹魏的曹爽、司马懿、司马师、司马昭等，蜀汉的诸葛亮、蒋琬、费祎等，都是如此。蜀汉、孙吴还设有"平尚书事"，平的意思是参与评审，比前者的权力要轻。

州刺史与州牧

三国时期的州，是地方行政区划系统中的最高一级，其长官或称刺史，或称州牧。两者的主要区别，在于资历、官阶的不同。州的设置，始于西汉武帝之时，当时的性质只是监察区，而非行政区；其长官刺史，乃是皇帝的特派使者，负责监察举报本州之内各郡、县官吏、豪强的不法行为。因此，州刺史就有了"使君"的尊称。东汉后期，州开始演变为郡、县之上的行政区，其长官刺史，也有了实际的施政权，同时也有另一名称，即州牧。由于州牧是从刺史而来，虽然资历、官阶有所不同，但职责大体类似，因此也尊称州牧为"使君"。曹操之所以对刘备说"今天下英雄，唯使君与操耳"，正是因为此前他已经推举刘备担任豫州牧的缘故。另外，东汉后期各地武装反抗事件频繁发生，刺史或州牧往往还兼任军职，指挥地方军队进行镇压，故而又习称他们为"州将"。

郡守与国相

三国时期的郡,是地方行政区划系统中的第二级,其行政长官称为太守。太守的职责,是发展经济,救灾赈灾,同时承担本郡破案审案、举荐孝廉、防备盗贼等任务。为了完成这些繁重任务,太守的府署会配备各类下属,总称为"掾属";而且掾属照例由太守自行在本郡土著人士中选拔和任命,无须经过中央批准,这叫作"自辟僚属"。由于僚属完全由太守自行任命,两者具有类似君臣的关系,所以当时尊称太守为"府君"或"明府",称郡政府为"府朝"。东汉后期各地武装反抗事件频繁发生,郡太守往往也兼任军职,指挥地方军队进行镇压,故而又习称为"郡将"。

当时,皇室亲王的封地通常为一郡。如果某郡成为皇室亲王的封地,则改称某国,该郡太守也随之改称国相,但是职责并无变化。因此,当时又有"郡国""守相"的连带性习称。例如,刘备曾经兼任的"平原相",就是青州平原国国相的简称。

封爵制度

爵位是一种社会荣誉名号,给予皇室近亲、异姓功臣,以及皇室外戚等。封爵可由子嗣继承,每年收取封地之内,民户原来上交给朝廷的租税，供自己享用。如果只有荣誉性爵位，而没有实际的封地，则叫"虚封"，而非"实封"。

三国的酝酿阶段，沿袭东汉爵制。男性爵位，有王、公、侯三个大等级，此下又分小等级。比如实封的侯爵，根据封地大小，有列侯（包括县侯、乡侯、亭侯）和关内侯之分。曹操又设置名号侯等四种虚封的爵位，连同此前实封的列侯、关内侯，共计六等，以奖赏军功。正常情况下，皇室近亲的男性，可封王爵、公爵；异姓功臣、皇室外戚，以及亲王的庶生儿子，可封侯爵。如果异姓权臣被封为公爵，甚至王爵，如曹操和司马昭，那就是即将改朝换代的政治信号。女性爵位，享有者是皇帝和皇室亲王的女儿，名称都是"公主"，但封地大小有区别，前者为一县，后者为一乡或一亭。也可每年收取封地平民原来上交给朝廷的租税，供自己美容清洁的花费。

进入三国正式阶段，在大体沿袭东汉的情况下，又有不同的特色。魏文帝对宗室王公采取高压政策，除了将其遣送到各自的封地严加看管，不得自由行动之外，在封地面积上也加以压缩，将亲王从一郡降为一县。魏明帝时虽然将亲王封地恢复为一郡，但实际封地比原来的郡大为缩小。以曹植为例，封地先后在鄄城、雍丘、东阿，都是一县，到晚年才升为陈郡,也仅有四个县,总计才三千五百户。而东汉时的陈郡,却有九县十一万户。

蜀汉则因国土较小,加之以收复中原振兴汉室为号召,所以享有封爵者,其封地往往并不在自身辖地益州之内,而在北方曹魏的辖境,这实际上是一种政治宣示性的虚封,又称"遥封"。如刘备的庶子刘永、刘理,被封为鲁王、梁王,而鲁郡和梁郡,都在曹魏的豫州,而且是汉献帝临时都城许昌所在的州。诸葛亮封武乡侯,武乡是其家乡青州琅邪郡的属县,也在曹魏境内。

孙权称帝后较长时间内,皇子只封侯爵,封地为一县,但在孙吴辖地之内,如皇子孙虑封建昌侯,建昌是孙吴扬州豫章郡的属县。称帝十四年后,才开始封皇子为王,封地为一郡,但封地改在北方曹魏的境内。如鲁王孙霸、南阳王孙和、齐王孙奋、琅琊王孙休,均是如此,也是一种政治宣示性的虚封和遥封。

后世称呼当时人,常将爵位与谥号结合以示尊敬。如称曹植"陈思王","陈"是陈郡之名,"思"是死后的谥号。诸葛亮封武乡侯,死后谥为忠武侯,两者都带"武"字,故简称"武侯"。